미디어의 지질학

A Geology of Media
by Jussi Parikka

Copyright © 2015 Jussi Parikka
All rights reserved

Korean edition © 2025 Hyunsil Publishing
Licensed by arrangement with the University of Minnesota Press,
Minneapolis, Minnesota, USA.
Through Bestun Korea Agency, Seoul, Korea
All rights reserved

이 책의 한국어 판권은 베스툰 코리아 에이전시를 통하여
저작권자와 독점 계약한 현실문화연구에 있습니다.
저작권법에 의해 한국 내에서 보호를 받는 저작물이므로
어떠한 형태로든 무단 전재와 무단 복제를 금합니다.

미디어의 지질학

유시 파리카 지음 | 심효원 옮김

현실문화

차 례

[한국어판 서문] 행성적 컴퓨팅   7
서문   11
감사의 말   19

1. 물질성: 미디어와 문화의 기반   23
2. 미디어의 대안적인 심원한 시간   77
3. 기술의 심리지구물리학   135
4. 먼지와 소진된 삶   181
5. 화석 미래들   227

후기: 소위 자연   277

[부록] 좀비 미디어   가닛 허츠·유시 파리카   283

옮긴이의 말   306
찾아보기   310

일러두기

- 이 책은 Jussi Parikka, *A Geology of Media* (University of Minnesota Press, 2015)를 옮긴 것이다.
- 본문에서 옮긴이가 추가한 내용은 대괄호로 묶어 표시했으며, 인용문에서 지은이가 추가한 내용은 해당 부분 끝에 '―지은이'라고 표시해 옮긴이 첨언과 구분했다.
- 원문에서 이탤릭으로 표시된 표현들은 굵은 글씨로 표기했다.
- 필요한 경우에 원어를 국문 옆에 병기하되, 인명의 원어는 따로 색인에 병기했다.
- 외국 인명 표기는 국립국어원에서 펴낸 외래어표기법을 원칙으로 하되, 국내에서 널리 사용되는 인명은 관행을 따르기도 했다.

|한국어판 서문|

행성적 컴퓨팅: 지질 자원에서 미디어의 물류로

『미디어의 지질학』의 첫 영문판[2015]이 나오고 십 년이 흐른 뒤 이 서문을 쓰고 있다. 십 년은 지구 자체의 관점에서는 찰나에 불과해도 그새 많은 일이 일어날 수도 있다. 그동안 광대한 행성 규모의 변화가 더 분명해졌고 더 극심해졌다. 마찬가지로 이제 지구온난화를 2도 상승 수준으로 억제할 가능성이 희박해졌으며, 현재에는 과거를 뒤흔들어놓았던 정치적 상황들이 도움이 되지 않는다. 많은 정부가 파리 협정에서 탈퇴하고 화석연료로 되돌아가고 있다. 이러한 상황은 다양한 민족국가주의적ethnonationalism 표현과 자주 결합하기도 한다.

『미디어의 지질학』을 롭 닉슨의 용어로 말하자면 느린 폭력에 관한 책이다. 이 책은 꼭 우리 눈앞에서 폭발하지만은 않는 토양과 대기에 스며든 과정을 묘사한다. 그 과정은 기술, 심지어 컴퓨팅 기술을 통해 진행된다. 그래서 의미와 쓰임에 약간의 차이는 있지만, 경우에 따라 호환 가능한 용어인 환경 미디어Environmental Media, 에코미디어 Ecomedia, 원소 미디어Elemental Media는 지난 10 - 15년간 연구 주제가 되어왔다. 예를 들자면 존 더럼 피터스의 원소 미디어에 관한 저작도 나의 책과 같은 시기에 출간되었다. 해저 케이블 인프라와 지질학적 물질성을 다룬 니콜 스타로시엘스키의 책은 미디어의 물질성에 관한 광범한 논의의 한 부분이다. 그 직후 출간된 숀 큐빗의 『유한 미디어Finite Media』(2017)에는 디지털 미디어의 정치경제학과 생태미학을 다룬 중요한 논의가 담겨 있다. 여러 중요한 보고서와 학계의 입장이 점차적으로 디지털 미디어의 에너지와 환경 비용에 관해 상술해 왔다. (생성형) 인공지능이라는 거대 규모 컴퓨팅 시스템이 등장한 이후에는 데이터-에너지-연산 연동의 시급성이 학술서에만 국한되지 않은 뜨거운 주제가 되었다. 그것은 유럽연합을 포함해 데이터센터의 지속 가능성을 보고하기 위해 훨씬 체계적인 모델을 제공하는 국가와 국가 간 정책 및 규제에서 핵심이 되었다.

하지만 나의 책은 에너지, 쓰레기, 지속 가능성에 관한 것만은 아니다. 하물며 지속 가능성은 정치생태학의 맥락에서 과도하게 동원된다는 점에서 수상쩍은 용어기도 하다. 그 대신 또는 그에 더해 이 책은 시간성에 관한 것이다. 여기서 시간성이란 시간성을 정의하는 기술적 미디어technical media의 오랜 역사와 지속에 관한 것이며, 기술 장치의 행위자성을 특징으로 하는 격동하는 기묘한 전개와 전환에 관한 것이다. 지질학은 심원한 시간을 시사하며, 지크프리트 칠린스키에 동의하는 맥락에서 '혁신'이나 따분한 미래주의에 물들지 않고 기술과 미디어에 대한 여러 질문으로 전환하는 데 도움이 된다. 한편 나는 시간이 단기적이고 장기적일 뿐 아니라, 다중적 규모로 그 일부가 서로 작용하는 지속들에 대한 하나의 지표로 기능하는 특이한 재귀성을 지녔다고 주장한다. 기후 모델을 예로 들어 모델링 개념을 생각해 보자. 웬디 희경 전이 지적했듯, 기후 모델은 기이한 유형의 '위기'의 시간으로, 그것의 인식론적 지위는 아직 도래하지 않았거나 심지어 결코 도래하지 않을 미래와 관련되어 있지만, 지금 이 순간now-moment에 작용한다. 기후 모델은 행성 규모 컴퓨팅[연산]의 한 예시로서, 당연히 그 자체로 동일한 행성적 프로세스, 즉 연산을 뒷받침하는 물질과 에너지를 조건으로 하고 있다. 미국의 관심이 우크라이나와 그린란드의 자원에 쏠려있는 것처럼, 이러한 물질은 점점 더 지정학적 계획의 초점이 되고 있다. 그 사실은 시간과 정치, 시간과 전쟁이 혼합된 또 다른 층위를 의미한다.

'미디어자연medianatures'이라는 신조어는 『미디어의 지질학』의 핵심 개념이다. 그것은 도나 해러웨이와 캐런 버라드처럼 자연문화 연속체의 중요성을 주장해 온 사상가들로부터 유래했다. 본 졸고는 미디어와 기술을 통해 그와 비슷한 무언가를 생각해 보기 위함이다. 모든 미디어 기술은 자원이든 다른 어떤 방식으로든 그 모델에 생태학과 자연의 특정 관계를 함의하고 있다. 그러한 미디어 기술은 특정한 물질적 생산 사슬을 이용한다. 벤저민 브래튼의 '스택stack'이라는 용어를 끌어와 말하자면, 미디어 기술이 지구의 지층이라는 층위에 기반을 두고 있다는 의미다. 동시에 미디어 기술은 '지구'나 '행성성'의 개념이 구성되는 중요한 기술 인식론적인 장치이기도 하다. 지구물리학적 현실은 미디어 안에서, 또 미디어를 통해 감지되며, 마찬가지로 우리의 기술 인프라도 그 기능을 가능하게 해준 물질 및 에너지의 연속선상에 있다. 우리가 목격하는 현재의 지정학적 위기의 한 경우가 바로 (식량과 물을 더 치열하게 차지하려는 것은 물론이고) 에너지와 희토류 광물을 앞다퉈 확보하려는 경쟁이다.

미디어와 기술은 근본적으로 비인간 또는 인간 이상의 것이며 그래야만 한다. 이 책은 나의 다른 저작과 마찬가지로 우리가 우리의 미디어를 더 인간적으로 만들어야 한다는 생각에 근본적으로 반대한다. 나의 비판적 포스트인문학이자 미디어 생태학 삼부작 중에서 『미디어의 지질학』은 디지털 미디어와 디지털이 아닌non-digital 미디어와 관련된 다양한 정치적 층위들을 유념하며 인간에 맞춰진 초점을 넘어선 확장적 개념을 주장했던 앞선 두 책 『디지털 전염Digital Contagions』과 『곤충 미디어Insect Media』에 이은 세 번째 책이다.

이러한 강조점을 통해, 나는 독자들이 이 책을 인공지능(및 그 변종들)이라 불리는 거대 규모의 행성적 컴퓨팅의 관점에서, 그리고 미디어를 인터페이스를 넘어 물류 미디어, 인프라, 공급망으로 정의하는 지정학적 체제와의 관계 속에서 고려해 보기를 청한다. 이를 통해 동시대 미디어 상황을 지구를 자원으로 다루며 근본적인 통치를 행하는 체제로, 나아가 채굴주의[채취주의]extractivism 문제의 일환으로 바라보기를 제안한다.

2025년 2월 20일 오르후스에서
유시 파리카

서문

찰스 라이엘은 『지질학의 원리Principles of Geology』에서 지질학의 초창기 학문적 정의를 이렇게 내렸다.

지질학은 자연의 유기물계界과 무기물계에서 일어난 연속적 변화를 연구하는 과학으로, 변인과 그것이 지표면 및 외부 구조의 변형을 일으킨 영향을 조사한다.[1]

1830년에 나와서 시대를 대표했던 이 견해는 지질학을 지구 행성을 탐구하는 주요 학문 분야로 설명하면서 도덕의 영역을 인문학의 몫으로 돌렸다. 이는 학계 내 노동 분업의 상징이자 계보학적 기록으로, 가장 중요한 우리의 관심사다. 지진, 대멸종, 지구 오염, 인류

---

1   Charles Lyell, *Principles of Geology* (London: John Murray, 1830), 1. 온라인본, http://www.esp.org/books/lyell/principles/facsimile/.

세 논쟁에 드러나 있는 지질학적인 것은 도덕, 문화, 지질학의 상호관계성을 입증한다. 이 책은 사고, 감각, 감각 체험sensation, 지각, 관행, 실천, 습관, 인간 체화의 세계가 지층, 기후, 지구, 그리고 (우리의 미미한 인간사적 시간 규모를 조소하는 듯 보일 정도로) 거대한 변화가 지속되고 있는 세계와 무관하지 않다고 주장한다. 그런데 인간이 하는 일이 강력한 영향을 미치고 있음이 입증되었다. 과학과 공학은 지구에 중대한 영향을 미친다. 이상화된 지식의 대상은 멀리 떨어져 있어야 할 관찰자적 응시를 그 자체로 기록한다.[2] 지구공학은 서로 뒤얽힌 자연문화natureculture적 실천이며, 우리는 눈을 감고 기호학이나 생각하며 과학과 인문학의 경계를 지속적으로 침범하는 스스로의 행위를 못 본 척할 수는 없다. 지구와의 관계는 노동과 착취라는 사회관계의 일부이기도 하다. 이 사회관계는, 19세기 신흥 산업자본주의의 특징이었던 만큼 광물 채굴, 에너지 사냥의 지정학, 물질 자원, 컴퓨터 장비 생산 공장으로 구성된 21세기 동시대 디지털 자본주의의 특징이다.

이 짧은 책은 과학 문화, 기술 현실, 예술적 관점을 주제로 하며, 과학과 기술을 미디어 연구media studies와 미디어아트[3] 역사와 관련

2   [편집자] 전통적인 과학의 이상에 따르면 연구 대상이 멀리 떨어져 관찰되면 관찰 행위 자체가 대상에 영향을 주지 않아 객관적인 결과를 얻을 수 있다고 여겼다. 저자는 양자 물리학처럼 관찰 행위 자체가 대상에 영향을 미친다는 의미로 말하고 있다.
3   [옮긴이] 여기서 미디어아트는 시대 구분에 한정되지 않고, 동시대 미디어 예술작품뿐 아니라 미디어적 속성에 집중한 과학과 예술의 통합적이고 구체적인 실천을 넓게 포함한다.

된 다학제적 맥락으로 다룬다. 이 책은 지질학과 기술의 관계에 대한 본격적인 설명이라고 주장하지는 않지만, 미디어고고학을 포함해 미디어, 예술, 동시대 기술 연구 분야 사람들과 의미 있는 통찰을 나누고자 한다.

『미디어의 지질학』에는 데이터마이닝data mining 이상의 채굴이 담겨 있다. 구체적으로 이 책은 미디어 기술과 그 물질성, 하드웨어, 에너지가 지구물리학적 속성과 연결되는 지점에 관심을 두고 있다. 그 속성은 곧 금속 및 광물에서부터 미디어 문화가 양산한 폐기물 부하에 이르기까지 미디어 문화의 중압을 감당하면서 또 버텨내는 자연이다. 여러 공식 지질조사로 미디어 분석을 시작하는 게 좀 특이할 수 있지만 사실 지질조사로 기술 문화의 뒷이야기를 알 수 있다. 그것은 구리, 우라늄, 석유, 니켈, 보크사이트(알루미늄 원광)에서 수많은 명칭의 희토류에 이르는 지정학적으로 중요한 자원을 표시하는 과학적 지도 그리기 작업이기 때문이다. 또 국민국가의 이해관계, 과학 제도, 군사적 필요가 19세기 이래로 매우 긴밀히 상호 연결되어 있다는 점도 발견할 수 있다. 평범한 것조차도 태곳적 지하 세계[4]와 갈고닦인 과학적 프로세스가 결합된 생산물이라는 사실로부터, 우리는 일상 문화의 체계적인 실험실화化를 생각하게 된다. 현재 문화 이론가와 미디어 이론가가 콜탄(탄탈럼) 같은 광물의 중요성을 인지하고 있을지라도, (전쟁이 들끓는 콩고 영토에서 많이 채굴되는) 이 특정 광물이 20세기 지구물리학적 정치의 일부로 다루어

---

4 [편집자] 여기서 지하 세계(underworld)는 지구 속 광물이 있는 곳을 가리킨다.

지기 시작한 것은 사실은 디지털 문화 이전부터였다. 탄탈럼(과 콜럼븀)이 특수 "고강도 합금강"[5] 제조에 유용하기 때문에, "미국 광산국은 그 물질들이 '1952년 미국의 방어 계획에 가장 필요한 핵심 희금속에 속한다'는 것을 알았다."[6]

이 책의 초고는 2013년과 2014년 초에 튀르키예 이스탄불에서 완성되었다. 이 도시에서는 기술 사업 추진과 처참한 환경적 결과에 직면한 몇몇 쟁점을 특별한 관점으로 바라볼 수 있다. 이러한 문제들은 근시안적이고 노골적 착취를 행하는 폭력 정치가 떠받치는 경우가 많다. 이 이야기, 이 책의 집필은 2013년 여름 게지Gezi 시위를 계기로 시작되었다. 게지 시위는 환경 집회가 발단이었지만 곧 자본주의, 종교, 기술, 지식, 환경 문제가 매우 복잡한 역사적 사건으로 얽힌 광범한 정치적 상황에 대한 반향을 일으켰다. 이스탄불은 미래에 대지진 가능성이 있는, 지질 형성물의 최상단에 자리한 지구조적 tectonic 도시이다.[7] 또 지질학적으로 중대한 영향을 미치는 대규모 건축 프로젝트로 비난을 받는 도시이기도 하다. 그중 일부는 이미 완공되었고, 일부는 기획 단계에 있다. 최근 개통된 마르마라이 터널은 보스포루스 해협 아래 해저 철도를 만들어 두 대륙을 이었다. 이 수로 건설은 흑해와 마르마라해의 연결을 의도한 것이다. 많은 사업이

---

5   Michael T. Klare, *The Race for What's Left: The Global Scramble for the World's Last Resources* (New York: Metropolitan Books, 2012), 29.
6   같은 책.
7   [옮긴이] 이스탄불은 지질학적으로 아프리카와 유라시아 지구조판이 맞닿는 북아나톨리아 단층에 위치한다.

근대화라는 국가 차원의 공학뿐 아니라 지금은 지정학적 요충지에서 행해지는 기업의 자본 투자도 상기시킨다. 그러나 시위는 위치가 정치와 결부되는 양상, 즉 건설을 포함한 여러 사업에서의 기업의 이해관계와 함께 점증하는 권위주의적 지배 권력이 지구의 삶에 영향을 미치는 면면을 조명해 주기도 했다. 그 사건은 자연에서 정치를, 지질학에서 지정학을 떼어놓을 수 없는 불가능성을 보여주었다. 이 단기간의 정치 투쟁은 정치적 자유 못지 않게, 새로운 공항과 세 번째 다리를 포함한 몇몇 대규모 건설 프로젝트가 이스탄불 주변 삼림의 주요 부분을 훼손하고 도시 지하수 자원에 극도의 위협을 초래할 수도 있다는 우려와 관련되어 있었다.

이러한 정치 상황과 자본주의와의 유착 관계는 19세기에 이루어졌던 생산양식 변화에 대한 평가에 이미 적시된 바 있다. 물론 환경 재난은 그저 자본주의의 여파만은 아니다. 흙과 강 등지의 방사능과 산업적 흔적이라는 자연 기록으로 남은 20세기 '현실사회주의'의 영향을 간과해서는 안 될 것이다. 그러나 자본주의 생산양식의 강화는 확고한 성장을 위해 새로운 자원의 근거지로 확장시켜야 하는 필요성과 연결되어 있다. 인간이 지구에 미치는 영향이라고 해서 '인류세Anthropocene'라는 표제로 많이 내세워지는 환경 재난으로 우리가 인식하는 것은 마르크스와 엥겔스가 중대한 정치경제적 변화로 서술했던 시대 구분과도 대략 일치한다. 1848년 『공산당 선언The Communist Manifesto』에 의하면,

부르주아지는 백 년도 채 안 되는 지배 기간 동안 과거의 모든

세대가 함께 이룩한 것보다 더 엄청나고 더 거대한 생산력을 산출했다. 자연력의 정복, 기계 장치, 산업과 농경 분야에서 화학의 응용, 기선 항해, 철도, 전신, 전체 대륙의 개간, 하천의 운하화, 마치 땅에서 솟아오른 듯한 인구의 폭발적 증가. 이런 생산력이 사회 노동의 품에서 잠들어 있었다는 것을 이전의 어느 세기가 알아챘을까.[8]

마르크스와 엥겔스는 과학과 공학을 생산력으로 동원하는 양식으로서의 자본주의의 정치적 특징을 말했는데, 그 특징은 '인류세'로 명명된 그 여파를 겪어내는 지금의 우리 삶이 되었다. 자원으로 이해되는 자연을 지배한다는 근대적 기획은 사회적인 것과 자연적인 것의 분리를 근거로 삼았다. 그러나 분리 사이로 새어 나가는 것들이 늘 있기 마련이다. 브뤼노 라투르는 문화Culture에서 자연Nature을 분리하는 것이 불가능하다고 계속 주지시켜 왔다. 자연적-지구물리학적인 것의 얽힘entanglement을 가리키는 가이아Gaia와 인류세 등의 다양한 명칭이 있다. 하지만 그 어떤 것이든 자연과 문화를 개별적으로 지칭하려는 모든 근대적 시도가 불충분하다고 지적하는 새로운 무언가가 도래했음을 드러낸다.[9]

---

8   Karl Marx and Friedrich Engels, *The Communist Manifesto* (London: Pluto Press, 2008), 40: [국역본] 카를 마르크스, 프리드리히 엥겔스, 『공산당 선언』, 이진우 옮김(책세상, 2002), 22.
9   Bruno Latour, *An Inquiry into Modes of Existence: An Anthropology of the Moderns*, trans. Catherine Porter (Cambridge, Mass.: Harvard University Press, 2013), 10.

그러나 어떤 것도 꼭 새로 도래한 것은 아님을 기억해야 한다. 끊임없이 느리게 진행되어 온 지질학적 과거, 19세기에 안토니오 스토파니(인류 시대Anthropozoic)와 조지 P. 마시[10]가 인류세라는 초창기 설명, 이 자연 행성을 지구 시스템으로 시각화하고 모델링했던 초기 단계의 과학·기술 체계(예를 들면 기상학) 등 그런 것들은 [자연과 문화의 통합을 요하게 만드는 상황은 이미 아주 오래 전부터] 있었다.[11] 1873년에 스토파니는 『지질학 강의Corso di Geologia』에서 자신이 가진 기술로 대지, 바다, 공기에 침투하고 기존의 지층을 바탕으로 혹은 그 위에 무언가를 구축하는 발명가적 인간상을 그렸다.[12] 미래화석층은 인간의 기술과 화학의 흔적을 특징으로 내세웠던 스토파니의 분석에 일찍이 들어가 있었다. 인간은 자국을 남기고, 지구는 아카이브가 되어 그것을 간직한다.

인류세의 이른바 비예측적 사건은 사전에 도래해 있었다. 이렇게 지질학적 느림에 배태되어 있던 것들이 돌연하게 드러난 일은 기

---

10 Paul N. Edwards, *A Vast Machine: Computer Models, Climate Data, and the Politics of Global Warming* (Cambridge, Mass.: MIT Press, 2010).

11 "우리가 봐온 대로, 인류는 유기적·무기적 자연에 반응해 왔고, 그로 인해 지상에서의 자신의 터전의 물질적 구조를 결정하지는 못해도 그것에 변형을 가했다. 그 큰 반응은 마음과 물질 사이의 관계를 이해하는 데 매우 중요한 요소를 구성하며, 수많은 순수 물리학적 문제를 논의하는 데 있어서도 마찬가지다." George Perkins Marsh, *Man and Nature: Physical Geography as Modified by Human Action* (New York: Charles Scribner, 1865), 8.

12 Antonio Stoppani, "First Period of the Anthropozoic Era," trans. Valeria Federighi, ed. Etienne Turpin and Valeria Federighi, in *Making the Geologic Now: Responses to the Material Conditions of Contemporary Life*, ed. Elizabeth Ellsworth and Jamie Kruse (New York: Punctum, 2013), 38.

술, 쓰레기, 시간에 관한 담론의 역사적 층위와, 우리가 자원을 취하고 버리는 지질학적 현실 양쪽을 조망하는 시각을 제공한다. 스토파니의 눈에 비친 지구 아카이브는 과학·기술 문화의 여광餘光이다. 그것은 우리 삶 속의 쓰레기이다. 그리고 그것은 인간의 미래가 있을 가능성을 보고, 세상을 구성하는 비인간 동료들 속에서 우리가 골라내고 해결해야 하는 쓰레기다.

감사의 말

『미디어의 지질학A Geology of Media』은 미디어 생태학 3부작의 세 번째이자 마지막 기획입니다. 『디지털 전염Digital Contagions』(2007)에서는 바이러스 세계를, 『곤충 미디어Insect Media』(2010)에서는 군집성swarm을 다루었고, 동물과 생태계를 이론의 일환이자 역사 서사의 일부로 엮은 디지털 유물론, 그리고 미디어 이론에 초점을 맞췄습니다. 『미디어의 지질학』은 비유기물에 더 주력하면서, 기술에 대한 다음의 고민과 연결시켰습니다. 자연과 기술 사이의 연속체를 어떻게 이해해야 할까요? 최근 수십 년 동안 디지털 소프트웨어와 데이터 문화에서 단기간에 일어난 기술의 속성은 어떤 형태를 취하고 있을까요? 그리고 미디어가 도시화와 연결되는 문화적 변화와 지구 행성에 새롭게 집중된 관점을 특징으로 하는 기술에 관한 사유에서 더 장기적인 지속성이란 무엇을 뜻할까요?

 이 책은 수년 동안 함께 만나고 연구하고 대화를 나눈 수많은 친구와 동료 덕분에 나올 수 있었습니다. 특히 관련 주제를 연구하는 숀 큐빗으로부터 많은 영감을 받았습니다.

    윈체스터 예술대학의 동료들은 저를 크게 지지해 주었고 라이언 비숍과의 토론은 일부 주장을 확립하는 과정에서 중요한 역할을 했습니다. 몇몇 분은 이 글을 읽어주었고, 그게 아니더라도 알게 모르게 여러 통찰과 자료로 도와주셨습니다. (순서 없이 열거하자면) 가넷 허츠, 스티븐 샤비로, 숀 큐빗, 에드 디 수자, 세브 프랭클린, 톰 애퍼리, 마이클 디터, 벤저민 브래튼, 앨리슨 가자드, 대런 워슬러, J. R. 카펜터, 에드 켈러, 조던 크랜달, 리처드 그루신, 제프리 윈스롭영, 틸 헤일먼, 파울 페이겔펠트, 플로리언 스프렌거, 로빈 보스트, 켈리 이건, 게리 제노스코, 그렉 엘머, 가날 랑글루아, 에브루 예티스킨, 파시 발리아호, 로지 브라이도티, 트레버 패글런, 그레고리 샤통스키, 조너선 켐프, 마틴 하우스, 라이언 조던, 제이미 앨런, 데이비드 가시어, 요하에게 감사를 표합니다.

    미네소타 대학교 출판부와 다시 일할 수 있어서 좋았습니다. 더그 아마토와 대니얼 카스프르 이 두 분을 특별히 언급드리고 싶지만 부서 직원 모두에게 따뜻한 감사 인사를 보냅니다. 마찬가지로 이 책을 일렉트로닉 메디에이션Electronic Mediations 총서에 포함시켜 주신 편집자에게 감사합니다. 색인을 작성해 주신 다이애나 위트에게도 감사합니다.

    저는 2013년 가을에 이스탄불 바흐셰스히르 대학교Bahcheeehir University에서 방문 학자 신분이라는 수혜를 받았습니다. 이 책은 2014년 초 레우파나 대학교Leuphana University의 컴퓨터 시뮬레이션 미디어문화심화연구소MECS Institute의 중견 연구자 지원을 받아 탈고되었습니다. 이 책의 예비적 구상들은 트랜스메디알레transmediale, 보훔 대학교, 런던 슬레이드 예술대학, 코넬 대학교, 골드스미스 대학교, 기센Giessen, 스톡홀름의 '기억술의 문화적 기억Mnemonics Cultural Memory' 여름학교, 윈체스터 예술대학교, 캐나다 커뮤니케이션학회 연례 학술대회 등의 각종 행사, 컨퍼런스, 강연에서 선보였습니다.

한국어판에서 번역을 맡아주신 심효원 교수와 출간에 도움을 주신 모든 분께 따뜻한 감사를 전하고자 합니다.

무엇보다 당신만의 방식으로 든든한 버팀목이 되어주고 지지해 주신 어머니와 아버지께 이 책을 바치고 싶습니다.

1
물질성
미디어와 문화의 기반

> 미래는 저기 영구 동토층에 있다.
> ― 토머스 핀천, 『블리딩 에지 The Bleeding Edge』

> 기술은 (…) 인류세의 심연을 구성한다
> ― 에리히 회얼

대안적 미디어 유물론

자기 자신을 유물론자로 정의내리기란 그 자체로 크게 유의미하지는 않다. 그 용어는 자체의 힘으로 설명되기보다는 [외부의] 강해講解를 요구한다. 철학에서 유물론과 관념론의 긴 역사는 한 가지 기준점이지만, 그 용어가 일상적으로 사용되는 것 또한 마찬가지다. 즉 (소비사회의 물질주의적인 측면에 혐오를 표현하는 경우처럼) 우리는 그 용어를 정신적이거나 윤리적인 것의 반대말로, 혹은 우리 삶을 구성하는 기계와 기술의 현실을 지칭하는 말로 쓴다. 정치사상과 이론에서 마르크스의 유산은 역사적 유물론이 무엇인지를 암시하지만 그것은 미디어 이론 학자에게도 마찬가지다. 미디어 유물론은 미디어 기술을 사람들이 그것을 어떻게 생각하는지, 심지어 어떻게 사용하는지로 단순화할 수 없는 것으로 분석할 필요가 있다고 말한다. 그것은 기술을 존재론적이고 인식론적 의미에서 능동적 행위자로 본다. 다시 말해, 미디어는 사물이 세상에 존재하고 인식되는 방식을 조직한다. 미디어 분석은 사실 "우리가 추상적인 개념을 (⋯) 기술할 때 물질적 특정성을 부여"하는 탁월한 방법이며 그 물질성은 기이할 정도로 너무 확실하다.[1]

문화 이론과 미디어 이론은 지난 수년간 물질성에 관한 여러 논의로 이득을 보았다. 미디어 이론에서 유물론은 때때로 독일 미디어 이론이라는 용어와 결부되어 있다. 이 용어는 다양한 방식으로 미디어 문화의 유물론을 설명하는 광범위한 분야의 학자들을 통합시켰다.[2] 이 맥락에서 프리드리히 키틀러는 가장 잘 알려진 인물이다. 키

---

1 Sean Cubitt, *The Practice of Light: A Genealogy of Visual Technologies from Prints to Pixels* (Cambridge, Mass.: MIT Press, 2014), 2. 전문은 다음과 같다. "매개(mediation)는 관계, 즉 주체와 대상에 우선하고 이를 구성하는 관계의 기반이다. 미디어는 사회나 자연 같은 추상적인 개념 묘사에 물질 특정성을 부여하는 의미로, 그리고 능동형 동사의 의미로 관여한다. 그러니까 매개는 물질로서 존재하게 되고, 이러한 물질화가 알 수 있고 경험할 수 있는 세계를 구성한다. 그로 인해 감각하고 감각되는, 알게 되고 알려지는 그 모든 것이 가능해진다."
2 제프리 윈스롭영이 적절하게 말한 바에 따르면, '독일 미디어 이론'은 [특정하게 국가로 구별되는 접근법의 의미를 내포하는] 외부에서 만든 구성물이다. Geoffrey Winthrop-Young, "Krautrock, Heidegger, Bogeyman: Kittler in the Anglosphere," *Thesis Eleven* 107, no. 1 (2011): 6–20 참조.

틀러는 컴퓨터 문화, 하드웨어, 동시대 삶의 기술적 구조화와 관련해 다양한 도발을 일으켰고, 이는 비인간의 특정 관점을 함축했다. 즉 기본적으로 사람은 미디어 기술의 여파로 형성된 '소위 인간so-called Man'이라는 것이다. 키틀러는 초기 연구에서 미셸 푸코의 고고학적, 아카이브적 문화사를 새롭게 취했다는 점에서 미디어고고학자로 소개되기도 했다.[3] 그러나 사실은 이렇다. 키틀러는 동시대 삶―과 그 아카이브―을 통치하는 것이 푸코의 이해처럼 책과 도서관에 있는 언표와 규율에 한정되지 않는다고 단호하게 말한다. 그보다도 그것은 기계와 제도의 기술 네트워크, 교육과 훈련 방식에서 발견된다는 것이다. 이를테면 전통 인문학 이론이 해석학적 의미를 계속해서 말하거나 전통 사회학 개념의 작동을 고수하는 한 전통 인문학 이론으로는 이해할 수도, 파악할 수도 없는 권력 형식을 행사하는 과학-공학 복합체가 그것이다. 키틀러는 인문학자가 기술을 다루어야 한다는 믿음을 가진 이론적 심리 작전의 선동가였다. 그 자신도 그렇게 연구했다. 키틀러는 미출간 원고뿐 아니라 소프트웨어 설명서와 하드웨어도 유작 일부로 남겼다. 그가 1970년부터 소유했던 초창기 신시사이저는 얀페터 존타크의 공연 일부로 부활했다. 공연 의도는 괴테 연구자에서 신시사이저 매니아synthgeek이자 자가 조작자 tinkerer가 된 키틀러의 변신을 시연하는 것이었다.

[3] Friedrich Kittler, *Discourse Networks 1800/1900*, trans. Michael Metteer with Chris Cullens (Stanford, Calif.: Stanford University Press, 1990): [국역본] 프리드리히 키틀러, 『기록시스템 1800·1900』, 윤원화 옮김(문학동네, 2015).

키틀러와 동류의 학자들은 때로는 비난과 경멸을, 때로는 찬사를 받는 미디어 유물론의 상징이 되었다. 미디어를 연구하려면 기술적 미디어가 디지털로 시작되지 않았다는 사실을 무시하지 않고, 우리가 살아가고 있는 고도로 정교하게 구조화된 컴퓨터 세계를 통치하는 과학과 공학의 현실을 올바르게 이해할 필요가 있다. 옛날의 기술적 미디어는 역사와 계보학, 즉 현재를 좌우하는 고고학적 층에 중요한 역할을 한다. 미디어고고학media archaeology은 그 점을 계속 강조하는 한 분야다.

키틀러에게 미디어 연구는 그저 이차적 효과, 이차적 현상일 뿐인 해석, 기호학적 내포 의미, 재현 양식으로 축소될 수 없다. 미디어는 회로, 하드웨어, 전압 차이의 층위에서 작동한다. 그것은 인문학에 앞서 공학자가 군사 정보부 및 비밀 정보기관 못지않게 점차적으로 인식했던 것이다. 그러나 이 논증법은 기호학 층위에서 미디어가 인간을 통치하는 이유도 함께 이해하려 했던 광범위한 정치 연계적 연구를 무시했다. 물질성에 대한 모든 포괄적인 설명이 그에 대립되는 수많은 것을 분명히 제외했다는 의혹은 점점 커졌고, 이 의혹은 무엇이 배제되고 있는지에 대한 의문을 촉발한다. 주목해야 하는 물질성의 다른 양식은 또 무엇이 있을까? 젠더, 성, 체화, 정동? 아니면 노동, 전 지구적 물류, 생산양식의 문제일까? 다른 말로 하자면, 우리의 물질성 관념은 어디서 비롯된 것이고 그 기반은 무엇인가?

만일 생각보다 쉽게 일축될 수 없는 다른 차원의 미디어 유물론이 존재한다면? 그리고 미디어 유물론이 기계에만 한정되지 않는다면? 기계는 어디에서 왔으며, 폐기되고 고장 났지만 죽기를 거부하는 죽은 미디어dead media가 된 후 기술과 미디어를 구성하는 것은 무엇인가? 이 책은 기계에만, 혹은 비인간 행위자성agency 같은 기술 네트워크에만 집중하기보다 미디어 문화의 다양한 시간과 공간에 관한 유물론인 **미디어의 지질학**이 존재한다는 주장을 중심으로 구성되어 있다. 이는 미디어를 장치로 보는 전통적 관념에 제한되지 않고 우주론과 지질학으로 거슬러 올라가기도 하는 시간 및 공간 축에 관한 존 더럼 피터스의 주장과도 공명한다(그의 주장은 해럴드 이니스와 마셜 매클루언의 캐나다 미디어 이론 전통과도 유사하다). 지질과학과 천문학이 이미 흙, 빛, 공기, 시간을 미디어로 대하는 발상을 틔웠다는 점에서 그렇다.[4]

『미디어의 지질학』은 미디어 기술 문화 관련 논의가 필요하다고 생태학적 맥락을 끌어온다는 점에서 녹서green book이자 먼지와 흙으로 덮인 책이다. 이 책은 동물, 기술, 생태계의 무성한 은유로 채우는 대신 미디어와 지구물리학적 환경 사이 관계라는 특정 양상을 강조한다. 최근 더글러스 칸 같은 학자들은 같은 주장을 펼치면서, 키틀러의 논제를 더 급진적으로 만들 수 있고, 회로 및 하드웨어를 가능하게 만드는 것으로 계속 이어나갈 수 있다고 주장했다. 그 논의의 대상은 유물론적 맥락에서 전송, 계산, 저장을 의미하는 것이

---

[4] John Durham Peters, "Space, Time and Communication Theory," *Canadian Journal of Communication* 28, no. 4 (2003), http://www.cjc-online.ca/index.php/journal/article/view/1389/1467. Sean Cubitt, *Digital Aesthetics* (London: Sage, 1998)도 함께 참조. 큐빗의 2014년 책 『빛의 실천(The Practice of Light)』은 매우 중요하다. 이 책은 특히 빛이 변형되어 미디어가 되는 것에 초점을 맞추고 있다.

무엇인지에 대한 동시대의 걱정을 둘러싼 환경적 맥락, 에너지 소비 문제, 하나 더 더하자면 전자 폐기물이다.[5]

이 책을 이끄는 개념적 기반ground은 지질학이다. 지질학은 우리 발아래 지반ground, 그 역사와 구성에 대한 과학이며, 지구를 정의하는 다양한 지례, 층, 지층, 상호연결에 관한 체계적 연구다. 이는 지구공학 및 지반공학geotechnics 작업이 지구의 고체성과 상호 작용하는 특정 방법일 뿐 아니라, 우리 삶의 환경적 구성에 대한 광범한 인식과 연관된 정교한 측정법이기도 하다는 것을 암시한다. 그러므로 지질학은, 우리의 발 딛는 지반이 되는 흙, 지각, 지층에 관한 것뿐만 아니라 기후변화와 산업 생산 및 후기산업 생산의 정치경제학과 연관된 주제이기도 하다. 그것은 전송, 계산, 저장이라는 기술 세계만큼이나 생물의 삶을 지탱하는 더 광범한 지구물리학적 삶의 세계와 연결된다. 지질학은 기술 미디어 세계의 물질성을 연구하는 방법이 되었다. 그것은 동시대 문화사의 개념적 궤적이 되었고, 그에 창조적 개입을 꾀한다.

지질학과, 화학, 생태학 같은 다양한 관련 학문 및 지식 분야는 현대 세계의 틀을 짓고 그것에 한 가지 가능한 과학적 구조를 부여한다. 이러한 학문들은 우리의 미디어 문화 실천의 원천인 기술·과학 문화의 창발 현상에 강력하게 암시되어 있다. 그렇기에 나는 미

---

5   Douglas Kahn, *Earth Sound Earth Signal: Energies and Earth Magnitude in the Arts* (Berkeley: University of California Press, 2013), 23. Sean Cubitt, "Current Screens," in *Imagery in the 21st Century*, ed. Oliver Grau with Thomas Veigl, 21–35 (Cambridge, Mass.: MIT Press, 2011)도 함께 참조.

디어의 일반적인 정의 바깥에서 미디어 유물론의 특징을 모색하는 데 관심이 있다. 나는 무선통신radio 대신, 어떤 구성 요소와 물질이 그런 기술을 가능하게 하는지 생각하는 쪽이다. 우리는 네트워킹 대신 통신에 필요한 구리나 광섬유가 중요하다는 것을 기억해야 한다. 그리고 뭉뚱그린 '디지털' 논의 대신, 광물의 지속성이 학문적, 사회적, 경제적 이해를 관통하는 중요한 특징이 된 핵심이라는 사실을 세밀히 분석하고 기억해야 한다. 이제 리튬을 기술 문화에서 필수 요소인 전前미디어적 물질뿐 아니라 [동시대의 여러] 기술 사이를 횡단하는 원소로 살펴보자. 화학원소(Li)이자 금속인 리튬은 랩톱컴퓨터 배터리와 (배터리 기술이지만 하이브리드 자동차를 대상으로 한) 미래 친환경 기술에 필수적이다. 백금류 금속은 보석으로 친숙하지만 수소 연료전지에 못지않게 "컴퓨터 하드드라이브, 액정 디스플레이, 소형 전자회로"[6]에 중요하게 쓰인다. 수많은 핵심 물질이 스크린, 네트워크, 컴퓨터 등 단순히 '미디어'로 뭉뚱그리는 것을 포함한 다양한 민간 및 군사 기술과 관련해서 중요한 위치에 있다. 화학물질, 금속, 광물을 추적하여 미디어 유물론의 전통적 개념을 환경적이고 생태학적인 의제로 확장하는 것은 이 책이 지닌 한 가지 성격이다.

    예술가인 로버트 스미스슨은 지구조학tectonics과 지구물리학이 지구만이 아니라 마음에도 영향을 미치고 있다면서 '추상 지질학abstract geology'을 말했다. 추상 지질학은 유기물과 비유기물의 구

---

[6] Klare, *Race for What's Left*, 152.

분을 막론하고 지질학적 관심을 펼치는 분야다. '추상'을 언급함으로써 들뢰즈적 경향을 지닌 자들을 끌어들일 수도, '추상 기계abstract machines 개념과도 공명할 수 있다. 그러나 스미스슨의 관심은 철학 담론 이전에 금속(과 그에 따라 지질학)을 작업실에 재도입하는 예술적 실천의 물질성에 쏠려 있었다. 게다가 스미스슨은 1960년대 대지미술 담론에서 등장한 자신의 개념을 (반反매클루언주의와 다름없다고 말할 수 있는) 기술의 개념화에 동원할 준비가 되어 있었다. 그에게 기술은 인간의 확장이라기보다 집약된 것이자 "지구에서 나온 원재료들로 만들어지고"[7] 집약된 것이다. 현재 21세기 기준에서 50여 년 뒤에 상상적 대안 미디어 이론의 계보가 시작될 것이다. 그 계보의 이야기에는 매클루언, 키틀러 같은 자들이 반드시 포함되지는 않으며, 대신 물질, 금속, 쓰레기, 화학이 있다. 이러한 물질들이 하이테크 및 저임금의 디지털성digitality 문화를 설명하며, 지구물리학적 미디어 시대의 대안적 유물론을 제공한다.

그렇다면 유사pseudo-지질학자로 변신한 미디어 이론가는 무엇을 하는가? 이렇게 혼종적이고 하이픈[-]으로 연결된 이러한 학자의 전환은 어디로 향해 있는가? 적어도 이 책은 미디어가 되기 전에 미디어를 구성하는 비유기물의 중요성을 추적하여 광산과 희토류 광물 속 미디어의 말 그대로 심원한 시간deep times, 심원한 공간deep

---

[7] Robert Smithson, "A Sedimentation of the Mind: Earth Projects" (1968), in *Robert Smithson: The Collected Writings*, ed. Jack Flam (Berkeley: University of California Press, 1996), 101.

places으로 이끈다. 여기서 지구 미디어 예술earth media arts에 통찰을 제공하는 심리지구물리학psychogeophysics(지구물리학적인 것에 대한 특별한 관점으로 기술과 사회와의 관계를 바라보는 사변 미학의 한 유형) 같은 미학 담론 및 실천을 살펴본다.[8] 국가 기관의 연구와 지질학적 방법으로 행해진 연구를 면밀히 살펴본다면 자료의 양은 무한할 것이다. 지질조사는 농업과 광업에 기여했던 초창기 연구였지만 지금은 전 지구적 지정학의 핵심이 되었다. 심지어 영향력 있는 과학 연구소인 미국 지질조사국U.S. Geological Survey 같은 개별 기관을 통해서도 지질학, 정치, 기술의 특정 계보들을 추적할 수 있다.[9] 미국 지질조사국은 19세기 중후반에 설립된 이래로 기술 선진국의 위상에 필요한 천연자원을 파악하는 핵심 역할을 수행했다. 그리고 지금 그 역할은 전 지구적 규모로 확대되었다. 일례로 아프가니스탄에서는 테러에 맞서는 군사 작전과 병행하여 지질학자들이 국가의 자원 기반을 조사하는 중이다. 아프가니스탄은 구리, 철, 금, 그리고 '리튬계界의 사우디아라비아'가 될 정도의 리튬이 매장되어 있다는 잠재성을 지닌다. 지질을 조사하는 옛 방법은 지질학자들과 미국 국방부의 협업을 통해 중력 및 자기 측정 신기술을 사용하는 항공 측량법

8   Kahn, *Earth Sound Earth Signal*을 함께 참조.
9   이 기관의 현 목표는 다음과 같이 명시되어 있다. "[미국 지질조사국은—지은이] 지구를 묘사하고 이해하는 신빙성 있는 과학 정보를 제공함으로써 국가에 이바지한다. 자연 재해로부터 생명과 재산 손실을 최소화하고, 물, 생물, 에너지, 광물 자원을 관리하며, 우리 삶의 질을 강화 및 보호한다." http://www.usgs.gov/.

으로 보완되고 있다.[10]

전술된 서문 내용을 요약하자면, 이 책은 지구물리학적인 것에서 시작되는 디지털과 아날로그의 기술 활용적 미디어 문화를 다룬다. 또한 개념적으로는 사변적이지만, 주제와 미디어 역사에 기반을 둔 복합적인 방식으로 미디어 문화의 (지정학에만 머물지 않는) 지구물리학적인 부분을 지칭하는 용어들을 탐색하며 사용하고 동원한다. 환언하면 이 책은 어떤 부분에서는 역사적 출처와 예시를 끌어들이면서도 미디어아트 작품에 강조점을 둔다. 이를 통해 최근 몇 년간의 기후변화, 인류세, 지구물리학적 운용을 특정 시각으로 보게 하는 미디어아트 실천 및 이론적 담론을 다룬다. 여기에는 미디어의 심원한 시간,[11] 심리지구물리학, 전자 폐기물, 인류세, 화학, 비선형적으로 작용하는 미디어 역사로서의 지구적인 것the earthly에 대한 생각이 포함된다. 비선형적 지층으로서의 미디어(아트) 역사라는 이러한 생각은 미디어 역사의 미디어고고학적 의제를 극단으로 몰아간다. 인류사는 지질학적 시간에 속속들이 스며들어 있다.[12]

10　James Risen, "U.S. Identifies Vast Mineral Riches in Afghanistan," *New York Times*, 2010년 6월 13일. 미국 지질조사국의 짧은 역사에 관해서는 다음 링크 참조. Mary C. Rabbitt, "The United States Geological Survey 1879–1989," U.S. Geological Survey Circular 1050, http://pubs.usgs.gov/circ/c1050/index.htm.

11　Siegfried Zielinski, *Deep Time of the Media*, trans. Gloria Custance (Cambridge, Mass.: MIT Press, 2006).

12　Timothy Morton, *Hyperobjects: Philosophy and Ecology after the End of the World* (Minneapolis: University of Minnesota Press, 2013)를 함께 참조: [국역본] 티머시 모턴, 『하이퍼객체: 세계의 끝 이후의 철학과 생태학』, 김지연 옮김(현실문화연구, 2024).

시간성과 미디어자연

지난 수년간 미디어 연구에서 논의되었던 다양한 이론과 방법론 중에서도 미디어고고학은 전통적인 미디어 역사의 방법론을 증식하고 개조함으로써 기이한 것, 실패한 것, 그리고 보다 일반적으로 미디어 문화를 구성하는 조건의 역사를 파악하는 새로운 방법을 포함하게 되었다. 그것은 미디어의 환상이 어떻게 실제 기술 프로젝트의 일부가 되는지, 그리고 미디어 미학이 어떻게 새로운 형태의 정치적 문화 설계[디자인]에 일조하는지에 대한 현실적[현실을 구성하는] 상상의 지도를 그린다. 에르키 후타모, 볼프강 에른스트, 프리드리히 키틀러, 지크프리트 칠린스키, 토마스 엘세서를 포함한 수많은 학자가 펴 낸 미디어고고학적 저술은 미디어 기술로 여겨졌던 것의 범위를 확장하는 멋진 공구 세트가 되었다.[13] 그런데 미디어 이론은 시간성 개념과 연관되어 있기도 하다. 서로 다른 다양한 접근법은 물질적 대상뿐 아니라 우리가 (미디어 문화의) 시간성을 생각하는 방법에 관한 것이기도 하다. 이 방법은 재귀하고recurring 토포이topoi[14]에 기반

---

13   미디어고고학에 관해서는 다음의 책 참조. Erkki Huhtamo and Jussi Parikka, eds., *Media Archaeology: Approaches, Applications, and Implications* (Berkeley: University of California Press, 2011). Jussi Parikka, *What Is Media Archaeology?* (Cambridge: Polity, 2012). 그에 더해 베른하르트 지게르트 같은 선구자들의 문화 기술(cultural techniques)의 접근법은 미디어 분석을 지식 기술과 담론의 가동자의 관계로 내세웠다. Siegert, "Cultural Techniques: Or the End of the Intellectual Post War Era in German Media Theory," trans. Geoffrey-Winthrop Young, *Theory, Culture, and Society* 30, no. 6 (2013): 50.
14   [옮긴이] 후타모는 담론, 문학, 시청각 작품 등의 문화 요소들이 지역과 시대에 따라 모

한 미디어 시간, 이 책에서 다루어지며 급진화될 심원한 시간의 개념, 기술 활용적 미디어 문화를 기계 및 기술적 프로세스의 층위로 정의하는 미시시간성micro-temporalities에 주목하며, 시간에 대한 재귀적 방법론을 펼치고, 새로운 질문을 던지고 새로운 의미의 미디어 역사적 시간을 제공하는 방식으로 신영화사를 미디어고고학으로 확장한다. 이 모든 예시는 시간에 대한 미디어 철학이 실행된 미디어 고고학으로, 물질성을 사고하는 데 중요한 저류低流가 되어준다.

볼프강 에른스트는 미디어고고학과 미디어 고고기술학media archaeography에서 특히 연산 미디어의 미시시간성과 시간 결정적 time-critical 양상에 역점을 두었다. 미디어 역사적 거시 서사를 재고하게 하는 시간 체제로서 기계의 행위자성에 찍었던 에른스트의 방점은 대안적으로 작용한다. 글쓰기를 바탕으로 한 미디어 역사의 방법론적 양식은 기계의 특정한 고유시간Eigenzeit[15]과 만나야 한다. 즉 기술 문화와 기계에서의 그 특정 순간이 그저 시간 **속에서** 존재하는 것에 그치지 않고 시간을 만들어낸다는 것이다. 하드드라이브의 회전 속도, 컴퓨터의 클록 시간clock times, 네트워크 핑network pings 등

습을 달리해도 사실상 늘 사라지고 등장하는 구조 속에서 되풀이될 뿐이라고 주장한다. 이러한 맥락에서 후타모는 토포스topos의 복수형의 토포이를 개념으로 취하여 문화 요소들을 그러한 진부한 상투성의 차원에서 재귀적으로 작동시키는 원리로 제시했다. 문화를 역사적으로 살피는 그의 시도는 나아가 미디어고고학의 흐름과 합류되어 전개된다. 후타모의 토포이 개념은 다음 글 참조. Jussi Parikka, *What Is Media Archaeology?*

15 Wolfgang Ernst, "From Media History to Zeitkritik," trans. Guido Schenkel, *Theory, Culture, and Society* 30, no. 6 (2013): 134-135.

은 기계 자체에 내장되어 있고 기계가 인간 사회의 세상에 부과하는 시간성의 예시다. 기계는 서사만 쓰는 것이 아니다. 그것은 계산한다. 에른스트에 따르면, 이러한 유형의 미디어고고학과 미디어 역사의 차이는 이렇다. "미디어고고학 관점에서의 컴퓨터 문화는 서사적 기억memory뿐 아니라 계산하는 메모리를 함께 다룬다. 이야기하기recounting보다는 숫자 세기counting이며, 고고학적 양식 대 역사적 양식인 것이다."[16]

그러나 그 반대편에는 극단적으로 긴 지속들이 존재한다. 2장에서 자세하게 다루겠지만, 칠린스키는 미디어아트 담론에 심원한 시간 개념을 채택하면서 미디어아트 문화를 탐색하는 지질학자처럼 생각하고 작업하는 방법을 제시한다. 칠린스키에게 이 개념은 미디어, 예술, 과학의 상호작용이 뿌리 깊음을 이해하기 위해 단기적인 '정신병리학적' 자본주의 미디어 담론을 피해가는 방법이다. 칠린스키는 우리가 역사적으로 비교적 최근에 와서 그것들을 미디어라고 부를 생각을 하기 이전에 보기와 듣기를 변조했던 방법을 추적했다.[17]

칠린스키는 엠페도클레스, 아타나시우스 키르허를 포함한 여러 사람의 발명 이야기에서 역사의 층위를 들추어냈다. 그 역사의 층위

---

[16] Wolfgang Ernst, *Digital Memory and the Archive*, ed. Jussi Parikka (Minnea-polis: University of Minnesota Press, 2013), 71.

[17] 키틀러는 아리스토텔레스 이래로 '미디어'가 존재론적으로 경시되었다고 주장했다. 아리스토텔레스에게 그것은 '매체(medium)'를 배제한 (사물을 위해 마련된) 존재론적 영역에 속한 것이 아니었다. 매체[매개](tò metaxú)는 "그의 [감각적] 지각 이론으로 격하시켰다." Friedrich Kittler, "Toward an Ontology of Media," *Theory, Culture, and Society* 26, nos. 2.3 (2009): 24.

는 갑자기 우리 눈앞에서 살아 움직이고 [지리하게] 반복적인 광고 기반의 디지털 미디어 혁신보다 더 생생한 과거를 접하는 방법을 제공한다. 칠린스키의 심원한 시간은 확실한 기원의 서사를 피해가는 방법으로, 미디어 역사 속 별난 변종에 관심을 두었다. 밝혀지지 않은 것, 놀라운 것, 변칙적인 것을 들이파는 고고학적 충동이 존재하는데, 칠린스키의 연구에서 그러한 들이파기는 지질학적, 고생물학적 개념을 취하고 있다. 그러나 지질학적 시간 기반의 그 개념이 더 급진적이어야 하지 않을까? 수천 년의 비선형 역사라는 마누엘 데란다의 명제를 더 많이 생각하고 미디어아트 역사의 지질학으로 확장하면 어떨까? 지난 수십 년 동안 집중적인 인식론적 탐구와 실천적 개발에서 자원으로 주목을 받았던 암석, 광물, 지구물리학, 대기의 지속, 지구시[간]earth times에 담긴 수천 년, 수백만 년의 '역사'를 바라봐야 하는 것이 아닐까? 여기에는 지상(과 지하)에서 파낸 것들, 신호 전송 목적의 대기 및 하늘, 인공위성 및 우주 쓰레기 용도의 우주 공간이 해당된다(우주 공간은 트레버 패글런의 사진 퍼포먼스/설치 작품인 〈최후의 사진들The Last Pictures〉에서 환기되었듯이 지구를 따라 공전하는, 새롭게 확장된 지질학적 '지층'이 되었다(그림1과 5장 참조).[18] 19세기 이후 산업화의 등장과 광산, 제련소, 석탄 에너지에서 발생한 이산화황으로 이루어진 환경 조성이 시인들 사이에서 극적인 미학적, 생태학적 변화를 예찬하거나 비판적으로 서사화하는 것으로 다루어졌다면, 동시대의 기술 예술 역시 (많은 경

---

18 Trevor Paglen, "The Last Pictures," *Journal of Visual Culture* 12, no. 3 (2013): 508-514.

그림 1
트레버 패글런, 〈영구 지구정지궤도의 우주선, 적도 위 35,786km〉, 2010 (세 폭 사진 중 두 번째 사진). 또 패글런은 초창기 〈인공유물Artifacts〉 연작에서 지질학의 연장으로서 궤도 기술에 관심을 보였다. 이미지 제공: 작가, 메트로픽쳐스Metro Pictures(뉴욕), 올트먼 시걸(샌프란시스코), 토마스 잔더 갤러리Galerie Thomas Zander(쾰른).

우 실천적 차원에서 지구물리학의 물질세계와 직접적인 관계를 맺기는 하지만) 그와 비슷한 작업을 하고 있다.

이 지구물리학적 미디어 세계는 동시대 예술에서 현현顯現한다. 이 책은 패글런에서 마이크로리서치랩microresearchlab(베를린)에 이르는, 그리고 기술 화석 설치 작품에서 지진 음속화sonification에 이르는 다양한 작품의 사례를 다룬다. 그중에서도 소리의 사용은 심원한 시간 미디어의 미학과 그 인식론적 배경을 특징짓는 한 가지 방법이다. 지구는 포효하며 소리를 낸다. 그것은 이미 에머리 D. 쿡이 지진의 사운드스케이프를 담은 〈세상 바깥Out of This World〉이라는 LP음반을 냈던 1950년대에,[19] 또 뒤이어 키틀러 같은 이론가와 미디어 예술가들이 깨달았던 사실이다. 키틀러를 인용한 다음 대목은 시간축 조작 기술로 지구물리학의 긴 지속의 느림(때로 지나치게 느리거나 그렇지 않으면 인간 지각으로는 들리지 않고 비가시적인 파동에서 작동한다)이 우리 미적 경험의 일부가 된다는 것을 보여준다.

수천 명의 사상자를 낸 고베에서와 같은 지진을 택하여, 들리지 않는 그 느린 진동을 지진계로 기록하고 단 10초 만에 일어났던 끔찍한 날의 신호를 재생하면, 소리가 날 것이다. 태평양에서와 같이 두 개의 지질구조판 충돌이 원인인 지진의 경우, 소리는 고음의 마찰음과 유사할 것이다. 대서양에서와 같은 경우에

---

19 Kahn, *Earth Sound Earth Signal*, 107, 146.

는 두 개의 대륙판이 서로 떨어지는 것이 원인인데, 거기서는 반대로 부드러운 한숨 같은 소리가 날 것이다. 그러므로 스펙트럼, 즉 진동수 구성[작곡]composition은 폭력적 사건에 음색 혹은 음질을 부여한다. 미 대륙은 아시아가 된다. 불과 얼마 전 나는 그러한 지진의 음색을 들을 기회가 있었으며 그 소리는 평생 잊지 못할 것이다.[20]

지구물리학은 아방가르드의 미학적 실천과 어휘의 일부로 일찍이 채택된 바 있다. 더글러스 칸은 전자기를 특별히 강조한 면밀한 기록을 통해 앨빈 루시어의 실험, 폴린 올리베로스의 〈소리층 Sonospheres〉 등의 아방가르드 작곡가들이 지구와 어떤 연관성을 맺고 있는지 보여주었다. 전자음악 작업실은 자연과 연합했다. 심지어 전자음악 작업실을 필요로 하기 이전 시대에도 구식화obsolescence가 시연된 적도 있었다. 그것은 이미 우리의 두뇌 속에, 자연 속에 존재하고 있었다.[21] 자연의 진동에서 나온 미학은 들뢰즈의 영향을 받은 일련의 설명에 스며들어 있는 하나의 주제다. 그중에서도 엘리자베스 그로스의 연구를 꼽을 수 있다.[22] 동시에 그것은 지구물리학적인

---

20 Friedrich Kittler, "Lightning and Series—Event and Thunder," *Theory, Culture, and Society* 23, nos. 7-8 (2006): 69.

21 "우리는 더는 전자음악 작업실을 필요로 하지 않는다. 우리 두뇌 속에는 이미 그것이 있었다." 칸의 올리베로스 재인용, *Earth Sound Earth Signal*, 175.

22 Elizabeth Grosz, *Chaos, Territory, Art: Deleuze and the Framing of the Earth* (New York: University of Columbia Press, 2008).

것을 우리가 '미디어'라고 부르는 것의 행동유도성affordance으로 활용하는 방법이기도 하다. ("지구 전체에서 일어나는 전자기적 저주파의 공명"[23]을 지구가 특정 진동수를 지닌 살아 있는 존재라고 주장하는 뉴에이지 담론과 결합한 개념인) 슈만 공명Schumann resonance처럼 물리적 자연에 대한 그런 관념들을 소환할 수 있다는 것은 놀라운 일도 아니다. 이것은 지구와 생명에 대한 어떠한 개념화에도 [적용 가능한] 한 가지 중요한 배경을 제공하고 어머니 자연terra mater("고대 시대부터 18세기까지 돌과 금속이 유기물처럼 지구 밑에서 자란다는 믿음이 널리 퍼져 있었다"[24])이라는 아주 오래된 개념을 앞세웠던 가이아 가설에 과학을 가미한 주장의 한 가지 변형 버전임이 분명하다.

그러나 우리의 과학적 세계관에서는 서로 엮여 있는 유기적, 비유기적 생명체의 개념이 재편되었다. 우리는 "생명체는 심지어 지구의 세입자이면서도 지표면을 이렇게 만들었다"[25]라고 하는 고생물학자 리처드 포티의 시적 표현처럼 지구를 형성하는 생물학적, 물리학적 결정 요인의 상호작용을 강조해야 한다. 우리는 또한 문화적 현실과 미디어 문화의 실천 및 기술techniques에 관한 깨달음에

---

23 Kahn, *Earth Sound Earth Signal*, 177.
24 Theodore Ziolkowski, *German Romanticism and Its Institutions* (Princeton, N.J.: Princeton University Press, 1990), 28-29.
25 Fortey, 다음 글에서 재인용; Ian W. D. Dalel, "Vestiges of a Beginning and the Prospect of an End," in *James Hutton—Present and Future*, ed. G. Y. Craig and J. H. Hull (London: Geological Society Special Publications, 1999), 150.

이를 수 있다. 이러한 것들이 지구의 세입자이지만, 또한 지구가 인식되고 이용되고 개조되는 방식에 실질적으로 기여한다. 우리는 어떻게 신중하게 접목된 개념이 전통적인 학문 분야[의 경계]를 가로질러 작용하고 자연과 문화의 문제를 연결하는 다양한 실천을 어떻게 포착해 낼지 알아야 한다. 우주여행이 시작되었던 1960년대 후반 이래로 우주에서 바라본 지구 행성의 효과는 시각 미디어가 과학 개념에 어떻게 일조하는지를 보여주고 있다. 운송과 시각화의 군사·과학 기술의 대상 못지않게 전체론적 유기체를 보여주는 지구 행성적 비전은 제임스 러브록에서 린 마굴리스에 이르는 과학자가 피드백 메커니즘을 더 광범위하게 논의하도록 일조했다. 그런데 그것은 제임스 허턴의 『지구의 이론Theory of the Earth』(1788)에서 벗어나 지구의 미디어로 이행했음을 시사하기도 한다. 이 이행은 달에서 지구의 일출[풍경]을 담을 뿐 아니라 새로운 시점으로 은하계를 비추는 시각화 기법과 미디어로 실행되었다. 그에 더해 달세계 여행에는 지질학적 샘플을 채취해서 들여온 아폴로 달착륙선이 포함되었는데,[26] [그] 꿈은 완전히 사라진 것이 아니었다. 또 다른 에너지 혁명을 위해 중요한 헬륨3의 채굴 가능성은 국민국가와 구글 같은 기업의 행성적 정치학을 행성 간 차원으로 그저 자연스럽게 연장한 것 정도로 볼 수 있다.[27] 심지어 이러한 사변적 설명에는 현재의 지

---

26 Dalel, "Vestiges of a Beginning," 122-123.
27 John Shimkus, "Mining Helium-3 Will Transform the Dark Side of the Moon," 2011년 5월 9일, http://www.energydigital.com/global_mining/mining-helium-3-will-transform-dark-side-of-the-moon.[링크 유실]

정학적 자원 경쟁의 일환으로 2030년 건설 예정인 러시아의 달 식민지 이야기가 포함되기도 한다.[28]

지구를 비추도록 되돌아온 매개된 시각은 그 자체로 완전히 새로운 범위의 사회적, 과학적 의제에 중요한 역할을 했다. 1960년대 이후로 달에서 지구를 바라보는 시점과 함께 허블 망원경으로 심원한 우주를 바라보는 기술적 응시는 그저 우주와 행성 간 대상에만 국한되지는 않았다. 그 못지않게 기술적 응시는 이러한 존재들을 기업 및 국가 차원의 관심사에 속한 일부로 비추고 있기도 하다. 지리 조사는 위성 원격탐사의 첨단 렌즈와 이미지 프로세싱의 수혜를 입었다.[29] 지구로 향한 관점[숏]은 구글어스Google Earth 같은 기업이 제작한 지도와 대규모 군사 감시 시스템 같은 것을 촉발하기도 했다. 그리고 그것은 생태학적 맥락에서 생물학과 지구물리학이 혼재한 다양한 층위를 이해하기 위한 방법으로 가이아 개념의 힘을 포착하도록 했다. 브루스 클라크는 이렇게 말한다.

> 생명 시스템과 지구 환경의 총체성이 공진화하면서, 대기 조성, 온도, 해양 pH 및 염분의 생존 조건을 유지하는 지구의 자기조절, 그리고 질소, 황, 칼륨과 같은 유기 영양소의 전 지구적 분포의 메타 시스템으로서의 가이아가 생겨났다. 생물권은 항상적

---

28 "Russia will begin Moon colonization in 2030-a draft space program," 2013년 5월 9일, http://rt.com/news/157800-russia-moon-colonization-plan/.
29 Cubitt, *Digital Aesthetics*, 45-49.

피드백 기제를 가진 모든 생명 유기체처럼 작용하여 지구물리학적 기능을 건강하게 유지한다. 가이아 이론은 전 지구적 기후 변화를 생각하는 데 필수불가결한 이론적 틀이다. 우리가 지금 직면해 있는 조절 시스템의 임박한 실패를 전적으로 이해할 수 있는 것은 오로지 가이아의 다중 시스템적 자기조절을 인지하는 것으로만 가능하기 때문이다.[30]

제2차 세계대전 이후의 사이버네틱 문화로 표상되는 시스템에서 지진에 이르기까지 독일 미디어 이론가에게 잊을 수 없는 심미적 경험일 수 있는 것이 지구물리학 연구의 중요한 인식론적 틀이 되었다. 이러한 미디어와 미학의 방법론은 지구를 알고 이해할 수 있게 해주었다. 나는 유기체와 비유기체 모두에 해당되는 생명의 역동적인 장으로 구상된 미디어 기술과 지구의 관계에 이중 구속이 존재한다는 주장을 강조하려 한다. 그것은 상비자원standing reserve이라는 하이데거의 어휘로도 점점 더 많이 설명되고 있다. 상비자원은 개발[채굴] 목적의 자원이자, 그 모습을 드러내길 **요청받는**ordered 자원으로 보이는 것을 의미한다.[31] 바로 이 지점에서 생동하는 생명의 역학이 기술화된 자본주의라는 기업의 현실과 만나며, 그것은 착취 양식과

---

30 Bruce Clarke, "Gaia Matters," *Electronic Book Review*, November 30, 2006, https://electronicbookreview.com/essay/gaia-matters/.
31 Martin Heidegger, *The Question Concerning Technology and Other Essays*, trans. William Lovitt (New York: Garland, 1977), 17: [국역본] 마르틴 하이데거, 「기술에 대한 물음」, 『강연과 논문』, 이기상 외 옮김(이학사, 2008).

인식론적 틀 모두에 해당한다.

우리가 지구와 맺는 관계는 시각화, 음속화, 계산, 맵핑, 예측, 시뮬레이션 등의 기술과 기법으로 매개된 것이다. 우리는 미디어로 지구를 인지적, 실용적, 정동적 관계의 대상으로서 파악한다. 지질 자원은 조사 및 현장 관측을 통해, 지금은 첨단 원격 탐지 기술을 통해 파악되어 왔다.[32] 어떤 면에서 그러한 것들은 지진(예를 들면, 악명 높은 1755년 리스본 지진) 같은 사고 등의 지구 법칙을 설명하는 한 가지 방법이었던 라이프니츠의 보편 계산기universal calculus의 연장선상에 있다. 그러나 에얄 와이즈만의 주장대로, 이렇게 지구를 계산하는 것은 이제 신성함[지구를 신성한 존재로 대하는 것]보다도 "속흙, 지형, 대기, 바다 속 센서를 포함하여 전부 알고리듬과 그 수행 모델로 처리되는, 점점 더 복잡해지는 계산의 요식 체계"[33]에 더욱 가깝다. 마찬가지로, 기상학은 하늘의 역학을 이해하게 하는 매개 기법을 실천한다.[34] 지질학은 미래의 개발 잠재력으로 펼쳐지는 지금 이 순간에 관한 것뿐 아니라 우리 발아래 묻혀 있는 과거를 보는 관점을 제공하는, 지구와 지구가 지닌 비밀을 발굴한다. 심도

32 Samih Al Rawashdeh and Bassam Saleh et Mufeed Hamzah, "The Use of Remote Sensing Technology in Geological Investigation and Mineral Detection in El Azraq-Jordan," *Cybergeo-European Journal of Geography*, 2016년 10월 23일, http://cybergeo.revues.org/2856.

33 Eyal Weizman, Heather Davis, and Etienne Turpin, "Matters of Calculation: Eyal Weizman in Conversation with Heather Davis and Etienne Turpin," in *Architecture in the Anthropocene: Encounters among Design, Deep Time, Science, and Philosophy*, ed. Etienne Turpin (Ann Arbor, Mich.: Open Humanities Press, 2013), 64.

34 Edwards, *Vast Machine* 참조.

depth는 시간이 된다. 일찍이 핵폭발과 지진 진동의 효과에 매료되어 그것을 미디어 대상로 만들었던 1950년대의 측정 실천에서처럼, 테이프 녹음기는 지진의 느린 포효를 기록한다. "테이프 녹음기로 지진과 폭발은 휴대와 반복이 가능해졌다."[35] 어떤 면에서 그것은 실재계 the Real의 휴대와 반복의 가능성을 의미한다고도 말할 수 있다. 그렇게 보았을 때 지구물리학적인 것이란 미디어 현실이 세운 질서에 따라 기록된 것이다.[36]

반대로, 미디어를 가능하게 하는 것은 지구다. 광물, 지반(에서 진행 중인) 물질, 기술적 미디어를 발생시키는 지구물리학적 현실의 행동-유도성이 그것이다. 우리는 [하이데거적 맥락의] 요청의 논리 외에도, [미디어에] 포함되지 않는 것의 물질성, 그리고 [미디어가] 제공하는 것의 물질성을 가지게 되었다. 이 물질성은 틀 짓기의 작용과 항상 긴장 관계를 유지한다. (내가 미디어자연의 영역이라고 부르는) 이 이중 구속이 지질학과 지구물리학적인 것에 특별하게 집중하는 이 책의 주제다.

나는 하이데거를 몇 번 인용하지만, 그의 노선을 크게 따르지는 않는다(물론 상비자원과 질서 세우기ordering에 대한 그의 설명은 유

---

35 Kahn, *Earth Sound Earth Signal*, 157.
36 키틀러는 축음기와 일반적인 사운드 레코딩의 기술적 미디어를 라캉의 의미에서 실재로 보았다. Friedrich Kittler, *Gramophone, Film, Typewriter*, trans. Geoffrey Winthrop-Young and Michael Wutz (Stanford, Calif.: Stanford University Press, 1999) 참조: [국역본] 프리드리히 키틀러, 『축음기, 영화, 타자기』, 유현주·김남시 옮김(문학과지성사, 2019).

용하다). 대신 도나 해러웨이의 유명하고 영향력 있는 개념인 자연문화naturecultures를 미디어자연medianatures이라고 변형했다.[37] 해러웨이에게 그 용어는 데카르트식 존재론으로는 악명 높은 이분법이었던 두 용어(자연 대 문화, 마음 대 물질 등)가 본질적으로 상호 연결된 속성임을 이해하기 위한 방법이었다. 우리는 해러웨이의 용어로 그 영역을 개별로 해석할 수 없는 얽힘의 실천을 다루게 되었다.

이러한 공구성적co-constitutive 관계를 이루는 어느 쪽도 관계보다 먼저 존재하지 않고, 이런 관계는 한 번에 맺어 완성할 수도 없다. 역사적 특정성과 우발적 변이 능력이 자연과 문화 속으로,

---

37 도나 해러웨이는 미시적 실천, 인터페이스, 관계성에서 종 횡단적 연결을 강조하는 이 표현을 민족지학자 메릴린 스트래선(Marilyn Strathern)의 연구로부터 도출했다. "메릴린 스트래선은 영국의 친족 관련 관습 및 파푸아뉴기니의 역사와 정치를 수십 년 동안 연구한 경험을 바탕으로 '자연'과 '문화'를 반대되는 극이나 보편적인 범주로 보는 시각이 어리석은 까닭을 알려준다. 관계론적 범주들의 민족지학자인 스트래선은 다른 위상학을 통해 생각할 수 있는 방법을 보여주었다. 우리 손에 들어오는 것은 반대 항이 아니라 현대의 기하학자가 흥분한 상태에서 휘갈겨놓은 스케치북이며, 우리는 이 바탕 위에서 관계를 그려내야 한다. 스트래선은 '부분적 연결', 즉 참여자들이 전체도 아니고 부분도 아닌 패턴을 이룬다는 관점에서 생각한다. 나는 이것을 소중한 타자성의 관계라고 부른다. 내가 볼 때 스트래선은 자연문화(naturecultures)의 민족지학자로서, 종의 경계를 넘나드는 대화가 이루어지는 개집에 초대해도 불편해하지 않을 사람이라는 직감이 든다." Haraway, *The Companion Species Manifesto: Dogs, People, and Significant Otherness* (Chicago: Prickly Paradigm Press, 2003), 9. [국역본] 도나 해러웨이, 「반려종 선언: 개, 사람 그리고 소중한 타자성」, 『해러웨이 선언문』, 황희선 옮김(책세상, 2019), 125-126. '미디어자연'에 관해서는 다음의 글 참조. Jussi Parikka, "Media Zoology and Waste Management: Animal Energies and Medianatures," *Necsus-European Journal of Media Studies*, no. 4 (2013), http://www.necsus-ejms.org/.

또 자연문화 속으로 뚫고 들어가는 길을 계속 좌우한다.[38]

'역사적 특정성'에 민감한 이러한 위상적 개념화는 최근의 신유물론에서 강조되었던 '물질적-기호학적' 영역과 '물질적-담론적' 영역의 관련 개념들을 논하는 중요한 방법이다.[39] 미디어자연은 유사한 충동을 다루지만 구체적으로 (기술적) 미디어 문화를 강조한다. 이 개념이 공구성적 영역으로서의 미디어와 자연의 '이중 구속'을 확고히 한다. 여기에서 그 관계는 권력, 경제, 노동의 관계 못지않은 물질적 비인간 현실들과 강하게 연결되어 있다. 사실 그 체제는 광산이나 첨단 오락기기 부품 제조 공장의 저임금 노동자, 아니면 전자 폐기물의 스크랩[고철]으로 건강을 해치는 파키스탄인과 중국인의 노동 work 못지않게, 미생물, 화학 요소, 광물, 금속의 작용 work으로도 구성되어 있다. 미디어자연 개념은 물질적-담론적 사건의 특정 사례로 제한하는 한에서만 유용하다.

미디어자연의 결속과 관계성은 착취와 환경 훼손이라는 일부 극단적 맥락에서 꽤 많이 드러나 있다. 전자 폐기물, 자원 고갈, 전

---

38 Haraway, *Companion Species Manifesto*, 12: [국역본]『해러웨이 선언문』, 130(옮긴이 일부 수정).

39 Rick Dolphjin and Iris van der Tuin, *New Materialism: Interviews and Cartographies* (Ann Arbor, Mich.: Open Humanities Press, 2012), 90: [국역본] 릭 돌피언, 이리스 반 데어 튠,『신유물론: 인터뷰와 지도제작』, 박준영 옮김(교유서가, 2021). 물론 스콧 맥과이어의 말을 인용하여 "기술적인 것을 정의하는 것이 자연과 문화 사이의 경계를 활성화한다"라는 주장도 가능하다. Scott McQuire, "Technology," *Theory, Culture, and Society* 23, nos. 2-3 (2006): 252. 동시에 기술은 그 둘 간 경계의 교차점을 바탕으로 한다.

지구적 노동의 불균형적 분배 관계는 예술 어휘가 미디어자연으로 돌아선 사례다. 그것은 지하를 아방가르드에서 지질학, 지구물리학, 정치경제로 개조하는 작업이다. 숀 큐빗의 계획적 구식화planned obsolescence에 관한 말을 빌리자면, "디지털 영역은 끊임없는 혁신과 끊임없는 파괴로 추동되고 있다는 의미에서 아방가르드다."[40]

지하는 미디어(아트)의 지질학에서 또 다른 중요한 지형학적 장소다. 지하에는 지옥이 위치해 있고, 서양 신화에서는 유황 냄새, 이산화탄소의 독성분 같은 화학적 성질이 있는 곳으로 정의되었다. 베르길리우스의 『아이네이스Aeneid』 이후로 지하 세계가 거기에 접근하는 모든 동물이 죽는 곳으로 알려졌던 이유다.[41] 지하는 모더니티의 기술적 상상에서 핵심이다. 그곳은 19세기 이래로 기술이 구현할 미래이자, 주류에서 벗어난 예술적 아방가르드의 공간이다.[42] 지하로 내려가는 설정은 스파이 이야기나 종말 이후 시나리오에 나온다. 가브리엘 타르드의 『지하인간The Underground Man』(1904/1905)[43] 같은 초창기 작품이나 제2차 세계대전 이후의 핵에 대한 불안이 담긴 것들이 그 예시다. 루이스 멈퍼드는 채굴과 지하를 현대 기술을 이해하

---

40 Sean Cubitt, interviewed by Simon Mills, *Framed*, http://www.ada.net.nz/library/framed-sean-cubitt/.
41 다음을 참조. Colin Dickey, "Review of Why Hell Stinks of Sulfur: Mythology and Geology of the Underworld," *Los Angeles Review of Books*, 2013년 7월 14일, https://lareviewofbooks.org/.
42 Rosalind Williams, *Notes on the Underground: Essays on Technology, Society, and the Imagination*, new ed. (Cambridge, Mass.: MIT Press, 2008) 참조.
43 타르드의 단편소설은 원래 1904년 「미래 역사의 단편(Fragment d'histoire future)」이라는 제목으로 출간되었다.

기 위한 이상적 사례라고 보았다. 그는 기술이 형성한 비유기성의 자연으로 이처럼 전환하는 것을 구기술paleotechnics로 명명했다. 그것은 채굴이 방대한 자본을 요구하는 사업과 근본적으로 연결되어 있고, 나아가 그 자체로 유의미한 기술 산업의 증강을 가능하게 하는 근대 자본주의의 기본적 상황에서 시작된다. 지구를 파헤치고 아래로 내려가는 상황은 현재 끊임없이 격변하고 개축되고, 심도가 개통되고 있는 도시 영역에도 해당된다. 로절린드 윌리엄스는 이렇게 지적했다. "1700년대 후반에서 1900년대 초반 사이 영국과 유럽의 지반이 새로운 사회의 기반을 닦기 위해 파헤쳐졌다. 그 시대에는 지저 subterranean 이미지가 친숙한 풍경이 되었다. 땅 아래로 내려간 노동자, 한가운데가 잘린 도시 거리, 광산 같은 지형으로 변모한 전체 산업 지역 등."[44] 새로운 인프라 세계가 탄생했다. 이것은 노동과 지구를 서로 엮어놓은 동시대 지구 행성적 순간의 일환으로 다시 순환하는 세계다.

멈퍼드의 구기술은 신기술neotechnic이라는 전기 시대(획기적으로 절감한 에너지 전송 비용과 사회의 또다른 과학적 체제를 특징으로 한다) 이전의, 석탄 채굴과 기반 및 그것이 초래한 사회적, 미학적 결과로서의 시대를 일컫는다. 그러나 어떤 면에서는 구기술이 18, 19세기부터 21세기까지도 계속 이어지고 있다고 말할 수도 있다. 새로운 형태의 에너지 분배, 화학의 발전으로 인한 합성물질, (멈퍼드가 19세기 후반부터 20세기 동안에 점진적으로 일어났고 구기술에

---

[44] Williams, *Notes on the Underground*, 81.

서 신기술로의 이행으로 보았던)[45] 새로운 야금술적 방법론은 여전히 산업화, 기술, 미디어 기술 문화의 일부로 지구 물질성을 광범하게 동원하는 데 기반을 두고 있다는 것이 나의 주장이다. 지하 세계를 중노동의 공간으로 보는 관점으로 위의 논점을 현대적으로 변용한 미카 로텐버그의 이스탄불비엔날레 2013년 초청작 〈스퀴즈 Squeeze〉를 살펴보자. 이 싱글 스크린 영상 작품은 일종의 공간적 지하 기계에 관한 서사를 펼치고, 거기에서 직접적인 관계가 없고 서로를 잘 모르는 다인종 여성 노동자들을 비춘다. 로텐버그의 작품은 제작과 소외라는 자본주의 양식을 고전적으로 묘사했다는 점에서 효과적이다. 그뿐 아니라 그것은 특별히 주목받을 만한 방식으로 물질성과 공간성을 표현한다. 밭에서 양상추를 수확하는 사람의 노동은 양상추가 지하 공장으로 굴러떨어지는 장면으로 이어진다. 그 공장에서는 각기 다른 작업장, 작업 실행, 초현실적 절차(벽 속에서 혀가 일정 간격으로 튀어나와서 안개 분무를 맞아 젖은 상태 유지하기)가 기계로 합체되고, 그 기계는 기이하게 기능하는 배치assemblage의 이종적 요소들을 절합한다. 결국 기계가 하는 일은 그 자체로 블러셔[화장품], 고무, 양상추로 이루어지고 종국에는 쓰레기가 되는 것을 생산하는 물질성의 프로세스일 뿐이다. 그 작품에서 지하는 우리 발아래 [우리 일상과] 분리된 생산 영역을 강조하기 위한 공간적

---

45 Lewis Mumford, *Technics and Civilization* (1934; reprint, Chicago: University of Chicago Press, 2010), 228–229; [국역본] 루이스 멈퍼드, 『기술과 문명』, 문종만 옮김 (책세상, 2013), 328–329.

배열이 되었고, 그곳은 우리에게 직접 지각되지는 않지만 일상생활을 유지해 준다. 지하는 전체적 광경 없이 부분적 대상들을 배열하고 재배열하는, 반복적이고 착취적이며 심지어 부조리한 노동 현장이다. 노동 소외는 기이한 평행 현실parallel realities[46]의 미학 차원에서 표현된다. 그것은 상비자원으로서의 지구와 인간 노동 모두에 해당되는 물질적 프로세스의 영역이고, 젠더화된 지대이기도 하다. 로텐버그의 작업은 내가 『미디어의 지질학』에서 추구하는 것의 길잡이이자 비유다. 그것은 우리 발아래에서, '지하 세계'에서 비롯된 미디어 예술의 동시대적 물질성을 발굴하는 시작점이 된다.

　　로텐버그의 영상 작품은 1843년에 잡지 『펀치Punch』에 실렸던 풍자적 삽화 〈자본과 노동Capital and Labour〉의 의미를 다시 상기시키기도 했다. 이 삽화는 지하에 숨겨진 노동자 기계의 모습으로 근대의 삶을 구성하는 것이 무엇인지를 드러냈다(그림 2). 이것은 지하를 그렸던 19세기의 상상과, 노동 및 아래쪽을 그리는 최근의 미학 사이의 관계를 표현한다. 가시적 현실은 복잡하고 부조리한 배열로 유지되며, 그 자체로 인간 요소와 기술 요소의 배열이다. 그러나 산업화와 자본주의의 지하는 지구의 지질학의 일부로서 그대로 남아 있다.

46　[편집자] 평행 우주(parallel universe) 또는 대체 현실(alternative realties)이라고도 알려진 평행 현실은 이론 물리학 및 공상과학소설에서 유래했다. 평행 현실은 우리와 분리되어 있지만 물리 법칙, 역사 또는 결과가 다를 수 있는 여러 개의 공존하는 현실이 존재한다는 것을 암시한다. 이론 물리학에서는 다중 우주 이론의 맥락에서 자주 논의된다.

그림 2
〈자본과 노동, 만화, 5〉. 1843년 『펀치Punch』 5호의 풍자적 이미지는 노동의 존재론을 지하의 한 단면으로서 강조한다. 자본주의는 지상 위의 쾌적한 소비생활을 유지하는 인프라 층위를 갖추고, 그러면서 비가시적인 상태로 남아 있도록 깊은 심도에서 작동한다. 『펀치』의 승인 아래 재수록.

인류외설

인류세Anthropocene는 지난 수년, 수십 년간의 기후변화 논의에 지질학적 관심을 환기시켰던 중요한 개념이다. 노벨 화학상 수상자인 파울 크뤼천이 21세기에 들어서면서 처음 제안했고,[47] 비공식적으로는 1980년대 유진 스토머로 거슬러 올라가는 이 용어는 18세기 아니면 19세기에서 현재까지 이르는 동시대를 말하는 일종의 가주어 placeholder다. 인류세는 지리학적 관점에 의거한 지도제작법을 펼치며, 우리가 살아가는 세계의 변화를 일종의 전체론으로, 그러나 분석적으로 주장한다. 과거 만 년에서 12만 년의 지질 시대에 해당하는 공식 용어인 홀로세 이후의 인류세는 인간 행위, 기술, 존재가 생태계 전반에 가져온 대규모 변화를 지칭한다. 과학계에서 보편적으로 받아들여지지는 않는 이 개념은[48] 인간 활동이 영향을 주고 있는 종간cross-species 관계 및 생태학적 관계를 함께 끌고 간다. 구체적으로 이 개념은 다른 동물과의 관계(예를 들면, 개의 가축화), 그리고 수천 년 동안 대규모로 영향을 미쳤던 다양한 삶의 기법(주

---

47 Paul J. Crutzen, "Geology of Mankind: The Anthropocene," *Nature* 415, no. 3 (2002): 23.
48 국제층서위원회(International Commission on Stratigraphy)는 2016년 공식용어 지정 여부를 결정해야 한다. [옮긴이] 2016년 이후로 인류세 연구 집단(AWG)은 인류세를 홀로세 이후의 새로운 지질시대로 정식으로 인정할지에 대한 투표와 근거 수집을 진행했다. 2024년 국제지층위원회(ICS)와 국제지질과학연합(IUGS)에서는 시작 시점과 근거 불충분의 이유로 채택이 부결되었지만, 대신 과학뿐 아니라 학술, 공공, 사회 담론 전반에서 가장 영향력 있는 용어로 자리 잡았다.

로 농사와 불)을 논한다. 그러나 인류세 혹은 '외설적obscene'[49] 조건
을 충족시킨다는 의미를 더해 도발적으로 조합한 용어인 인류외설
Anthrobscene은 석탄기와의 체계적인 관계를 확고히 한다. 요컨대 광
합성으로 형성된 지층이 열 발생에 차츰 사용되었고, 그다음에는
화석연료 형태로 제조하는 에너지원이 되었다. 중국에서는 석탄 사
용과 주요 석탄 광산의 대두가 송나라(960-1279) 시대로 거슬러 올
라가며, 나중에서야 영국과 같은 주요 국가들이 그 뒤를 따랐다.[50]
더 의미심장한 것은, 이러한 자원의 현지 운반 및 지역적 이용이 산
업화와 함께, 그리고 에너지원, 기술, (새로운 자본주의 질서와 연동
된) 부 창출이라는 화석연료의 삼박자 충족과 더불어 부상했다는

[49] 인류세의 '외설성'은 기업과 국민국가가 노동과 자연 자원을 체계적으로 착취하는 역할을 강조하는 용어의 윤리적 조건으로 읽을 수 있다. 인류외설은 공학적, 과학적, 입법적 수단 등으로 실행된다. 또한 장 보드리야르(Jean Baudrillard)가 "Ob-Scene"이라고 말했던 존재론적 변화를 암시하기도 하다. 이 개념에는 보드리야르와의 관계가 핵심은 아니지만, 자연을 자원으로 만드는 외설적 노출과 착취적 시각성의 요소가 존재한다. 보드리야르에 관해서는 다음의 글 참조. Paul Taylor, "Baudrillard's Resistance to the Ob-Scene as the Mis-en-Scene (Or, Refusing to Think Like a Lap-Dancer's Client)," *International Journal of Baudrillard Studies* 5, no. 2 (2008), http://www.ubishops.ca/baudrillardstudies/vol-5_2/v5.2-taylor.html.[https://baudrillardstudies.ubishops.ca/contents/로 홈페이지 주소 바뀌ою, 5권 2호는 온라인 서비스 제공되지 않음.] 그러나 『미디어의 지질학』에서 이 내파는 물질적 'ob-scene'의 층위에서 일어난다. 비물질성이라는 신화는 기획된 주요 자원 고갈, 에너지 위기, 기업이 지구를 미디어자연 순환의 일부로 동원하도록 지원한다. 이 포르노그래피는 자연-생태학이 기업의 자원으로 보여 그 분자적 강도에 노출될 때 제일 명백하다. 그러나 지구와의 연결을 신화적이거나 하이데거적 의미에서 향수 어리게 갈망할 필요는 없다. 그보다는 경제적, 사회적, 환경적 엔지니어링 및 생산의 장에서의 생태철학적 관계라는 다른 맥락을 더 강조하고 싶다.

[50] Will Steffen, Paul J. Crutzen, and John R. McNeill, "The Anthropocene: Are Humans Now Overwhelming the Great Forces of Nature?," *Ambio* 36, no. 8 (2007): 615.

점이다. 경제적 질서는 그 시작부터 느리게 축적되는 자원인 석탄·석유·가스 에너지원에 기대고 있다. 화석연료 중에서도 석유는 석탄보다 더 매끄럽고 빠른 지구 행성 규모적 에너지의 이동에서 필수였다. 같은 맥락에서 전 지구화 역시 지구 행성 규모의 운송 형식으로서 에너지 물류학에 기반을 두고 있다.[51] 간단히 말해, 자본주의가 광합성의 심원한 시간 및 화학적 프로세스와의 새로운 관계에서 ([공급이] 충분치는 않은) 필요조건을 가지게 되었다고 주장할 수도 있다.

> 이제까지 인류는 바람, 물, 식물, 동물 형태로 계속되는 공급과 100년 혹은 200년 분량의 나무 저장물에서 채취한 에너지에 의존해 왔다. 화석연료를 사용한다는 것은 수백만 년 동안 광합성으로 저장된 탄소에 접근한다는 것이다. 화석연료는 심원한 과거부터 현대 사회에 이르기까지 전개된 대규모 에너지 보조금으로, 현대적 부의 많은 부분이 거기에 의존한다.[52]

인류세 개념은 애초부터 기술을 특징으로 한다. 크뤼천은 제임스 와트의 증기기관이 인류세의 한 가지 핵심적인 특징이었다고 보았고, 지구물리학 및 문화 기술cultural techniques[53]과 연계된 개념이 왜 인

---

51 Mumford, *Technics and Civilization*, 232-233 참조.
52 Steffen et al., "The Anthropocene," 616.
53 [편집자] 독일의 미디어 이론가인 베른하르트 지게르트에 따르면, '문화 기술'은 읽기, 쓰기, 셈하기, 이미지 제작과 같은 자기지시적인 상징적 실천으로만 구성되지 않는다.

류세인지 설명했다. 그에 더해 증가하는 규모의 관련성을, 즉 지질학
적 규모의 추진력의 일부인 기술과 에너지를 주목해 볼 수 있다. 그
것은 실제로 경제적, 사회적 관계뿐 아니라 에너지, 기술, 화학 사이
상호관계에 대한 연쇄적 깨달음까지 일으킨다. 크뤼천의 첫 번째 글
에서 와트의 증기기관이 메탄, 이산화탄소, 이산화황, 질소, 일산화
질소 등의 문제로 빠르게 이어졌던 것처럼, 우리는 인류세 개념이 본
게임에 돌입함에 따라 여러 화학적 문제를 간과해서는 안 된다.[54] 신
화 속 지옥의 유황 냄새가 20, 21세기에는 이산화황 성분의 산성비
로 대체되었다. 이산화황은 (화산 폭발을 포함한) 다른 자연 변화에
서 기인하기도 하지만, 산성비의 그것은 금속 원광 제련 및 화석연
료 사용의 결과다.[55]

나는 미디어와 기술을 화학으로 풀어낼 수 있다는 가능성에 매
료되었다. 바로 현대과학의 물질성을 원소 '주기율표'로 접근해 보는
것이다. 인류세와 (미디어) 기술의 관계에 대한 어떠한 설명이든 고려
해야 하는 쟁점임에 분명하다. 이것은 스테펀, 크뤼천, 존 맥닐이 구
체화한 주제다.

문화 기술은 항해, 제도, 음식에서 과거와 새로운 미디어의 기호-신호 구별(sign-signal distinction), 인류학적 차이의 재현, 트롱프뢰유(trompe-l'oeils), 격자, 사용역(register), 문(doors)에 대한 연구에 이르기까지 다양하다.
54　Crutzen, "Geology of Mankind," 23.
55　John McNeill, *Something New under the Sun: An Environmental History of the Twentieth-Century World* (New York: W. W. Norton, 2000), 52.

화석연료 및 관련 기술(증기기관, 내연기관)은 새로운 수많은 활동을 가능하게 하고, 오래된 활동의 효율을 높였다. 일례로 충분한 에너지로 대기 중 질소에서 암모니아를 합성할 수 있다는 것이 증명되었고, 그 결과 공기에서 비료를 만들 수 있었다. 이것이 20세기 초반 독일 화학자 프리츠 하버의 선구적인 화학적 프로세스다. 하버보슈 공정Haber-Bosch synthesis은 익히 알려진 대로 (카를 보슈는 공업가였다) 농장에 혁명을 일으켰고 전 세계 작물 수확량을 가파르게 증대했다. 그것은 폭넓게 개선된 의료 제공과의 시너지 효과를 일으켜 인구를 급증하게 했다.[56]

역사상의 금속, 화학, 광물 행위자는 단순한 맥락의 통찰[을 돕는 요인]에서 다른 종류의 계보학적 행위자로 변모했다. 그러한 양상들은 과학적 시선을 통해, 그리고 지질학적, 생태학적, 환경과학적 분석을 검증하는 측정 장치를 통해 관찰 가능할 뿐만 아니라, 인문학에서 기술에 접근하는 방법에도 영향을 미쳤다. 역사 분과학문에서 주제를 방법론적, 개념적으로 확장하는 것에는 이미 비인간 쟁점이 포함되어 있었고, 이는 윌리엄 맥닐과 존 맥닐의 연구처럼 환경에 대한 관심을 경유하면서 그렇게 되었다.[57] 환경과 관련된 주제는 전 지구화에 관한 보완적 서사를 제시하는 지구사global history의 설명 방식이 되었다. 그에 관해서는 지난 수세기 동안 이어져 왔고, 지난 수십

---

56   Steffen et al., "The Anthropocene," 616.
57   McNeill, *Something New under the Sun*.

년 동안 가속화된 무역, 여행, 소통 방식의 미디어 기술적, 자본주의적 확장으로 논의되었다. 그리고 그것은 환경학에서 미디어의 과학적 정의를 설명하는 방법을 제시한다. 하지만 이 책이 보여주듯이, 대지, 공기, 물이라는 미디어를 완전히 다르게 이해하는 것이 미디어 기술을 이해하는 예술적, 인문학적 방법에서 필요한 면이다.

보다 이론적 차원에서 나는 들뢰즈와 가타리의 지질학적 주장으로 비인간의 배치를 살피는 한 가지 방법으로서 마누엘 데란다의 연구를 앞에서 언급했다. 그리고 최근 자연사와 (문화사 및 미디어 역사를 포함한다고 말할 수 있는) 인간 중심의 역사 사이에서 쇄신되고 공유된 의제에 관한 디페시 차크라바르티의 영향력 있는 주장도 있다. 차크라바르티에 따르면, 인류세의 지평은 존재에 대한 우리의 역사적 이해에 영향을 미치는 것으로도 검토되어야 한다. 또한 인문학적인 접근법은 이제 생물학적, 지질학적 기여의 중요성을 사회 집단의 일부로 인식하고 있다. 여기에는 인간이 생물학적, 지질학적 행위자라는 인식도 있지만,[58] 사회적으로 더 광범한 패턴을 이해하기 위해서는 과거에 대한 학제적 사유에 사로잡힌 구식의 이원론을 거부할 필요가 있다. 그러나 차크라바르티의 우아하고도 중요한 글은 더 나아가 자본주의의 정치경제 분석과 함께 전 지구화에 대한 포스트식민주의적 비판에 가까운 관점을 갖도록 방향을 틀어

---

[58] Dipesh Chakrabarty, "The Climate of History: Four Theses," *Critical Inquiry* 35 (Winter 2009): 206–207: [국역본] 디페시 차크라바르티, 「역사의 기후: 네 가지 테제」, 『지구사의 도전』, 조지형·김용우 엮음(서해문집, 2010).

전개된다. 요컨대 우리는, 자본주의에 기여하는 비인간 구성 요소들이 잉여 창출과 그와 연계된 착취 관행의 일부로서 더 많이 드러나고 포착되고 이해되도록 도와주는 개념을 찾아내야 한다. 이렇게 환경을 역사적으로 파악하는 일은, 자본주의의 역사적 특징을 사회적, 기술적인 지구 행성적 배치로 파악하는 일이기도 하다.

이 비판적 지도 그리기는 우리가 사용하는 어휘의 문제이자(종 species을 지구 시스템에 미치는 인간의 영향을 가리키는 용어로 사용하기에는 부족하다), 과학적 개념들을 상술하는 데 필요한 작업이기도 하다.

그러나 동시에 자본의 역사, 우리가 인류세에 도달하게 된 우연의 역사는 종의 이념에 기댄다고 부정될 수 있는 것도 아니다. 산업화의 역사 없이 인류세는 이론조차도 가능하지 않았을 것이다.[59]

우리가 말하는 여러 이야기는 사실 그냥 단어에 그치지 않는다. 그것은 미디어와 매개, 물질성과 지구의 이야기를 말한다. 이야기는 처음에는 너무 느려서 이해할 수 없는 지질학적 지속의 규모에 관한 것이다. 그것은 인문학에서 다뤄지는 스토리텔링의 일반적 의미와는 급진적으로 다른 이야기의 이해를 요구한다. 이 이야기에는, 특히 기후변화라고 불리는 위기에 봉착한 현재 시대에 존재감을 부여

---

[59] 같은 책, 219; [국역본] 차크라바르티, 『지구사의 도전』, 382.

하는 더 적은 수의 단어와 보다 더 비기표적인a-signifying 기호학의 문제[60]가 포함될 가능성이 매우 크다.

위기에 빠진 개념들은 또 다른 어휘의 필요성을 제시하면서 변화를 이해하려고 노력한다.[61] 그에 따라 분과학문 사이를 유동하는 개념의 작용과 마찬가지로, 의외의 관점과 도발을 사용해야 한다.[62] 이 책의 이면에는 프랑스 철학자 들뢰즈와 가타리의 전pre-인류세적인 개념인 '도덕의 지질학geology of morals'이 내포되어 있다. 그것은 그들이 다른 물질 체제들과 얽힌 문화적 현실에 관한 비언어적 개념을 제시하려고 동원했던 지구철학geophilosophy에 속한다. 더 정확히 말해, 이 지구철학은 추상 기계 및 지질학적으로 조율된 추상 기계들을 포함해, 문화적 현실을 여러 다른 개념들로 이해하는 언어적 설명을 우회하는 방법을 제시한다. 지층, 퇴적, 이중 분절, 기표-기의 모델의 대안 등의 개념은 포스트인간중심주의의postanthropocentric 이론적 방법으로 도입되었다.[63] 『천 개의 고원Thousand Plateaus』과 그

---

60 펠릭스 가타리는 물질적 강도(intensities), 얽힌 의미화 구조(signifying structures)의 '혼합적 기호학(mixed semiotics)'과 함께 그 용어들을 사용하고 소개한다. 제노스코의 설명을 참조. Gary Genosko, *Félix Guattari: An Aberrant Intro-duction* (London: Continuum, 2002), 169–171.
61 위기는 선매개적 미래와 심지어 미래의 변화를 가능하게 하는 시간적 틀을 요구한다. 웬디 희경 전의 말을 응용한 예를 들자면, 기후변화 모델링은 우리가 그 예견을 심각하게 받아들였을 때, 그것이 실제로 일어나는 것을 멈출 수 있다는 희망에 근거해 있다. Wendy Hui Kyong Chun, "Crisis, Crisis, Crisis, or Sovereignty and Networks," *Theory, Culture, and Society* 28, no. 6 (2011): 107.
62 Mieke Bal, *Travelling Concepts in the Humanities* (Toronto: Toronto University Press, 2002) 참조.
63 Rosi Braidotti, *The Posthuman* (Cambridge: Polity, 2013)를 함께 참조.

뒤의 『철학이란 무엇인가?What Is Philosophy?』에서 보이는 지질학적 사유는 의미의 물질적 생성을 의미의 비기표적 부분들과의 관계로 설명하는 방법이다. 즉 물질적 실천에 관한 일종의 배치assemblage 이론이다. 들뢰즈와 가타리의 철학은 사유의 지질학을 지도화한다. 그것은 생각이 (생각과 정동의 비물질적 사건이 언제나 지층화된 배치와 결부되어 있는) 지상, 지하, 영토와 연관되어 일어나는 지구철학적 영토로부터 이동한다.[64] "생각은 주체와 객체 사이에 그어진 선이 아니며, 어떤 것이 다른 것을 전회轉回하는 것도 아니다. 오히려 생각은 영토와 지구의 관계에서 일어난다."[65] 여기서 생각은 기존에 형성되었던 인간 주체에게 국한된 인지 능력보다도 영토와 관련된 다양체multiplicities의 운동으로 뻗어나간다. 이 지구철학 개념은 생각에 자신의 존재 조건을 배속한다. 그러나 존재 조건은 사유라는 사건 그 자체에 언제나 내재된 것이다.

생각의 과정을 이해하는 지질 지향적인 이 방법들은 가타리의 글에서 찾아볼 수 있고, 최근 미디어 생태학 논의에 동원되고 있는 '생태철학ecosophy'의 폭넓은 취지와 공명한다.[66] 지질학과 (무無)지반

---

64   Gilles Deleuze and Felix Guattari, *A Thousand Plateaus*, trans. Brian Massumi (Minneapolis: University of Minnesota Press, 1987), 그중에서도 특히 3장: [국역본] 질 들뢰즈·펠릭스 가타리, 『천 개의 고원』, 김재인 옮김(새물결, 2001). Eric Alliez, *The Signature of the World: What Is Deleuze and Guattari's Philosophy?*, trans. Eliot Ross Albert and Alberto Toscano (New York: Continuum, 2004), 25.

65   Gilles Deleuze and Felix Guattari, *What Is Philosophy?*, trans. Hugh Tomlinson and Graham Burchell (London: Verso, 2009), 85: [국역본] 질 들뢰즈·펠릭스 가타리, 『철학이란 무엇인가』, 이정임·윤정임 옮김(현대미학사, 1991).

66   Matthew Fuller, *Media Ecologies: Materialist Energies in Art and Technoculture*

(un)grounds⁶⁷의 개념은 들뢰즈와 가타리를 비롯해 신흥 채굴 문화에서 탄생했던 19세기 사유(예: F. W. J. 셸링이나 프리드리히 슐레겔의 '화학적 사고')를 아우르는 최근의 철학적 논의를 이끌어냈다.⁶⁸ 영국과 독일의 시학, 채굴의 정치경제학 둘 다의 차원에서 19세기 초반은 광산, 채굴, 지하에 열광했던 시대였다.⁶⁹

철학적 차원에서 지질학적인 것은 안팎의 구성적 접힘[습곡] 작용과 (미디어) 문화에 수반된 시간 체제를 물질적이고 비인간 중심적인 방식으로 탐구하는 방법이 되었다.⁷⁰ 흥미로운 점은 다양

(Cambridge, Mass.: MIT Press, 2005) 참조. Michael Goddard and Jussi Parikka, eds., "Unnatural Ecologies," special issue, *Fibreculture*, no. 17 (2011)를 함께 참조, http://seventeen.fibreculturejournal.org/.

67 [옮긴이] 땅의 물질성을 강조하려는 파리카의 의도를 반영하여 'ground'를 '지반'으로, 'unground'는 '무지반'으로 대응했다. 전자가 기술과 인간 삶을 지탱하는 다져진 지반이라면, 후자는 그와는 반대로 기댈 지지물이 존재하지 않는, 즉 지반 없음의 상태다. 형이상학과 지질학을 통합하는 차원에서는 각각 '기반', '무기반'으로 대응하거나 병기하는데, 이는 이제까지의 철학 논의에서 주로 쓰였던 '근거', '무근거'와 나란히 놓을 수 있다. 참고로 근대 독일 철학에서 'Ungrund'는 'Grund'의 그냥 반대 개념이 아니라, 서로의 조건이자 변증법적인 관계에 놓여 있었다. 그러나 이 내용은 이 책의 범위를 넘어가며 여기서의 개념은 보다 단순하게 접근하는 것이 좋다.

68 Asko Nivala, "The Chemical Age: Presenting History with Metaphors," in *They Do Things Differently There: Essays on Cultural History*, ed. Bruce Johnson and Harri Kiiskinen, 81–108 (Turku: Turku, 2011).

69 Theodore Ziolkowski, *German Romanticism and Its Institutions* (Princeton, N.J.: Princeton University Press, 1990). 채굴에 대해서는 2장을 참조.

70 Ben Woodard, *On an Ungrounded Earth: Towards a New Geophilosophy* (New York: Punctum Books, 2013). Iain Hamilton Grant, *Philosophies of Nature after Schelling* (London: Continuum, 2006). Reza Negarestani, "Undercover Softness: An Introduction to the Architecture and Politics of Decay," *COLLAPSE VI: Geo/Philosophy*, January 2010, 382.

한 논쟁과 그 모든 차이에도 불구하고, 지질학적 존재론(지구존재론geontology?) 외에도 조탁되고 있는 그 무엇이 방법론으로 개시될 수도 있다는 사실이다. 예컨대 이언 해밀턴 그랜트의 셸링에 관한 저작에서 이 방법론은 지질학으로 바뀐 계보학의 물질적 지층화 stratification와 관련을 맺는 차원에서 서술되어 있다.

따라서 지구는 전성설前成說의 동물 계열처럼 자체 내에 기반을 갖춘 객체가 아니라, 그 결과에 대한 지반 만들기의 연속 혹은 프로세스다. 지질학 또는 '채굴 프로세스'가 모든 객체의 핵심에 있는 무지반으로 이어진다면, 그것은 '세계의 최초 지층'이 없어서이며, 모든 것을 궁극적으로 받치는 '궁극적 기층substrate' 혹은 실체가 없기 때문이다. 지질학이 밝혀낸 연속적 의존성의 선들인 지층 위 지층은 어떤 것의 받침이 결코 아니고, 결과의 생성에 선행하는 **행위**의 기록이다.[71]

외견상 안정적인 지반 다져짐groundedness은 들뢰즈와 가타리의 설명처럼 자본주의 논리와 공명하는 또 다른 종류의 존재론인 현대의 채굴 관행을 통해 드러난다(그리고 현대적 채굴 관행과 거대한 기술적 층위에서 지구 그 자체를 초hyper자본주의적으로 착취하는 것

---

71 Iain Hamilton Grant, "Mining Conditions," in *The Speculative Turn: Continental Materialism and Realism*, ed. Levi Bryant, Nick Srnicek, and Graham Harman (Melbourne: re.press, 2010), 44.

사이의 관계를 간과해서는 안 된다). 그들이 자본주의 공리계라고 부르는 변화하는 무지반[지반 와해]은 기존에 세워진 영토의 부단한 탈영토화를 통해 작용하여, 형성된 대지를 파고드는 대규모의 지구공학적 프로젝트처럼 전례 없는 방법으로 이를 영토화한다. 지질학적인 것 그 자체가 구멍, 광산, 최종 심급 지층의 부재로 더 많이 정의되는 건 놀랍지 않다. 대신 사람들이 발견하게 되는 것은 다양한 '행위의 기록'으로, 이 책의 경우 그것은 지구물리적인 것에 대한/으로on/with 인식론적, 기술적 작용을 꾀하는 것으로서 번역된다.[72]

야금술은 들뢰즈와 가타리가 신유물론의 '소수 과학'적 형태로 동원하여, 물질의 잠재성을 파악하려고 했던 또 다른 지구 중심적 geocentric 개념이다. 그것은, 질료가 비활성적이고 질료를 생동케 하는 형상은 비물질적이라고 추측했던 질료형상hylomorphic 모델의 반

---

[72] 네가레스타니도 이러한 무지반화와 구성 요소 발굴(constituent exhumation)을 말한다. "고고학자, 광신자, 벌레, 그 외 각종 기어다니는 것들이 거의 언제나 (표면, 무덤, 우주의 귀웅이, 꿈 등에 관한) 발굴에 착수하게 되는 까닭은 발굴이 무지반화와 동일한 작용을 하기 때문이다. 즉 그것은 표면들이 전체의 위상학 또는 부분전체론적 위상학에 따라 작동하지 못하게 한다. 발굴은 표면들이 분해된 상태를 완전히 침식하면서 그에 연관된 운동들을 탈선시킨다. 모서리가 주변부를 벗어나고, 맨 앞의 표면들이 맨 뒤로 가 버린다. 지층들의 위치가 달라지고 구멍이 뚫리며, 주변부와 최후의 보호막인 표면이 오히려 침략의 전도체가 된다. 발굴은 벌레 먹는 활동이 고체 부분에 가하는 붕괴와 트라우마로 정의된다. 요컨대 그것은 고체성의 신화가 트라우마의 충만함으로 대체되는 것이다. 발굴은 시체를 파낼 때처럼 무덤의 뜨겁고 차가운 표면들에 흠터를 남기면서 그 사이에서 표면들을 증식시킨다. 발굴은 건축을 과도한 흠터 형성 과정으로 변질시켜 고체의 세포조직, 막 구조, 표면들을 섬유화한다." Negarestani, *Cyclonopedia: Complicity with Anonymous Materials* (Melbourne: re.press, 2008), 51–52: [국역본] 레자 네가레스타니, 『사이클로노피디아』, 윤원화 옮김(미디어버스, 2021), 94–95. 칠린스키의 심원한 시간과 미디어 변종학의 방법론을 우다르, 그랜트, 네가레스타니 등의 지구철학자와 연결해서 확장하고 발전시킨다면 흥미로울 것이다.

례로서 제공된다. 생기적 유물론vital materialism(제인 베넷), 금속 정동metallic affects(데란다), 신유물론 일반의 개념들은 모두 다른 종류의 물질적 배치를 가정한다.[73] 야금술은 (관찰로부터 상수나 범주를 추출하는 형식 추구형) 왕립과학Royal Science과 대조되는 순회하는 유목 과학을 지칭한다. 야금술사는 물질의 "**흐름을 따르는**,"[74] 그리고 객체의 변이와 잠재력을 현실화하려는 인간상이다. 금속은 그 특별한 예로, 베넷 같은 생기적 유물론자에게 영감을 준다. 금속은 외견상 안정된 고체성을 띠지만 야금술사의 시각과 실천에서는 다양한 성좌, 온도, 조건 등으로 파악될 수 있는 물질적 잠재력이 가득한 것으로 보인다는 점 때문이다. 여러 잠재력은 원자 수준에 적용되고, 여기에서 야금술사는 금속이 문화적 배치에서 비인간 행위자로 수행하는 폭넓은 역할에 쓰이는 금속과 실용적인 '노하우'로 관계를 맺는다.[75] 베넷은 '행동학ethology'이 실험적 관계성을 가리키는 지점에서 신체를 신체가 펼치는 잠재력으로 정의내릴 수 있다는 들뢰즈와 가타리의 행동학적 사상을 따라 이렇게 말한다. "금속이 할 수 있는 것을 아는 장인의 욕망이 금속이 무엇인지를 아는 과학자의 욕

---

73 Jane Bennett, *Vibrant Matter: A Political Ecology of Things* (Durham, N.C.: Duke University Press, 2010); [국역본] 제인 베넷, 『생동하는 물질』, 문성재 옮김(현실문화연구, 2020). Manuel Delanda, *Deleuze: History and Science* (New York: Atropos Press, 2010). Dolphjin and van der Tuin, New Materialism: [국역본] 마누엘 데란다, 『들뢰즈: 역사와 과학』, 유충현 옮김(그린비, 2020).

74 Deleuze and Guattari, *A Thousand Plateaus*, 372: [국역본] 들뢰즈·가타리, 『천 개의 고원』, 715. "갖가지 독자성들이 일련의 '우발적 사건들'(문제)로 배분되는 벡터들의 장 속에서 하나의 흐름을 따라가는 것을 본질로 하는 이동적·순회적 과학들이 존재한다."

75 Bennett, *Vibrant Matter*, 58–60.

망보다 금속 안에 있는 하나의 생명을 식별하기 쉬우며, 결과적으로 금속과 더 생산적으로 협력할 수 있다."[76]

이 입장이 실천-이론의 구분과 혼동되어서는 안 된다. 사실 나는 이론 연구를 수행하는 야금술적 방법이 존재한다고 주장하고 싶다. 순회적 흐름, 횡단적 접속이 그것이고, 동시대 기술 미디어의 문화적 삶의 새로운 장소, 새로운 배치에서 질료의 물질성 파악하기가 그것이다.

지구 중심적 문화 이론의 지도 제작법은 당연히 철학만을 참조하지는 않는다. 제임스 허턴의 『지구의 이론』에서 철학(헤겔, 셸링과 그랜트, 그레이엄 하먼, 스티븐 샤비로의 동시대 사변적 실재론)에 이르는 내용으로 이 책에서 다루는 미디어 지질학적 맥락을 지향할 수도 있다. 그러나 이 책은 현재 진행 중인 이론적 논쟁을 참조하기는 하지만 기본적으로 철학적 주장을 시도하려는 것은 아니다. 보다 정확히 말하자면, 이 책은 미디어의 지질학의 정당성을 주장한다. 이 주장은 채굴, 물질성이라는 실질적인 지질학을 통해, 그리고 지구학적geosophic 탐구로 이행되고 있는 생태철학적ecosophic 탐구를 통해 미디어의 기반이 무지반화되는 배치를 다루는 몇몇의 사례 연구에서의 '비인간' 행위자성이라는 광범한 개념을 분명히 하고자 한다.

확실히 미디어의 땅은 지리학에서 지구물리학으로 옮겨졌다. 그것은 핀천의 최근작 『블리딩 에지The Bleeding Edge』(2013)[77]가 영구

---

76 같은 책, 60. [국역본] 베넷, 『생동하는 물질』, 163.
77 [옮긴이] '블리딩 에지'는 '커팅 에지'보다 더 극단적인 뉘앙스로 기술의 최신이나 최첨

동토층의 미래 미디어 풍경을 말하는 이유다. 실제로 북쪽 기후(또는 과거 산업 시대 잔재의 유휴 제지공장이었고 현재 기업의 서버팜 server farm 근거지인 강가)는 열을 방출하는 서버와 데이터 스토리지 data storage 용도로 이상적인 자연 냉각 시스템을 갖췄다. 데이터를 처리하는 과정에서 발생하는 열을 냉각하는 에너지는 당연히 필요하다. 데이터는 데이터 생태학을 요구한다. 그것도 은유적인 기술생태학이 아니라, 기후와 지반에 대한 의존, 그리고 환경에서 순환되는 에너지에 대한 의존을 입증하는 고유의 생태학을 요구한다. 지질학과 에너지 수요 둘 다를 통해 공급되는 환경의 데이터 피드. 그에 더해 데이터는 면밀히 관리되는 생태계 속에 보관되어 있다. 자연의 원소인 공기, 물, 불(과 냉각), 흙은 마치 데이터의 환경적 양상의 일부가 되어 동원된 것 같다. 데이터마이닝은 소셜미디어의 빅데이터 저장소라는 은유만은 아니다.

앤드루 블룸의 저서 『튜브Tubes』(2013)에서 페이스북의 데이터 센터 관리자가 위와 같은 데이터의 기본 요소를 말하는 압축적인 구절이 있다. "이것은 구름[클라우드]과는 관련이 없다. 냉각만이 그 전부다."[78] 이 관리자는 핀천의 소설 속 등장인물처럼 같은 세계를 소환한다. 데이터 아키텍처 속에, 적어도 구글이 공개한 데이터 서버 공장 사진에서 우아한 모더니즘은 여전히 건재하지만, 차갑고 냉랭단의 상태를 묘사한다.

78 Andrew Blum, *Tubes: A Journey to the Center of the Internet* (New York: HarperCollins, 2012), 258.

한 데이터는 언어적, 시각적 은유에 그치지 않는다. 이 맥락에서 차가움은 [거리를 둔] 미디어 이론적 태도가 아니고, 지구를 데이터의 [중력권] 탈출 속도escape velocity와 연동시키는 미디어 관리의 문제를 의미한다.

데이터는 공기를 필요로 한다. 블룸은 "차가운 외기가 지붕 쪽 조절 가능한 비늘살을 통해 건물 안으로 유입된다. 탈염수가 그 속으로 분사된다. 환풍기 팬은 조화된 공기를 데이터센터 바닥으로 밀어낸다"[79]라고 설명한다. 사이버펑크의 쿨함은 수사법에서 건물의 기후 제어의 차가움으로 바뀌었다. 환풍기는 테라바이트급 데이터를 에워싸고 있다. 데이터센터 관리자는 건물 묘사를 이어나간다. "공기가 콘크리트 바닥에 닿으면 좌우로 퍼진다. 이 건물 전체는 미시시피 강 같다. 엄청난 양의 공기가 들어오지만, 아주 느리게 움직인다."[80] [특히 데이터와 데이터센터 기반 동시대 미디어의] 비인지적 작용을 아는 것과, 공기에서 흙에 이르는 생태학적 쟁점이 지속되고 있음을 아는 것은 중요하다. 즉 여전히 우리는 공장, 그리고 더 정확하게는 물질적 프로세스에 대해 이야기한다는 것이다. 공장과 물질적 프로세스는 우리가 접하는 하드웨어와 우리가 물질적 차원에서 데이터를 관리하고 작동하는 방식과 관련이 있기 마련이다. 블룸은 이렇게 말한다. "클라우드는 건물이다. 그것은 공장처럼 돌아간다. 비트들이

79 같은 책, 260.
80 같은 책.

유입되어 마사지를 받고 정확하게 맞춰져 보내진다."[81]

블룸의 취재기사 같은 서사는 1980년대부터 오늘날까지 이어지는 사이버펑크의 비물질성에 관한 대안적 수사법을 강조하기에 유용하다. 데이터가 물질적, 법적 영역을 지니며, 우리가 정보의 지구물리학을 논할 수 있다는 점을 고려한 지정학적 전환이 현재 일어나고 있다. 이는 '미디어의 지질학'이라는 혼종적 표현의 정당성을 확보하는 또 다른 유형의 맥락이다. 그것은 1980-1990년대의 사이버펑크 미학을 따르며 21세기에 문자 그대로의 스팀펑크steampunk를 선보이는 스팀펑크 문학 장르와는 다르다. 이 '스팀'은 북쪽 어딘가(이왕이면 영구동토층)에 위치한 데이터센터에서 데이터 크런칭 data crunching[82]의 열기를 식히는 증기다. 인류외설의 논리는, 북쪽이 차가움the Cool을 담당하고, 남쪽은 저렴함the Cheap(저렴한 노동)을 제공한다는 것이다.

각 장의 개요

이 책의 장들은 그 자체로 지층이다. 각 장은 서로 맞닿아 있고 상호 기반적인 주제들을 지층화하고 압축하여 서로 다른 종류의 물질(역사 자료, 이론, 동시대 미디어아트 작업과 실천에 대한 중요한 참조)을 동원하는 역학 장치다.

---

81 같은 책, 259.
82 [옮긴이] 빅데이터를 처리하기 위한 일종의 정보 분석 기술.

위의 접근법을 물질의 미디어 역사라고 부를 수도 있을 것이다.
미디어 역사와 미디어고고학에서 다양한 구성 요소, 광물, 금속, 화학물질, 그 외 미디어와 관련된 것들이 필수로 간주된다는 면에서 그렇다. 미디어 기술은 상이한 소재로 실험하는 긴 이야기로 이해될 수 있다. 즉 유리판과 화학물질, 셀레늄과 실리콘, 콜탄과 희토류 광물, 황산 희석액과 셸락 실크, 전신 수신기의 다양한 수정水晶, 초기 대서양 횡단 유선 통신의 절연용 구타페르카에 이르는 소재가 그것이다. 또한 멈퍼드는 기술의 현대적 물질성의 창발을 분석할 때, 기술적 단계 또는 푸코의 용어로 '에피스테메epistemes'가 그 자체로 물질과 에너지를 전달하고 전용하고 개발하는 방식으로 기능한다고 말한다.

원기술 시기[83]에 풍력과 수력이라는 에너지원과 목재와 유리라는 물질이 단단히 묶여 있었고, 구기술 시기에 석탄이라는 에너지원과 철이라는 물질이 강하게 결속되어 있었듯이, 신기술 시기에 전기는 폭넓은 산업 분야에서 특별한 물질들과 짝을 이룬다. 대표적으로는 새로운 합금, 희토류 금속, 초경량 금속 등이다. 덧붙여 전기는 종이, 유리, 목재를 보완하는 깨지지 않는 셀룰로이드, 전기저항에 강한 경질고무, 산성에 강한 베이클라이트,[84] 열

83 [편집자] '원기술 시기(eotechnic)'의 접두사 'eo-'는 가장 오래되거나 가장 이른 것을 뜻한다. 대략 1000년부터 1750년까지의 시기를 가리키며, 근대 산업화로 이어지는 기술 변화의 여명기라 할 수 있다.
84 [옮긴이] 열경화성 수지이자 플라스틱의 시초.

경화성 수지이자 플라스틱의 시초, 신축성이 뛰어난 합성수지 같은 새로운 합성 화합물도 만들어냈다.[85]

멈퍼드가 구기술에서 신기술로의 이행을 강조했던 것은 지구를 미디어 속에 넣거나 미디어로 동원하는 다양한 방법의 이행을 총망라한 『미디어의 지질학』에서의 나의 목적이 되었다. 알루미늄의 발달은 새로운 형태의 속도와 운송 수단에 도입되었던, 경량성이라는 고유의 물질적 행동유도성을 수반했다. 그리고 희토류 광물은 디지털 미디어 시대에만 한정된 발견이 아니다. 탄탈럼, 텅스텐, 토륨, 세륨, 이리듐, 망간, 크롬은 멈퍼드가 20세기 기술 문화를 이해하는 데 필수라고 여겼던 물질이기도 하다.[86] 여기에 그 물질이 진정한 '트랜스미디어transmedia'로도 작용한다는 사실을 덧붙일 수 있겠다. 즉 전기 기기와 전기 시스템, 기계 기술, 디지털 미디어의 가용 요소들은 각기 다른 방식으로 필수적이다.

미디어 역사는 생산에 필요한 물질 외에도 유기물과 비유기물의 관계와, 물질의 이용과 오용에서 야기된 쓰레기에 관한 이야기다. 미디어 역사는 식민주의 및 자원 러시를 통한 전 지구적 팽창을 이야기하는 데 가담한다. 그것은 광물, 석유, 그 외 우라늄 같은 에너지 자원 등의 유가 물질 등의, 갈수록 고갈되는 영토의 전 지구적 지

---

85 Mumford, *Technics and Civilization*, 229: [국역본] 멈퍼드, 『기술과 문명』, 329-330(옮긴이 일부 수정).
86 같은 책, 231.

도를 그린다.[87] 역사적 사례를 차치하더라도 우리는 지금 새로운 지정학적 러시 속에서 살고 있다. 군사적, 기업적, 과학적 활동은 더 깊은 곳에 숨겨진 석유 자원을, 그리고 금속과 우라늄 같은 핵심 물질을 탐색하기 때문에 북극, 심해, 아프리카와 아프가니스탄의 위험 지역과 밀접한 관계가 있다.[88] 미디어는 원료와 쓰레기 외에도 에너지를 다루고 에너지를 통해 기능한다. 트랜지스터 기반 정보기술 문화는 게르마늄과 실리콘에 대한 물질적 특성과 차이에 대한 다양하고 면밀한 이해 없이 생각될 수 없다('순수' 상태뿐 아니라 정량의 이물질과 혼합되었을 경우도 함께 포함한다). 에너지는 현재 미디어 가동성operation(과 가동 중인 미디어)의 긴 연결망에서 지정학적 자원 경쟁과 첨단기술의 지구물리학적 요구가 만나는 회로에서 필수이다.[89] 이는 미디어아트와 디자인 작업의 도움을 받아 우리의 시선을 미디어 유물론의 다른 부분에 집중하라는 것을 의미한다. 미디어 유물론의 다른 부분이라면 앞서 언급했던 생태철학적, 지구학적 관점을 계발할 수 있는 금속, 광물, 화학물질을 말한다.

이 책의 목표는 다섯 개 장에서 이러한 쟁점들을 계속 이어가

---

87 또한 그에 관한 예술 작업과 기획이 늘고 있다. 도르트문트의 HKMW에서 열린 《오일 쇼(The Oil Show)》(잉케 안스Inke Arns 기획, 2011년 11월 12일-2012년 2월 19일)가 적절한 예이다. Mumford, *Technics and Civilization*, 232-33 함께 참조.
88 자원과 지정학 문제를 다루는 기획 취재로는 다음 글 참조. Klare, *Race for What's Left*.
89 숀 큐빗의 집필 중인 책 『이코메디에이션(Ecomediations)』은 이 쟁점을 구체적으로 다룬다. [옮긴이]: Sean Cubitt, *Finite Media: Environmental Implications of Digital Technologie* (2016년 12월 출간)]. 다음의 논문도 함께 참조. Cubitt, "Electric Light and Energy," *Theory, Culture, and Society* 30, nos. 7-8 (2013): 309-323.

는 것이다. 이번 장은 관련 맥락과 쟁점의 이론적 소개를 맡았다. 2장은 심원한 시간에 초점을 맞춘다. 지크프리트 칠린스키는 그 개념을 미디어아트의 고생물학 및 지질학을 사유하는 데 효과적으로 썼지만, 나는 그것을 **대안적인**alternative 심원한 시간의 필요성을 상기하려고 끌어왔다. 그럼으로써 심원한 시간을 문자 그대로의 의미에 더 가깝게 하고, 미디어의 지질학을 광산과 (무)지반으로, 그리고 그것을 통해 살펴볼 것이다.

3장은 같은 선상에서 지구물리학적 미디어 세계를 가리키는 특정 미학 개념을 계속 발전시킨다. 구체적으로 심리지구물리학(상황주의자에게는 심리지리학psychogeography) 개념을 취해서 주체성, 자본주의, 지구 사이 관계를 장기 지속과 지구물리학적 배치로 그리는 미디어 기술 세계의 급진적 미학을 제시한다. 이 장에서는 베를린과 런던에 위치한 마이크로리서치랩의 작품, 마틴 하우스의 지구 컴퓨팅earthcomputing, 조너선 켐프, 라이언 조던, 하우스의 프로젝트 〈결정체 세계Crystal World〉에 주목한다. 그것들은 시급과 기술 배치로 기층substrate [(지구의) 지층과 (컴퓨터) 기판]을 우리 미디어 체계의 일부로 다루는 사변적 미디어아트다.

미디어의 다양한 유물론과 다양한 시간성을 논하려는 목표가 이 책 전체를 관통한다. 4장은 이를 비인간 입자인 먼지를 경유하여 다룬다. 먼지는 전 지구적 노동과 잔여물이 얽힌 물질성을 동원하는 수사적 장치이기도 하다. 먼지는 광택으로 빛나는 아이패드의 [제작 과정에서 발생하는] 찌꺼기이며, 탄광에서 동시대 정보기술의 공장에 이르는 현장에서 노동자의 폐에 흡착된다. 요코코지와 하우드(이하 '요하', 영국 출신 예술가 듀오)의 예술작품은 석탄과 알루미늄 같은 잔여물 개념을 다룬 예증이다. 그들은 인지자본주의 담론의 대안적인 면, 즉 디지털 미디어 문화를 정의하는 요인으로 지속되는 중노동hardwork과 하드웨어hardware의 세계를 드러낸다.

5장의 주제는 (미디어) 화석이다. 지구 행성의 역사에 대한 고생물학적 관점만이 화석에 특별하게 주의를 기울이는 것은 아니다. 비슷하게 발터 벤야민의 선진자본주의 분석에서도, 그레고리 샤통스키, (기술 화석이 존재하는 지구물리학적 영역을 지구를 공전하는 인공위성의 죽은 미디어 궤도로 확장한) 트레버 패글런의 동시대 작품에서도 찾아볼 수 있다. 심원한 공간의 문제는 지질학적 의제의 일부가 되며, 인류세의 시간성에 대한 사유로 연장된다.

각 장과 후기 뒤에는 부록을 추가하기로 했다. 부록으로 수록된 글이 책에서 다룬 모든 쟁점의 중심이 되기 때문이다. 예술가이자 이론가인 가닛 허츠와 공동으로 집필한 「좀비 미디어: 미디어고고학을 예술 방법론으로 서킷 벤딩하기Zombie Media: Circuit Bending Media Archaeology into an Art Method」라는 글이다. 이 글은 허츠와 내가 미디어고고학과 전자 폐기물에 대해, 그리고 동시대의 기술 문화에 실천 기반의 디자인으로 개입하는 서킷 벤딩과 하드웨어 해킹에 대해 함께 공유했던 이론적 관심에서 출발했다.

이 책 전반에 걸쳐 내가 소개한 예술작품들은 주요 논지를 분명히 하기 위해서 나중에 끌어온 것만은 아니고 그 반대이기도 하다. 이 책의 많은 것, 많은 주장은 예술적 방법을 먼저 접하고 파악된 것에서 시작되기도 했다. 나는 (바루흐 고틀리프, 오라시오 곤잘레스 디에게스, 코코모야의) 아이마인iMine과 같은 프로젝트를 언급하고, 마이크로리서치랩 그룹, 트레버 패글런의 시각예술, 케이티 패터슨, 알루미늄과 석탄을 주제로 한 요하의 작품, 뱅자맹 골롱의 '재활용주의Recyclism'와 가닛 허츠가 실천했던 다양한 하드웨어 해킹과 서킷 벤딩 실험, 그레고리 샤통스키의 설치 작품, 조너선 켐프와 라이언 조던의 작업, 제이미 앨런의 작품, 데이비드 가시어의 미디어 인프라의 지리적 측량 등 수많은 프로젝트를 언급했다. 나는 초반에 그들의 작품에서 책의 특정 면면이 된 통찰과 영감을 받았다. 이 예술작품들은 지구물리학이라는 신유물론적 쟁점을 다루었다. 그것은 바로 소프트웨어를 향한 열광으로 단순화될 수 없는, 또 다른 종류의 물질성과 대안적 디지털 미디어아트 문화다.

2
미디어의 대안적인 심원한 시간

> 사람들은 대지의 내장 속으로 들어가 부富를 캐냈고, 이 부는 온갖 사악함을 부추겼다.[1]
> — 오비디우스, 『변신 이야기』

수중 구름

인류세 및 전자 폐기물에 관한 논의는 미디어 문화 인프라의 지구 물리학적 이해관계를 다루어야 할 필요성을 강조한다. 최근 몇 년간 클라우드의 등장으로 하드웨어가 사라지고 데이터가 비물질적으로 저장될 것이라는 전망이 상당한 화제다. 그러나 세브 프랭클린의 주장처럼, 클라우드에는 기술적 물질성과 개념적 비물질성 사이의 이중 구속을 반영한 새로운 정치적 어휘를 개발해야 한다는 요

---

[1] [옮긴이] 오비디우스, 『변신 이야기』, 이종인 옮김(열린책들, 2018)에서 해당 부분 참고하여 옮김.

구가 따라온다.[2] 클라우드 관련 쟁점은 소프트웨어 문화와, 소프트웨어 문화가 서비스 산업의 일부로 흡수될 것이라는 논의로 확대되었다.[3] 그것은 하드웨어의 중요성을 새롭게 피력하지만, 다양한 종류의 태블릿 PC나 스마트폰에 대한 투자가 입증하듯이, 매혹적인 모바일 형태의 서비스를 담는 그릇 정도로 국한된 것 같다. 그것은 운동movement과 비물질성에 관한 담론, 그리고 무선 신호의 단절이나 물리적 교란이 발생할 때 실제 사용자 경험에서 생길 필연적인 틈을 메우는 상상과 꿈에 관한 담론이 순환하도록 이끈다. 그것은 물리적인 인터넷의 지정학적 측면이 조명되었던 2013년과는 아주 다른 방식이었다. 미국 국가안보국NSA의 스파이 프로그램인 프리즘PRISM이 폭로되면서 외딴 곳에 있는 데이터 서버팜의 사진과 지정학적 감시 기관의 사진이 세상에 공개되었다. 또 트레버 패글런이 그 무언의 일체형 구조물을 촬영해 『타임Time』지(2013년 12월 23일)에 수록하기도 했다.

하지만 에드워드 스노든의 폭로 이후 브라질처럼 외견상 무작위의 장소들도 수면 위로 드러났다. 브라질은 미국 기관의 감시 작전 지도에서 왜 그렇게 중요했을까? 브라질의 어떤 점이 그토록 흥

---

2   Seb Franklin, "Cloud Control, or the Network as a Medium," *Cultural Politics* 8, no. 3 (2012): 443–464.

3   Ippolita, *The Dark Side of Google*, trans. Patrice Riemens (Amsterdam: Institute of Network Cultures), 2013 참조, http://networkcultures.org/wpmu/portal/publication/no-13-the-dark-side-of-google-ippolita/[링크 연결 안 됨. 다음 링크 참조. http://networkcultures.org/wp-content/uploads/2013/10/TOD13_Ippolita_binnenwerk-def-sp_plus_cover.pdf].

미로웠을까? 그 이유는 금방 밝혀졌다. 해저 케이블 때문이다. 9·11 테러 이후 미국의 편집증적 감시 메커니즘은 물리적 차원에서 네트워크 인프라 배치에 대대적으로 주력하고 있다. 주요 회선인 '아틀란티스-2'는 남미를 유럽과 아프리카로 연결하며,[4] (시적으로 표현하자면) **데이터가 해안에 다다르면** 핵심 차단 노드node가 존재하게 한다. 우리는 지하, 그리고 19세기 중반 대서양 횡단 케이블 부설과 크게 다르지 않은 수중 현실을 보아야 한다. 그 당시 수중 미디어는 상호연결에 열광했던 결과였다. 이제는 차단된 것에 비밀스럽게 열광한다. 미디어 인프라의 지반, 무지반, 지하가 가시적인 것과 비가시적인 것의 조건을 결정한다. 지반 아래에는 근대화의 지하 인프라인 통신 케이블, 하수도 시설, 지하철, 전기를 볼 수 있다. 파리의 지하 갤러리는 심지어 관광 명소이기도 하다.[5] 19세기의 도시화는 지하로의 이동을 의미했던 반면, 우리가 사는 21세기는 [구름 위의] 천국에 가까워진 것으로 보인다. 그러나 클라우드[구름]는 육지와 해역, 지정학적인 곳으로 되돌아온다.[6] 지구는 자원이자 전송을 담당하는 미디

---

4 "What the N.S.A. Wants in Brazil," *The New Yorker*, 2013년 7월 24일, http://www.newyorker.com/online/blogs/newsdesk/2013/07/why-the-nsa-really-cares-about-brazil.html.

5 Williams, *Notes on the Underground*, 72.

6 바다에 구축된 케이블과 인프라의 (비)가시성에 관해서는 다음의 글 참조. Nicole Starosielski, "'Warning: Do Not Dig': Negotiating the Visibility of Critical Infrastructures," *Journal of Visual Culture* 11, no. 1 (2012): 38-57. 다음의 책 함께 참조. Ryan Bishop, "Project 'Transparent Earth' and the Autoscope of Aerial Targeting: The Visual Geopolitics of the Underground," *Theory, Culture, and Society* 28, nos. 7-8 (2011): 270-286. Williams, Notes on the Underground.

어의 부분이다. 또한 지구는 미디어와 사운드아트적 회로망의 특별한 부분[부품]을 문자 그대로 형성한다.[7] 그것은 군사 '인프라'의 일환으로 확장되는, 경쟁 중인 정치적 지구다. 지구는 정치적 이해관계를 숨길 수 있고 군사 전략 및 작전 행동의 일부로 형성될 수 있다.

이 장은 심원한 시간을 탐구함으로써 지하를 다룬다. [그러기 위해] 지질학적 개념 외에도 독일 미디어 (반)고고학자(an)archaeologist이자 변종학자인 지크프리트 칠린스키의 미디어아트 논의를 채택한다. 그러나 우리는 미디어의 물질적 맥락으로 미디어의 지질학과 심원한 시간에서 지구물리학적 양상을 더 강조해야 하는지를 자문해야 한다. 미디어의 물질성에 더 깊이 숨겨진 심도를 이해하기 위해서는 지하와 수중 속에 들어가 해저 케이블과 지저subterranean 케이블을 파헤쳐야 할까?

그리고 살아 있는 지구가 절규했다.

만일 당신을 [그 대신] 당신의 미디어 세계로 이끄는 멘토가 실리콘밸리 기업가나 부흥사, 아니면 네트워크 영역의 원활한 크라우드 소스 기반 클라우딩을 따라잡으려는 경영학 대학교수 같은 유력한 용의자가 아니라면? [그 대신] 멘토가 1928년 아서 코난 도일의 단편소설「지구가 절규했을 때When the World Screamed」의 주인공인 챌린저 교수라면? 잡지『리버티Liberty』에 수록된 이 이야기는 요즘 '사변

---

7 Kahn, *Earth Sound Earth Signal*.

적 실재론speculative realism'이라고 불릴 만한 것의 실마리와 함께 미친 과학자의 기이한 통찰을 담았다. 수상쩍고 살짝 돌았다고 세간에 알려진 챌린저 교수는 그를 즐거이 인용했던 프랑스의 들뢰즈와 가타리를 포함한 후대 철학자들에게 영감을 주었다. 이 철학자들은 지구가 살아 있고 지표면이 생명 때문에 통증을 겪고 있다는 관념을 기꺼이 취했다. 그러나 살아 있는 지구라는 관념에는 긴 문화적 역사가 있다. 그것은 고대부터 어머니 지구terra mater라는 관념으로 지속되고 있으며, 18–19세기의 신흥 채굴 문화에서는 낭만주의 철학에 포섭되었다. 추후 20세기에 가이아 이론의 등장은 지구의 전체론적holistic 삶에 또 다른 함의를 부여한다.

 지질학과 지층의 서사는 피압 시추artesian drilling 전문가인 피어리스 존스 군에게 송달된 날짜 없는 편지로 시작된다. 편지는 도움을 요청한다. 뭐가 필요한지는 구체적으로 나와 있지 않지만 챌린저 교수의 살짝 변덕스러운 미친 과학자의 명성답게 정상적인 작업이 아닐 것 같았다. 의혹 및 호기심과 함께, 금방 존스 군의 시추 전문 기술이 필요하다는 것이 분명해졌다. 챌린저 교수는 정확히 필요한 시추의 특정 기술을 몰라 시간이 더 필요했지만 영국 서섹스의 헹기스트 다운에서 시추 작업을 비밀스럽게 진행하고 있었다. 급기야 파헤쳐진 물질은 채굴 작업에서 백악층, 점토층 등의 일반적인 지층이 아니라 젤리에 가까운 것이었음이 밝혀졌다.

 챌린저 교수는 오랫동안 지표면을 뚫고 더 깊이 들어가서 마침내 살아 있는 동물처럼 맥동하는 층을 발견했다. 그는 지질학에서 점차 다른 무언가로 변해버린 작업에 도움이 필요해 존스에게 연락을 취했던 것이다. 챌린저의 진정한 목표는 실험을 통해 지구가 살아 있고, 그 생명력을 입증하는 것이었다. 일반적으로 사람들은 석유, 석탄, 구리, 철광석, 기타 유가 광물을 입수하려는 목적으로 바다에 구멍을 내서 시추 및 채굴을 하지만, 챌린저의 사명은 지구의 살아 있는 심도에 관한 새로운 사변적 입장을 증명하려는 욕망에서 발동했다. "누르스름한 색의 점토층이 있었고 커피 색깔의 헤이스팅스 Hastings 지층, 좀 옅은 색의 애쉬번햄Ashburnham 층, 짙은 색의 석탄기 점토층을 볼 수 있었다. 또 눈부신 전기 불빛에 아주 새까만 지층들이 지나가고 반짝이는 석탄층과 점토층이 번갈아 나타났다."[8] 이 지층들을 지나 제임스 허턴과 찰스 라이엘의 고전 지질학 이론에 부합하지 않는 층이 발견되었다. "박동은 직접 느껴지진 않았지만 표면 위로 지나가는 부드러운 물결 혹은 리듬으로 전달되었다"[9]라는 말처럼, 비유기물조차 살아 있다는 것이 갑자기 부정할 수 없는 사실처럼 보였다. 또 존스 군은 그들이 발견한 심원한 표면을 이

8　Arthur Conan Doyle, "When the World Screamed," 1928, http://www.classic-literature.co.uk/scottish-authors/arthur-conan-doyle/when-the-world-screamed/ebook-page-10.asp; [국역본] 아서 코난 도일, 「지구가 절규했을 때」, 『안개의 땅』, 이수경 옮김(황금가지, 2004), 388.

9　같은 책; [국역본] 도일, 『안개의 땅』, 390. 살아 있는 지구라는 발상은 지구와 기술에 대한 상상의 일환에 있다. 그러나 19세기 후반까지만 해도 지구 내부의 속성에 대한 많은 논쟁이 벌어졌다는 사실을 유념해야 한다. 윌리엄스의 주장처럼, 아치볼드 게이키(Archibald Geikie) 같은 저명한 지질학자들은 지각 아래 무엇이 있는지에 대한 다양한 가능성을 열거했다. 지구 공동설은 오래 전 폐기된 가설일 수도 있지만, 지각 아래 액체로 된 지층의 존재는 여전히 한 가지 가능성으로 남아 있다. Williams, *Notes on the Underground*, 14.

그림 3
지하는 낭만주의와 20세기 산업화 사이에 시적이고 공학적인 기술 영역이 되었다. 광산은 절대 사라진 것이 아니며, 심지어 첨단기술 문화에서도 유효한 지질학적 상흔으로 지속되고 있다. 유타 빙엄캐니언의 구리 광산, 리오틴토, 케니코트 구리회사Kennecott Utah Copper Corp, 사진 촬영: 스펜서 뮤직Spencer Musik.

렇게 묘사했다. "표면 자체는 전적으로 균일하지는 않았지만 그 밑으로 마치 간유리를 통해 보이듯이 옅은 백색 헝겊 조각 내지는 액포가 보였는데, 그 크기와 모양이 계속해서 변했다."[10] 그 층 전체가, 그 핵과 지층들이 박동을 울리고 맥동하며 살아 움직였다. 챌린저 교수가 지구가 절규하도록 젤리층을 쑤시는 기괴한 유사 강간 장면에서는 그와 비슷한 깊이로 들어갈 필요조차 없었다. 이 과학적인 가학 행위는 청중의 귀로, 그리고 그보다 훨씬 멀리 울려 퍼졌다. "수백 개의 경보가 동시에 울리는 듯한 그 소리는 1분 동안 지속되어 무시무시한 그 의지가 군중들을 마비시켰다. 비명 소리는 여름 대기 속으로 퍼져나가 남쪽 해안에서 메아리쳤고 심지어 해협을 건너가 이웃나라 프랑스에까지 들렸다."[11] 그 모든 일이 교수가 초청한 동료와 국제적 인사로 이루어진 관중에게 관찰되고 목격되었다.

'지구의 내장'[12]에 대한 관심은 지구물리학의 과학적 담론으로 회귀하는 데 그친 코난 도일의 소설과 그의 강렬한 언어에만 국한되지 않는다. 챌린저 교수는 "우리 발아래의 하나의 독자적인 세계가 어마어마한 생활을 영위하는 것이 어떻게 가능할 것인가?"[13]

10 Doyle, "When the World Screamed.": [국역본] 도일, 『안개의 땅』, 390.
11 같은 책: [국역본] 도일, 『안개의 땅』, 399. 강간의 암시는 신화에서 지구를 오랫동안 여성으로 표현해 왔다는 사실을 고려했을 때 더 분명해진다. 젠더화된 지구 내부에는 가치 있는 것들로 가득하다. Steven Connor, *Dumbstruck: A Cultural History of Ventriloquism* (Oxford: Oxford University Press, 2000), 52.
12 Doyle, "When the World Screamed."
13 다음의 책에서 노발리스의 글귀를 재인용. Ziolkowski, *German Romanticism and Its Institutions*, 31: [국역본] 노발리스, 『파란꽃』, 김주연 옮김(열림원, 2003), 101.

라는 물음을 던졌던 노발리스의 『푸른 꽃Heinrich von Ofterdingen』
(1800/1802)을 포함한 19세기 소설의 주인공을 앞섰다. 살아 있고
맥동하는 지구를 향한 시적인 추력推力은 석탄, 광물, 유가 물질을
얻기 위해 지구를 개방했다. 쥘 베른의 『검은 인도Les Indes Noires』
(1887)는 고갈된 탄광에서 지하의 석탄 마을로 이어지는 새로운 발
견에 관한 이야기다.[14] 지구 공동설Hollow Earth은 대중소설 이외에
서 계속되지는 않았지만, (지금은 외견상 무한한 자원처럼 보이는)
지하의 인공적 무한성에 대한 발상이 자리를 잡았다.[15]

지구는 자원이 되었다. 금속과 광물은 현대의 공학, 과학, 그리
고 기술적 미디어의 출현과 밀접한 관계가 있다. 예를 들어 구리는
19세기 이래로 기술적 미디어 문화의 중요한 물질적 특징이었다. 그
러나 수많은 초창기의 구리 광산이 20세기에 들어서면서 조기에 고
갈되었고, 그에 따라 국제적 범위 및 깊이 측면에서 생긴 새로운 수
요로 이어졌다. 그래서 전선 및 네트워크 문화에서 증대되는 국제적
요구와 체계적인(동시에 환경을 낭비하는 식으로) 이용에 부응해 자
재를 공급하려면 더 깊게 채굴해야 했고, 이를 위한 새로운 시추기
가 필요했다. 그에 더해, 구리 사업은 증가하는 수요와 국제적 범위

---

14 Williams, *Notes on the Underground*, 11. 이 책의 분량상 문학과 지질학을 체계적으
로 논하지 않기에 19세기 지질의 서사화가 궁금한 독자에게 다음의 책을 알려느린
다. Adelene Buckland, *Novel Science: Fiction and the Invention of Nineteenth Century
Geology* (Chicago: University of Chicago Press, 2013).
15 Williams, *Notes on the Underground*, 90-91.

로 인해 채굴에서 제련까지의 과정이 카르텔화되었다.[16] 사실 챌린저의 광기를 이해할 수 있는 채굴의 동시대적 맥락 외에도, 러브크래프트, 프리츠 라이버 같은 작가가 상상한 지하[세계]의 공포를 떠올려볼 수도 있다. 라이버는 석유가 지저subterranean 생명체라는 동일한 주제로 석유의 생명정치에 관한 글을 근래에 썼던 레자 네가레스타니를 훨씬 앞선다.[17] 수압 파쇄로 야기된 지구의 절규는 에너지 생산의 지정학적 균형에 변화를 초래할 가능성 외에도 지정학적 담론에서 자주 간과되는 지eos, 즉 지구, 흙, 지각을 상기시키며, 그 어느 쪽도 무시되어서는 안 된다. 가압수와 화학물질을 펌프로 밀어 넣어 암석 사이의 가스를 배출시키는 이 절차는 지구를 확장된 자원이 되도록 강제한다. 지구는 암석 파쇄 및 벤젠과 포름알데히드 유입으로 그 자신을 노출하는 상태에 준비되어 있다. 브렛 닐슨에 따르면 수압 파쇄는 한계를 뛰어넘는 확장이라는 자본주의적 과장법에 완벽하게 조율되어 있다. "수압 파쇄는 흙, 불, 공기, 물의 자연 공유지나 인간이 협력해 살아가는 네트워크화된 공유지 중 어디에서 얻어내는지에 관계없이 가능한 것 이상의 초과량을 창출한다."[18]

아마도 챌린저 교수의 현재적 버전은 소설에서만 발견되지만은

16　Richard Maxwell and Toby Miller, *Greening the Media* (Oxford: Oxford University Press, 2012), 55.

17　Fritz Leiber, "The Black Gondolier," in *The Black Gondolier and Other Stories* (n.p., 2002). Negarestani, Cyclonopedia. Eugene Thacker, "Black Infinity, or, Oil Discovers Humans," in *Leper Creativity* (New York: Punctum, 2012), 173-180.

18　Brett Neilson, "Fracking," in *Depletion Design*, ed. Carolin Wiedemann and Soenke Zehle (Amsterdam: Institute of Network Cultures and xm:lab, 2012), 85.

않을 것이다. 채굴 작업 외에도, 구소련 연합의 콜라 초심층 시추공 같은 과학 프로젝트는 챌린저의 정신에 진정 충실한 과장법의 시도였다. 콜라 초심층 시추는 12,262미터의 심도를 기록했다. 1980년대 초반 과학자들은 수년에 걸쳐 끈기 있고 느리게 지각을 천공한 결과, 지구물리학적 현상의 기묘한 현실을 발견했다. 그곳에서 뜻밖에 마주한 것은 끓는 수소 가스와 같은 화학적으로 놀라운 발견, 즉 아주 깊은 곳의 암석 광물에서 예상치 못했던 순수한 물이 존재하는 현상이었다.[19]

지구 내부에서는 금속 형이상학metal metaphysics과 디지털 장치에 들어가는 기묘한 화학적, 암석적, 금속적 현실과 만나게 된다. 그에 대한 사변적 입장도 있지만, 경험적 물질로 되돌아갈 수도 있다.

---

19 콜라 초심층 시추(Kola superdeep borehole), http://en.wikipedia.org/wiki/Kola_Superdeep_Borehole. Larry Gedney, "The World's Deepest Hole," Alaska Science Forum, 1985년 7월 15일, http://www2.gi.alaska.edu/ScienceForum/ASF7/725.html. [링크 연결 안 됨. 다음 링크에서 원문 참조. https://www.gi.alaska.edu/alaska-science-forum/worlds-deepest-hole]. 시추 작업은 1920년대 이래의 일부 지구물리학 이론이 부정확함을 증명했고, 오래된 깊은 심도에서 기이한 부분들을 발견했다. "콜라의 시추구멍은 현재 발틱 대륙순상지 지각의 약 절반 정도가 뚫렸고, 그 하부에 27억 년 된 암석이 노출되었다(비교하자면 그랜드캐니언 최하단의 비슈누 편암은 그 연대가 20억 년이며, 지구 자체는 46억년 정도로 추정된다). 이 시추구멍 속에서 밝혀진 여러 발견 중에서도 지진 속도의 변화가, 해럴드 제프리스(Harold Jeffreys)의 가설에 따라 화강암에서 현무암으로 변성되는 경계선에서 발견되지 않았다는 사실에 과학자들은 흥미로워했다. 실제로 그것은 표면에서 약 3-6마일 아래 위치한 변성암(열과 압력으로 크게 바뀐 암석)층의 하단에 있었다. 이 암석은 총체적으로 부서져 있고 물로 가득했다. 그 정도 심도에서는 지 유 수기 발견될 수 없는데 밀이다! 그것은 (시하수와는 반대로) 원래 광물 암석 자체에서의 화학적 조성에 속해 있던 물이 결정 바깥으로 밀려서 방출되고 불침투성 암석이 위에 가로막고 있어 더 올라오지 못한다는 것만을 의미한다. 이러한 현상은 다른 곳에서는 관찰된 바 없다."

요컨대 2008년 통계에 따르면 현재의 미디어 기술의 상황과 직접 관계된 미디어의 물질성은 철저히 금속적이다. "주석 총량의 36%, 코발트 25%, 팔라듐 15%, 은 15%, 금 9%, 구리 2%, 알루미늄 1%"가 매년 미디어 기술에 들어간다.[20] 20세기 중반까지 극도로 제한적이었던 물질 자원("목재, 벽돌, 철, 구리, 금, 은, 일부 플라스틱류")[21]에 기반한 사회에서, 컴퓨터 칩만 해도 "60가지 요소"[22]로 구성되어 있는 현재로 이행했다. 이렇게 기술에 들어가는 금속 및 물질 자원 중에 희토류 광물을 포함한 핵심 물질들이 있다. 그 물질들은 중국의 수출 제한과 관세를 둘러싼 전 지구적인 정치적 논란의 중심에 있고 이를 둘러싼 문제는 늘어만 간다. 또한 화학적 공정에 크게 기대는 대규모 노천채굴법의 환경 훼손에 대한 논쟁과도 관계가 있다. 만약 실제로 채굴된 암석에 1% 미만의 구리가 함유된 듯하면,[23] 그것은 우리의 기술 장치에 들어갈 정제용 구리(Cu) 성분을 추출하는 추후의 화학적 공정에 압박이 가해진다는 것을 의미한다.

미디어의 금속 함량 수치들은 놀라울 따름이며, 코난 도일뿐 아니라 지구의 심원한 시간에 관한 동시대 미디어아트 담론과도 연계

---

20 Maxwell and Miller, *Greening the Media*, 93.
21 T. E. Graedel, E. M. Harper, N. T. Nassar, and Barbara K. Reck, "On the Materials Basis of Modern Society," *PNAS*, October 2013, Early Edition, 1.
22 같은 글. 다음을 함께 참조, "The Metals in Your Smartphone May Be Irreplacea-ble," *Ars Technica*, 2013년 12월 5일, http://arstechnica.com/science/2013/12/the-metals-in-your-smartphone-may-be-irreplaceable/.
23 Brett Milligan, "Space-Time Vertigo," in *Making the Geologic Now: Responses to the Material Conditions of Contemporary Life*, ed. Elizabeth Ellsworth and Jamie Kruse (New York: Punctum, 2013), 124.

되어 있는 기술의 또 다른 물질성을 증명한다. 나는 이제 챌린저 교수에서, 독일의 미디어학 교수이자 미디어아트 역사에서 심원한 시간을 개념화한 지크프리트 칠린스키로 넘어갈 것이다. 요컨대 칠린스키에게 심원한 시간의 형상이란 일종의 미디어고고학적 제스처라는 점을 이후에 면밀히 분석할 것이다. 심원한 시간이란 고생물학에서 가져왔지만, 실질적으로 장기간 지속된 예술과 과학의 협력을 서구적, 비서구적 맥락에서 이해하기 위해 변주한 개념이다. 그러나 나는 미디어 기술 담론에서, 그리고 미디어아트 역사와의 관계에서 심원한 시간—[공간적] 심도와 시간성 둘 다의 맥락에서—을 말 그대로 이해하고 동원해야 할 필요성을 주장하고 싶다. 여기에서 챌린저 교수는 다소 미심쩍기는 해도, 살아 있는 것으로서의 지질학적 물질을 지적하기 위해 끌어온 것이었다. 이러한 유형의 미디어 역사는 일반적으로 우리 분야와 관련되어 있었던 것과는 완전히 다른 시간 척도를 말하는 차원에서 사변적이다. 그것은 마누엘 데란다가 풍부한 영감으로 그렸던 유전자, 언어, 지질학 차원의 비선형 역사의 역학 개념을 빌려온 것이다. 그러나 이 경우에는 수천 년을 넘어서 심지어 수백만 년, 수십억 년 동안 비선형적으로 지층화되었던 미디어 역사로 도발적으로 접근할 수 있다.[24] 미디어 역사는 지구사earth

---

24 Manuel Delanda, *A Thousand Years of Nonlinear History* (New York: Swerve/MIT Press, 2000). 인류사를 지질학적으로 접근하는 데란다의 주장은 자기 조직화(self-organization)를 불실과 에너지가 문배되는 일반적인 원농력으로 이해한 것에서 비롯된다. 이러한 방식으로 그는 조직화의 비선형적 패턴을 말하며 "인간 사회는 용암의 흐름과 매우 닮았다"(55)라는 도발적인 주장을 펼칠 수 있었다. 게다가 그는 지질 형성과, 우리가 인류사라고 부르는 것들, 가령 도시성 등에 대한 것 사이에 광범한 연속체가 있

history와 융합된다. 지질의 금속 및 화학물질은 원래의 지층에서 탈영토화되고 우리의 기술적 미디어 문화를 정의하는 기계에서 재영토화된다.

생명을 비유기체적 프로세스로 확장하는 것은 들뢰즈와 가타리의 철학을 따른 것이다. 생명은 변이variation와 지층화stratification라는 역동적 패턴으로 구성되어 있다. 지층화는 지질이 단지 죽은 물질이 아니라 훨씬 더 역동적인 것임을 보여주는 살아 있는 이중 분절double articulation이다. 그것은 명백히 들뢰즈와 가타리의 『천 개의 고원』에서 발견되는 독해를 암시하는 것으로, 본 기획의 철학적인 이해관계 전체를 드러낸다. 지구의 강도들, 그 역동적이고 불안정한 물질의 흐름들은 지층에 갇혀 있다. 가두고 포획하는 이 과정을 **지층화**라고 부르며, 이는 분자적인 비유기물의 생명을 "그램분자적 집합molar aggregates"[25]으로 조직화한다.

다는 역사적 특징을 탁월하게 조명했다. 확실히 약 5억 년 전 이루어졌던 광물화 프로세스는 인간(을 포함한 특정 유형의 다양한 골성 생물)의 탄생 과정에서 결정적인 내골격과 뼈의 물질성을 일으켰고, 그리고 그 외에도 차후의 각종 프로세스를 이끌어냈다. 데란다는 도시의 외골격이 그와 똑같은 프로세스로 구축되었다고 말하며, 금속이 도시의 중심화 및 군집 형성에 어떤 역할을 하는지를 추적한다. 이 맥락에서 우리는 광물화 프로세스가 현재의 컴퓨터 시대에까지 이어진다고 주장할 수 있다. 퇴적되었지만 탈영토화된 지질학적 시간의 지층들이 또 다른 외골격을 낳는다는 차원에서 그렇다. 그 주장은 예를 들면 베르나르 스티글러가 후설과 시몽동에 기대어 인간 기억의 다양한 외재화를 논했던 방식과 암시적으로 공명하기도 한다.

25   Deleuze and Guattari, *A Thousand Plateaus*, 40. 그들은 그것이 질료나 형식(철학이 고수하는 질료형상적 모델), 일반적으로 언어학적으로 모델화된 의미 관념에 사로잡힌 이원론이 아니라고 단언한다. 대신 그들은 비의미적 요소들을 포함한 의미작용의 물질성에 대해 지질학적 발상을 도입하고자 한다. 분절의 이중적 속성은 이렇게 묘사되어 있다. "첫 번째 분절은 불안정한 입자-흐름으로부터 준(準)안정적인 분자 단위들 또

그에 따라 들뢰즈와 가타리를 거치는 소수의 수사적 물음[26]을 던져본다. 많이 인용되는 들뢰즈의 훌륭한 글 「통제 사회에 대한 첨언Postscript on the Societies of Control」 대신 지질학과 지층화에 관한 들뢰즈와 가타리의 공저서[『천 개의 고원』]로 미디어 기술과 디지털 문화의 발굴에 착수해 볼 수 있지 않을까?[27] 그것은 그냥 하드웨어

는 유사 분자 단위들(실체)을 골라내거나 뽑아내며, 여기에 연결들과 이어짐들이라는 통계학적 질서(형식)를 부여한다. 다른 한편 두 번째 분절은 밀집되고 안정된 기능적 구조들(형식)을 세우며, 그와 동시에 이 구조들이 현실화되는 그램분자적 합성물들을(실체)을 구성한다. 이처럼 지질학적 지층에서 첫 번째 분절은 '퇴적작용'이다. 그것은 통계학적 질서에 따라 사암, 편암, 플리시(flysch)의 순서로 되풀이되는 퇴적물 통일체들을 쌓는다. 두 번째 분절은 '습곡작용'이다. 그것은 안정된 기능적 구조를 세우며 침전물이 퇴적암이 되게 해준다." [국역본] 들뢰즈·가타리, 『천 개의 고원』, 87-88. 지질에 관한 괜찮은 철학서로 들뢰즈-가타리의 관점을 비평, 확장시킨 벤 우다드의 『무지반화된 지구에 관하여On an Ungrounded Earth』가 있다.

26 [옮긴이] 실제로 대답을 이끌어내기 위한 것보다는, 전달하고 싶은 의미를 강조하기 위해 의문문을 사용하는 어법.

27 요약하자면 『천 개의 고원』에서 들뢰즈와 가타리는 (니체를 참조한) 도덕의 지질학이라는 개념으로 이중 분절로서의 지층화 개념을 조명했다. 25번의 각주가 이 점을 분명히 했다. 그러나 이러한 프로세스는 지질학에만 국한되지 않으며, 들뢰즈와 가타리가 도덕의 지질학을 논할 수 있도록 했다. 내가 그것을 한층 더 발전시킨 개념인 미디어의 지질학은 『천 개의 고원』의 철학적 도식이자 그 오마주인 데 더해, 기능적 미디어 기술들을 공고화[지질학적으로는 고화]하는 데 필요한 일련의 물질 요소를 신중하게 선택하고 퇴적시킨 창발적 관점이다. 이러한 기술은 자연과 문화 사이, 또는 내가 미디어자연(medianatures)이라고 부르는 연속체들을 내놓고, 그것은 종종 환경적 영향으로, 솔직하게는 에너지 생산, 쓰레기 등의 환경 문제로 자체적인 신호를 보낸다. 데란다와 들뢰즈·가타리는 지질학적 모델이 다양한 물질성을 횡단하는 추상 기계로서 지층화의 신유물론을 제공한다고 보았다. "퇴적암, 종, 사회 계층(등의 제도화된 위계)은 모두 역사적 구성물, 확고한 구조를 발생하는 프로세스의 생산물이다. 그것은 이종적인 원재료(자길, 유전자, 역할)를 모으는 것을 시작으로 하고 분류 작업을 통해 균실화한 다음 그 결과로 획일적으로 나누어진 그룹들을 보다 영구적인 상태로 굳힌다." Delanda, *A Thousand Years of Nonlinear History*, 62. 또한 이 책 다른 부분에 언급된 스미스슨의 '추상 지질학'과 들뢰즈·가타리의 사유도(베이트슨 포함) 발전시켜 볼 만한 흥미로운

보다도 자원 고갈, 광물, 심지어 더 단단한 물질성에 관한 최신 비판 담론에 중점을 둔 이 책의 암시적 과업이기도 하다. 하드웨어 [이론의] 관점이 단단한 것만 보는 것만으로는 부족하다. 미디어에 대한 물질적 개념을 더 심원한 물질성과 더 심원한 시간으로 완전히 확장하려면, 기술로서의 미디어의 배치와 미디어의 지속에 바탕이 되는 비미디어적 물질을 논해야 한다. 그것은 두 갈래로 분명하게 드러난다. 첫째, 미디어적, 첨단기술적 프로세스가 창발하게 만드는 새로운 물질의 연구 및 설계[디자인], 제작 및 표준화다. 이는 화학의 역사와 함께 제품 개발, 모더니티의 특징이었던 알루미늄을 포함한 여러 합성 물질, 그리고 컴퓨터 문화의 상당 부분을 가능하게 한 재료 과학 연구와도 연관된다. 컴퓨터 문화의 필수인 실리콘 및 게르마늄은 화학 분야에서 발견된 명백한 사례다. 그 한 가지 실례로서 최근 인듐, 갈륨, 비소 성분으로 이루어진 22나노미터 크기의 극소 비非실리콘계 트랜지스터가 있다. 그것은 창조적 기술 담론이 담론적 마법을 부리기에 앞서 수많은 과학이 일어난다는 사실을 입증한다. MIT 연구 프로젝트의 결과로서 "증착 인듐, 갈륨, 비소 원자가 반응하여 초박막 결정InGaAs을 형성하고 이것이 트랜지스터 채널이 된다"[28]라는 인용은 짤막하지만 **미디어가 미디어로 되기 훨씬 이전부터** 시작된 미디어의 물질성을 서사화하기에는 충분하다. 둘째, 그것과 같이 **더**

주제이지만 이 짧은 책이 담을 수 있는 범위 바깥에 있다.
28 Sebastian Anthony, "MIT Creates Tiny, 22nm Transistor without Silicon," *Extremetech*, 2012년 12월 11일, http://www.extremetech.com/extreme/143024-mit-creates-tiny-22nm-transistor-without-silicon.

는 미디어가 아닌 미디어를 논의할 수 있어야 한다. 그것은 미디어의 물질이 지닌 또 다른 양상으로서, 첨단기술보다는 구식화로 정의된다.[29] 즉 컴퓨터, 오락과 군사 분야에 이르는 통상적인 첨단기술 산업에 필수적인 채굴된 희토류 광물 못지않게 소비자를 매혹하기 위해 아이패드 표면에 광택을 내는 연마 과정에서 발생되는 알루미늄 미세먼지처럼, 제조 과정에서 발생되는 잔여물이 미디어의 물질성을 정의하는 것이다(4장 참조).[30]

심원한 시간의 생태학

칠린스키의 심원한 시간Tiefenzeit 개념은 그 자체로 지질학적 시간의 관념을 이해하려는 시도이며, 이 시도는 우리에게 미디어아트와 디지털 문화라는 인문학적 주제를 생각하도록 인도한다. 심원한 시간은 개념적 무게를 동반하며, '듣고 보는 기술적 수단에서의 심원한 시간'을 탐구하는 방법으로 쓰인다. 칠린스키의 접근법은 장치devices의 서사 속에 내장된 자연적 진보를 가정하는 미디어의 진화라는 목적론적 관념을 비판하는 것으로 시작된다. 여기서 미디어의 진화란, 기계 및 디지털 문화의 합리성에 붙어서 기생하거나 그에 대해 주장하는 것이며, 이 주장은 당연하게도 지난 수십 년 미디어 연구

29　Wiedemann and Zehle, eds., *Depletion Design* (Amsterdam: Institute of Network Cultures and xm:lab, 2012) 참조.

30　Jussi Parikka, "Dust and Exhaustion: The Labor of Media Materialism," *Ctheory*, 2013년 10월 2일, http://www.ctheory.net/articles.aspx?id=726.

와 문화 연구 분야에서 비판받는 대가를 치렀다. 이것을 (이폴리타 Ippolita 그룹[과 티치아나 만치넬리]의 또 다른 맥락의 개념을 빌려서) '미토포이에시스mythopoesis'[31]라고 부를 수 있다. 미토포이에시스란 정치적 투쟁의 장으로서의 서사와 기술에 중심을 두는 비판적 관점을 의미한다. 그러나 칠린스키의 미디어고고학적이면서 더욱 **반反고고학적**anarchaeological 접근법은 지질학적 시간에 집중해 있다.

칠린스키에게 지구 시간earth times과 지질학적 지속은 기술 변화를 이해하는 데 제한적인 맥락을 부여하는 선형적인 진보 신화에 저항하는 이론적 전략이다. 이는 수천 년의 성서적 시간과 수백만 년의 지구사 사이의 틈을 표현한, "지질학적으로 일어난 거대한 질적 변화의 [점점 늘어나는] 증거"[32]를 다루는 종교적 시간 질서에 관한 근대 초기의 논의와 유사하다.

이 심원한 시간성은 공간적인 것과 시간적인 것을 결합했다. 사실 1778년 제임스 허턴의 『지구의 이론』에서 심도는 시간을 의미한다. 화강암층 아래에는 심원한 시간성의 존재를 드러내는 점판암층이 존재한다. 허턴은 변화의 조짐 없이 이루어지는 급진적인 광대무변한 시간을 제안한다. 모든 것은 침식과 성장이라는 더 큰 주

---

31   Ippolita and Tiziana Mancinelli, "The Facebook Aquarium: Freedom in a Profile," in *Unlike Us Reader: Social Media Monopolies and Their Alternatives*, ed. Geert Lovink and Miriam Rasch (Amsterdam: Institute of Network Cultures, 2013), 164. [편집자] 미토포이에시스는 '신화 만들기(myth-making)'라는 뜻으로, 시인, 소설가 등이 인위적인 혹은 허구적인 신화를 창조하는 현대 문학 및 영화의 서사 장르다. 오래 전부터 존재한 장르이지만 1930년대에 J. R. R. 톨킨에 의해 널리 대중화되었다.

32   Zielinski, *Deep Time of the Media*, 3.

기의 일부로 미리 결정되어 있다.[33] 그러나 그는 지층에서 발견된 지구의 시간과 그 지질학적 주기를 다루려고(지층을 읽는 '지층술 stratigraphy') **연속적 연쇄**continual succession 같은 용어를 사용하기는 하지만, 역사적 방식에서는 광대한 지속의 시간이 변하는 것은 아니다. 보다 구체적으로 허턴의 말을 빌리면,

> 대지의 총체적 사멸에 필연적으로 드는 광대한 시간은, 가장 확실한 사실, 그리고 가장 입증된 원칙으로 나타난 미래 사건의 모습과 대립되어서는 안 된다. 우리 관념의 모든 것을 측정하며, 우리의 계획에서 자주 부족하다고 여겨지는 시간은 사실 자연에서는 무한하고 아무것도 아니다. 시간은 그것을 존재하게 한 것을 한정할 수 없다. 그리고 우리에게 무한하게 보이는 시간의 자연적 과정이 끝이 있을 수 있는 모든 작용과도 엮일 수 없는 까닭에, 지구상에 있는 것들의 진보, 즉 자연의 과정은 연속적 연쇄로 반드시 진행되는 시간의 제한을 받을 수 없다.[34]

허턴은 논의를 계속해서 이어나가며 "지구를 화학적이면서 기계적

---

[33] Stephen Jay Gould, *Time's Arrow, Time's Cycle: Myth and Metaphor in the Discovery of Geological Time* (Cambridge, Mass.: Harvard University Press, 1987), 86-91: [국역본] 스티븐 제이 굴드, 『시간의 화살, 시간의 순환: 지질학적 시간의 발견에서 신화와 은유』, 이철우 옮김(아카넷, 2012).

[34] James Hutton, *Theory of the Earth*, e-version on Project Gutenberg, (1792) 2004, https://www.gutenberg.org/ebooks/12861.

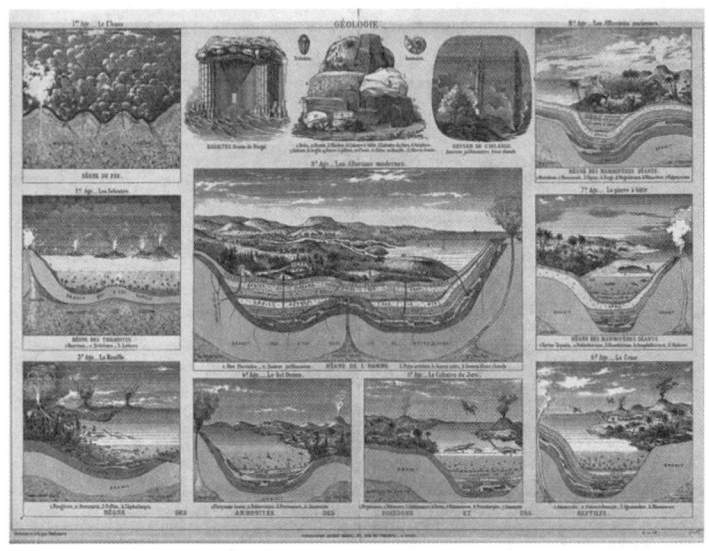

그림 4
지구의 나이와 돌의 세부 유형으로 지질을 시각화한 그림. 베스몽의 채색 석판화, 1911, 런던의 웰컴 도서관Wellcome Library.

인 원리로 구성된 기계"로, 동시에 손상과 재건을 반복하는 조직된 신체로 간주한다. 허턴은 지구를 주기와 변이로 보는 관점과 이론을 제안한다.

그의 이론은 지구가 항구적인 복구를 자체적으로 꾀하고 있는 중이라고 가정했다. 그는 이 개념을 근본적인 주기에 기반을 두었다. 현재의 대지 침식은 침식된 알갱이(혹은 죽은 해양 유기체)의 해저에 퇴적되고, 이어서 입자들이 고화해 퇴적암이 되고, 이어서 그 바위들이 융기해 새로운 대지가 되고, 이어서 새로운 대지에 침식이 이루어지고, 이어서 완전한 주기의 반복이 이루어지고, 그 과정이 계속된다. 허턴은 화산을 유발하는 현상인 지중열地中熱이 엄청나게 중요하다고 깨달은 첫 번째 인물이기도 하다. 그는 지중열이 이전에 수중 아래 있었던 대지를 융기하는 핵심이라고 주장했다.[35]

나중에 나온 라이엘의 고전 지질학 이론은 지질학 대 역사학의 경계 사이를 한층 더 분명하게 설명한다.[36] 라이엘은 허턴이 가정하는 주기적인 심원한 시간을 지구의 급진적인 시간성을 이해하는 연구

---

35   Jack Repcheck, *The Man Who Found Time: James Hutton and the Discovery of the Earth's Antiquity* (New York: Basic Books, 2009), 8: [국역본] 잭 렙체크, 『시간을 발견한 사람: 제임스 허턴』, 강윤재 옮김(사람과책, 2004).
36   Charles Lyell, *Principles of Geology* (London: John Murray, 1830), 1-4. 온라인본, http://www.esp.org/books/lyell/principles/facsimile/.

수단으로 삼았다. 분명 그는 허턴과는 다르게 변화에 관심을 가졌지만,[37] 이 역사성에는 인간의 해석학적 세계에 초점을 맞춘 신생 역사 분과학문과는 다른 질서가 여전히 존재한다. 자연과 도덕에 관한 서로 다른 지식 형성은 시간 질서의 서로 다른 두 가지 다른 양식에 관한 맥락이 되기도 한다. 인간사의 시간은 지질학적 시간과는 다른데, 여기서 지질학적 시간은 유기물과 비유기물의 경계를 가로질러 삶에 영향을 미치는 급진적인 역동적 힘이라고 주장된다. 그렇지만 근대적 제도에서는 인간을 넘어서는 (진화 과학의) 지질학적, 생물학적 지속에 관한 관심이 확대되고 있었음에도 그 둘을 계속 분리할 필요가 있었다. 최근에는 페미니즘적 존재론에 진화론을 통한 열린 결말 되기라는 찰스 다윈의 시간적 존재론을 연결한 창의적 문화 이론의 고무적인 설명을 목격하게 되었다.[38]

로지 브라이도티를 비롯한 영향력 있는 사상가들은 인류세 논의를 지구 중심의 거시적 관점과 연계하여 주체성, 공동체, 정치적 배속attachment의 근본 개념들을 재고하도록 한다. 그러나 브라이도티에게 그 개념은 기술공포증technophobia과 지구에 전체론적이고 향수 어린 환상을 품는 것을 배격하기와 함께, 포스트식민주의 및 페미니즘 의제의 차원에서 진행되고 있는 분투와도 연관된다. 혹자는 시간의 존재론을 급진화하는 시도의 일부가 허턴과 라이엘에 의

---

37 Gould, *Time's Arrow, Time's Cycle*, 167, 150-155.
38 Elizabeth Grosz, *Becoming Undone: Darwinian Reflections on Life, Politics, and Art* (Durham, N.C.: Duke University Press, 2011).

해 일찍이 시작되었다고 주장할 수도 있을 것이다.[39] 성서적 제약을 넘어선 시간인데도 라이엘과 더불어 동일과정설uniformitarianism[40]이라는 궁극의 수사법으로 이끌었던 거대한 주기에 대한 관점과 연관되어 있다는 점에서다.[41]

그러나 동시대 문화 이론 및 미디어 이론에서는 시간을 한층 더 급진적이고 비선형적으로 설명하기 위해 허턴과 라이엘의 이론을 둘 다 견고한 기반으로 삼을 수는 없다. 그것들은 성서적 시간을 대체했을 수는 있지만 지구를 마치 역사적 변화 바깥에 있는 초월적 존재인 것처럼 이상하게 묘사했기 때문이다. 허턴에게는 이신론적 세계관이 있었고 그에게 세계란 완벽하게 설계된 기계였다.[42] 허턴의 지질 세계에서는 변화와 차이가 부재하며 주기적 시간현실temporeality 속에서 작용한다.[43] 그러므로 신흥 산업 체계 시기[18세

---

39 Repchek, *Man Who Invented Time* 참조. 렙체크는 허턴을 중요한 발견자로 보았지만 허턴의 독창성에 주목하는 담론 일부는 제한된 성서적 규모의 기독교적 세계관과 꼭 연관되지는 않은 초창기 지질학적 연구를 간과하고 있다. 게다가 역사서술학에서 현대적 시간의 발명은 열려 있고 급진적인 다른 미래에 대한 발상을 가능하게 하는 다소 상이한 경로를 따르기도 한다. Reinhart Koselleck, *Futures Past: On the Semantics of Historical Time*, trans. Keith Tribe (New York: Columbia University Press, 2004), 240-243 참조.
40 [편집자] 동일과정설은 과거의 자연환경에 작용했던 과정이 현재의 자연현상과 같을 것이라고 가정하는 지질학 이론을 말한다.
41 Gould, *Time's Arrow, Time's Cycle*.
42 Martin J. S. Rudwick, *Bursting the Limits of Time: The Reconstruction of Geohistory in the Age of Revolution* (Chicago: University of Chicago Press, 2005), 160. 허턴의 세계는 우연을 허용하지 않고 질서 있는 우주라는 자연신학적 관점에 머물러 있다.
43 Gould, *Time's Arrow, Time's Cycle*, 87.

기]에 애덤 스미스의 '보이지 않는 손'이라는 자본주의 개념이 허턴에게서 영감을 받은 것이라는 사이먼 셰이퍼의 지적은 타당하다.[44] 스미스와 허턴 둘 다 경험적 세계를 다스리는 보편 법칙을 믿었던 것으로 보인다. 당연히 거기에 내재된 주기성은 침식과 재건을 바라보는 유익한 관점을 제공한다. 칠린스키에게 지질학적 은유는 기술 문화를 탐구하는 방법이지만 허턴에게 지구 행성은 기계다. 이 기계는 허턴의 시대에 증기의 팽창 원리에 기반을 둔 증기기관, 주로 뉴커먼Newcomen 기관을 모델로 한 것이었고, 그러니까 그는 증기기관에서 직접적인 영감을 받아 지표면의 융기를 착안했던 것이다.[45] 또한 그 기계는 유기적 통합체이자 주기적 재건이 특징이며, 중심부에서 열을 공급한다.[46]

이러한 발상들은 흙이라는, 생명을 가능하게 하는 미디어를 통해 작동하는 지구의 심원한 시간을 다양하게 시각화하는 데 영감을 주었다. 더 깊은 곳에 있는 지층과, 화석을 포함한 그 잔존물의 층도 시간을 시사한다. 즉 지구 행성이 시간적 과거의 심도에 따라 구축되었다는 것이다. 이 층들은 동물과 인간의 삶뿐 아니라 생산의 산업 체계와 인간 문명의 기술 문화 또한 구축한다. 그러나 칠린스키도 바로 이 지점에서 출발했다. 역설적으로 허턴의 영감(그가 당시 이 주제를 연구하던 이론가 중 한 명에 불과했다는 사실을 기억해

---

44 Simon Schaffer, "Babbage's Intelligence," http://www.imaginaryfutures.net/2007/04/16/babbages-intelligence-by-simon-schaffer/.
45 Rudwick, *Bursting the Limits of Time*, 161.
46 같은 책, 159-162.

야 한다)은 산업 공장 체계의 보편화 및 표준화 논리로 나아가며, 또한 변종학variantology에 대한 칠린스키의 정확히 반대되는 설명으로 나아가지만, 이는 스티븐 제이 굴드와는 결이 다른 것이었다. 실제로 칠린스키는 굴드를 통해 변종학이라는 지질학적 발상이 미디어아트의 역사와 미디어 분석에 어떻게 일조하는지 아주 상세한 설명을 도출해 냈다.

그렇게 하려면 칠린스키는 허턴과 갈라서서 지질학과 고생물학을 동시대적으로 독해하는 것으로 나아가야 했다. 칠린스키는 변이의 개념을 강조하는 굴드의 고생물학적 설명과 발상을 채택했다. 칠린스키는 미디어 문화의 진보를 비판하는 적절한 설명을 굴드의 『시간의 화살, 시간의 순환Time's Arrow, Time's Cycle』에서 찾은 것이다. 칠린스키는 굴드의 독자로서 심원한 시간이라는 양적 개념이 세계를 선형적으로 상상하는 진보의 신화를 비판하게 만드는 질적 특징으로 쇄신된다는 점에 주목했다. 칠린스키와 굴드 모두 지구든 미디어든 그 우주론적 그림에서 신성을 버려야 할 필요성을 발견했다. 신성 대신, "낮은 곳에서 높은 곳으로, 간단한 것에서 복잡한 것으로" 선형적으로 진보하는 환상을 재생산하지 않는 이미지, 은유, 도상을 개발해야 한다.[47] 다양성이 다시금 강조되어 지나치게 깔끔히 쌓인 역사적 층위들을 대신한다.

우리는 지질학적 논쟁에 너무 깊이 들어가지 않으면서도, 굴드의 설명이 어떻게 그 자체로 동일과정설에 맞서는 주장에 근거하고

---

47 Zielinski, *Deep Time of the Media*, 5.

있는지 알 필요가 있다. 굴드의 '단속평형설punctuated equilibrium'은 다양한 지질학적, 진화론적 관점에서 오랫동안 지속되었던 균일한 진화의 연속성이라는 잘못된 가정에 맞서는 주장이다. 그것은 라이엘의 관점을 다윈의 믿음만큼 담고 있다.[48] 굴드는 공동 저자 나일스 엘드리지와 함께 1970년대 초반부터 일련의 주장과 학술적 논의를 개진했고, 거기에는 화석 기록에 새롭게 접근하는 방법과 함께 지질의 시간적 존재론의 또 다른 이해가 담겨 있었다.[49] 간단히 말하자면 지질의 기록에서 느린 진화의 변화를 읽을 수 있다는 관점에 맞서, 때때로 간극과 누락된 부분을 수반하는 이 '아카이브'에 다르게 접근해야 한다는 내용이다. 그런데 전송과 기록 과정이 지구 자체 내에 존재했고 그것이 해석되기를 기다리는 방대한 도서관이라는 상상은 이미 19세기에 시작되었다.[50] 그러나 단속평형 개념은 화석 기록이 변화와 진화의 항구적이고 균일한 속도 대신에 느리기도 하고 급작스럽기도 한 서로 다른 변화 속도를 보여줄 수 있다고 제안한다. 종의 분화 및 변이 과정은 반드시 단일한 속도로 일어나지 않으며, 그보다는 특정 방식으로 진화가 이루어진 특이점들로 점철된 다중 시간적 혼재에 가깝다.

---

48 Stephen Jay Gould, *Punctuated Equilibrium* (Cambridge, Mass.: Harvard University Press, 2007), 10.
49 Niles Eldredge and Stephen Jay Gould, "Punctuated Equilibria: An Alternative to Phyletic Gradualism," in *Models in Paleobiology*, ed. T. J. M. Schopf (San Francisco: Freeman Cooper, 1972), 82–115.
50 Peters, "Space, Time, and Communication Theory."

이 간결한 상술은 지질학에서 시간에 대한 또 다른 이론적 이해를 제시하려던 굴드와 엘드리지의 설명에 이미 폭넓은 과학적 입장들이 담겨 있었음을 드러낸다. 칠린스키에게 그것은 우리가 듣고 보는 수단들을 변형하고 조작하고 창조하고 재창조하는 방법에서 심원한 시간 개념과 결부된 미디어고고학을 이해할 수 있게 해주었다. 칠린스키는 발명가를 구심점에 놓고 미디어적 욕망으로 추동된 장치, 발상, 해결책의, 영감을 북돋는 심원한 시간을 소개했다. 그는 스스로도 이 접근법이 낭만적이기도 하고 역설적으로 인간 영웅에 집중되어 있다고도 인정했다. 책의 내용은 (4원소론으로 잘 알려진) 엠페도클레스, 아타나시우스 키르허 같은 인물, 그리고 예컨대 《전보 혹은 원격 타자기The Telegraph or the Tele-Typewriter》를 주제로 단막 오페라를 작곡했던) 요제프 후디가 오페라에 품었던 꿈과 18세기 후반 그가 개발했던 초창기 시청각 전신 시스템 등이 담겨 있다. 또 아편에 절은 얀 에반젤리스타 푸르킨의 미디어 욕망도 포함하고 있다. 푸르킨은 19세기 초 체코 출신의 인물로, 신체가 그 자체로 창조적 매체가 될 수 있을지 살피기 위해 자신의 몸을 다양한 약물 및 전기 기반 실험에 사용했다. 이러한 사례들을 통해 주류 바깥의 미디어 문화에 있는 대안적인 심원한 시간의 지층을 정의하는 변이와 마주하게 된다. 이 변종학은 놀라움과 차이의 반고고학anarchaeology을, 그리고 가능한 미래의 또 다른 면을 드러내는 미디어 문화의 과거기 비균일하다는uneven 반고고학을 제안한다. 칠린스키의 시도는 또 다른 미래를 능동적으로 발명하도록 고무하는 "미래의 고고학"[51]에 관한 상상과도 비슷하다.

칠린스키의 방법론은 일반적인 고생물학의 차원에서 흥미로운 역설을 제공한다. 심원한 시간이라는 은유는 미디어아트의 역사에서 서로 다른 시간과 공간으로 이어지는 통로 역할을 한다. 심지어 이 용어는 심원한 미디어 역사의 이면을 드러내기 위해 오로지 불규칙하게만 표면으로 올라오는 숨은 흐름들이 존재하는 더 어두운 지하를 암시한다.[52] 그 흐름들은 칠린스키가 미디어 변종학에서 추구하는 의미에서의 변이를 제공한다. 미디어는 단순한 것에서 복잡한 것으로 진보하지 않으며, 예측을 위한 청사진은 존재하지 않는다는 것이다. 그리고 우리는 표준화에 집착하는 '미디어 정신병 psychopathia medialis'[53]을 배격하고 다양성을 고양하기 위한 변이의 지점들을 찾아야 한다. 보전이 아니라, 현재-미래들present-futures 속에 살아 있는 과거 기술 문화유산 전략으로서의 능동적인 다양화를 시사하려는 의도에서다.[54]

---

51 Fredric Jameson, *Archaeologies of the Future* (London: Verso, 2005).
52 Alexander R. Galloway, Eugene Thacker, and McKenzie Wark, *Excommuni-cation: Three Inquiries in Media and Mediation* (Chicago: Chicago University Press, 2013), 139 참조.
53 [편집자] '미디어 정신병(psychopathia medialis)'은 칠린스키가 엔터테인먼트로 이해되는 자본주의 미디어 문화를 특징짓는 미디어 관행과 담론을 동질화하려는 충동을 가리키기 위해 주조한 용어로, 이것이 모든 미디어 역사적 상황과 사건의 복잡성을 은폐시킨다고 본다.
54 칠린스키는 『변종학Variantology』 연작서와 2013년 영어판으로 출간된 『… 미디어 이후』에서 이 논의를 계속 이어간다. Siegfried Zielinski, *[… After the Media], trans.*

그것은 흥미롭긴 하지만 나는 칠린스키의 은유가 지닌 보다 구체적인 지질학적 함의에 주목하기를 조심스럽게 제안하고 싶다. 이론적 안전모를 쓰고 심원한 시간을 시간성과 지질학적 물질성의 개념으로 모두 사용해 본다면 실제로 더 많은 것을 발견할 수 있을 것 같아서다. 이렇게 심원한 시간을 쇄신해서 사용했을 때, 미디어 유물론 관련 논의, 그리고 지구의 금속과 광물에 의존하는 동시대 미디어 문화의 정치지질학political geology 관련 논의로 돌아가는 개념과 연결되는 변이를 제시할 수 있을 것 같다. 그러므로 허턴을 포함해 당대 지구 연구자들이 점차적으로 체계화했던 지구 시간은 우리의 관심 대상인 미디어 시간을 지속시킨다. 환언하자면, 후대의 미디어아트 역사 이론에서 시작점이 되었던, 허턴의 지구 시간에 관한 열기관 우주론heat engine cosmology[55]은 우리가 인류세의 맥락에서 재차 강조되어야 하는 다른 양상들을 암시적으로 포함한다. 우리의 미디어 기기와 디지털 문화의 정치경제가 에너지(클라우드 컴퓨팅은 여전히 탄소를 대량 배출하는 에너지 생산 방식에서 대규모 전력을 공급받는다)[56] 및 물질 자원(금속, 광물, 각종 정제 및 합성

Gloria Custance (Minneapolis, Minn.: Univocal, 2013).

[55] [편집자] 허턴은 지구 내부가 뜨겁고 이 열이 새로운 암석이 생성되는 원동력이며, 땅은 공기와 물에 의해 침식되어 바다에 지층으로 퇴적되고 열이 퇴적물을 굳혀 돌로 만들어 새로운 땅으로 융기시킨다고 제안했다.

[56] 네트워크 컴퓨팅과 데이터센터의 정확한 소비량 수치는 탄소를 많이 배출하는 에너지 의손 수치와 마찬가지로 편차가 크다. Peter W. Huber, "Dig More Coal, the PCs Are Coming," Forbes, 1999년 5월 31일. Duncan Clark and Mike Berners-Lee, "What's the Carbon Footprint of … the Internet?," The Guardian, 2010년 8월 12일, http://www.theguardian.com/. Sean O'Halloran, "The Internet Power Drain," [링크 유

성분)에 의존하고 있는 것과 비슷하게 지구 기계 역시 지구의 에너지원으로 살아가고 있다. 지구는 변이의 기계이며 미디어는 변이에 의해 살아간다. 하지만 둘 다 에너지를 필요로 하는 기계이며 동역학적 피드백 루프feedback loop로 서로 연동되어 있다. 전자 폐기물은 미디어가 지구의 역사와 미래화석 시대에 되먹임을 가하는 한 가지 예시다.

칠린스키의 주장이 제기하는 문제는 이렇다. 장치, 사용자, 욕망, 표현, 그리고 사회질서와 보고 듣는 수단을 처리하는 상이한 방법의 설계에 관한 미디어 변종학적 설명 외에도, 또 다른 심원한 시간이 존재한다는 것이다. 이 [심원한 시간이라는] 대안은 지질적 지층화로 되돌아간다는 의미에서, 그리고 챌린저 교수처럼 살아 있는 지반을 깊이 파는 굴착으로 되돌아간다는 의미에서 보다 직접적이다. 18-19세기부터 지질학적 관심이 추후 '심원한 시간'이라는 용어를 만들어냈지만, 지질학과 지구 자원에 대한 새로운 파악이 이 창발적 인식론에서는 정치경제적 기능이었다는 사실을 이해해야 한다. 여기서 고고학적, 지질학적 지식을 둘러싼 관심이 지구를 새로운 연결의 일환으로 보여주는 심원한 시간의 또 다른 면모를 드러낸다. (디드로와 달랑베르의 『백과사전』(1768) 6권의 「광물의 양 또는 광맥, 그리고 방위Mineral Loads or Veins and Their Bearings」에서처럼) 지질 표본을 통한 지구의 지식과 그로 인해 새롭게 이해된 역사는 미학과 과

실됨]. *Business Spectator*, 2012년 9월 6일, http://www.businessspectator.com.au/article/2012/9/6/technology/internet-power-drain.

학의 새로운 관계를 의미했다. 이 관계는 새로운 가치 추출법에도 유용하다. "18세기의 고고학적, 호고好古적 활동의 결과로 지구는 지각적perceptual 깊이를 새롭게 획득했다. 이는 자연을 내재적 역사로서, 그리고 지구의 물질을 정확히 고고학적 유물처럼 채취될 수 있는 자원으로서 개념화하는 것을 가능하게 했다."[57]

미디어 이론에서 심원한 시간은 서로 관련된 두 방향으로 나뉜다.

1. 지질학은 디지털 미디어를 물질적으로 복잡하고 정치적, 경제적으로 매개된 생산 및 과정의 영역으로 존재하게 만드는 행동 유도성, 즉 지구와 미디어 기술을 연결하는 금속 물질성을 의미한다.
2. 이 대안적 설명에서 심원한 시간 같은 시간성들은 침식과 재건이라는 비인간적 지구 시간뿐만 아니라 환경 위기의 외설성—또는 이것을 한마디로 표현하자면 **인류외설**—이라는 현재의 인류세와 구체적으로 연결되어 있다고 이해될 수 있다.

심원한 시간성들[58]은 미디어 이론의 궤도로 확장한다. 그러한 발상

---

57 Amy Catania Kulper, "Architecture's Lapidarium," in *Architecture in the Anthropocene: Encounters among Design, Deep Time, Science, and Philosophy*, ed. Etienne Turpin (Ann Arbor, Mich.: Open Humanities Press, 2013), 100. 루이스 멈퍼드가 광산을 기술적으로 이해한 것도 마찬가지로 중요하다. 그는 광산을 현대 기술에서의 특정한 초기 단계를 결정화한 장소로서 강조한다. "광산은 사실 17세기의 물리학자가 구축했던 개념적 세계가 구체화된 모델에 다름없다." Williams, *Notes on the Underground*, 22에서 재인용.
58 최근 미디어 이론과 문화 이론은 시간성의 개념을 가장 흥미로운 방식으로 다시 채택

과 실천은 미디어 이론을 통상적인 범주 바깥으로 밀어내어, 먼저 미디어가 물질적으로나 정치적으로 미디어가 되는 더 광범한 환경을 보게 한다. 그것은 우주학, 과학, 미디어에 관한 더럼 피터스의 사변적 질문과 관련이 있다. 그는 천문학과 지질학을 일종의 미디어 학문으로 이해할 수 있다고 했고, 이를 역사적으로 간략하게 짚었다.[59] 더럼 피터스의 이러한 사상을 이어받아 지구물리학을 미디어 기술 문화의 영점으로 발전시킬 수 있다. 지구는 미디어를 발생시키고, 미디어의 환경 부하를 감당한다. 따라서 미디어의 지질학이라는 관점은 지구와 지구의 자원으로 확대된다. 이 관점은 비유기물의 미디어 생태계를 소환하며, 매슈 풀러가 언급한 "대량의 기생체로서의 미디

했다. 미디어고고학에서는 [복수의] 시간성들을 비서사와 비인간 기반의 이해로 펼친다. 에른스트의 미시시간성(microtemporality)이 그 예시다. 그는 이 개념이, 미디어가 인간의 감각으로는 접근할 수 없는 속도로 현실을 생산하는 방식의 존재론적 토대를 정의한다고 보았다. Wolfgang Ernst, *Chronopoetik: Zeitweisen und Zeitgaben technischer Medien* (Berlin: Kadmos, 2013) 참조. Ernst, "From Media History to Zeitkritik," trans. Guido Schenkel, *Theory, Culture, and Society* 30, no. 6 (2013): 132–46도 함께 참조. 비슷하게 마크 한센의 최근 저작은 미디어 이론적 어휘를 의식적인 지각이 아닌 다른 감각 영역에 속한 것으로 보는 것의 필요성을 말한다. 한센은 화이트헤드의 영향을 받은 관점에서, 현재의 유비쿼터스적 디지털 미디어 문화와 인간 감각으로 접근할 수 없지만 인간의 일부가 된 속도를 다루는 충분히 발전된 접근법을 찾기 위해 현상학적 한계를 지적했다. Mark B. N. Hansen, *Feed Forward: On the Future of the Twenty-First Century Media* (Chicago: University of Chicago Press, 2014) 참조. 또 다른 규모에서는 기후적, 지질학적 시간 규모의 지속성을 다루어야 한다. 지질학에 관한 이 책 외에도, 멸종, 자연의 이상한 시간성, 자연의 지식에 관한 클레어 콜브룩의 글을 참고할 수 있다. Claire Colebrook, "Framing the End of Species," in *Extinction: Living Books about Life* (Ann Arbor, Mich.: Open Humanities Press, 2011), http://www.livingbooksaboutlife.org/books/Extinction/Introduction.

59 Peters, "Space, Time, and Communication Theory."

어 생태학"⁶⁰과 '행동유도성'을 취한다. 그러나 미디어 생태계 자체는 생물학적-기술적-지질학적인 것의 연속체를 야기하는 다양한 프로세스 및 기법에 따라 유도된 것이다.

물질에 관한 미디어 역사: 금속 스크랩에서 좀비 미디어까지

이 책 전체에 걸쳐 나는 미디어 기술의 물질성을 이야기하는 방법에 대한 대안적 설명을 다루고 있다. 한쪽 측면에서는 구체적인 생태 위기와 다시금 결부시켜 미디어 기술의 폐기로 인해 늘어나는 쓰레기 문제를 인정한다. 또 다른 면은 에너지와 전력에 관한 것이다. 일례로 클라우드 컴퓨팅은 이산화탄소를 대량 발생시키는 재생 불가능한 에너지에 여전히 의존하고 있다.⁶¹ 사실 내가 대안적인 심원한 시간으로 다루고자 하는 것은 인류세의 근본적인 의미에서 지질학과 연관되어 있다. 크뤼천의 원래 취지는 인류세를 토양 속 질소 비료와 대기 중 산화질소, 이산화탄소와 해양의 상태, 광화학 스모그에서 지구온난화에 이르는 다양한 영역의 횡단적 지도로서 제안하는 것이었다. 이미 크뤼천은 인류세를 지질학적인 것 이상으로 확장해서 이해하기 시작했던 것이다. 인류세는 크뤼천의 최초의 정의에서 지구에서의 생활 조건에서 일어난 급진적인 변화를 탐구하는 개념으

---

60 Fuller, *Media Ecologies*, 174.
61 Sean Cubitt, Robert Hassan, and Ingrid Volkmer, "Does Cloud Computing Have a Silver Lining?," *Media, Culture, and Society* 33 (2011): 149-158.

로 바뀌었다.

말하자면 인류세는 (독일 미디어 철학자 에리히 회얼이 들뢰즈를 인용해 제안한 대로) 초학제적transdisciplinary 문제의 범위를 가늠하는 개념이다. 그러면 그 문제는 무엇인가? 회얼의 제안은 중요하다.[62] 그는 인류세를 기술의 상황으로 인해 제기된 특정 질문에 응답하는 개념으로 발전시켰다. 이는 환경적 양상을 다루기는 하지만 기술과 완전히 연동되어 있다. 그 개념과 개념으로 다루어지는 대상은 기술 조건이 닦달하는 틀로 둘러싸여 있는데, 우리는 인문학적 도구와 개념적 무기를 써서 그에 대한 이해를 한층 더 심화해야 한다. 바로 이 지점에서 미디어의 지질학은 화학류의 물질 및 금속류의 물질과, 진행 중인 전 지구적 디지털 경제 담론에 속한 미디어 기술의 정치경제학 및 문화적 영향 사이를 잇는 개념적 가교의 역할을 한다.

인류세는 근본적으로 환경과 관련된 개념이 되었다. 그러나 그것은 순수한 "자연"이 아니라 "기술 조건"[63]으로 이해되고 정의되는 환경성을 의미한다. 환경적인 논의는 [처음에는] 자연적인 생태가 중심이었지만 곧 기술에 관한 물음, (인간 중심 세계관을 비판하는) 주체성과 행위성 개념, 비인간을 사회관계의 구성 요소로서 논할 수

---

[62] Paul Feigelfeld, "From the Anthropocene to the Neo-Cybernetic Underground: An Conversation with Erich Hörl," *Modern Weekly*, Fall/Winter 2013, 온라인 번역본 http://www.60pages.com/from-the-anthropocene-to-the-neo-cybernetic-underground-a-conversation-with-erich-horl-2/. [링크 유실됨. 다음 참조. http://www.hochstelltaste.de/from-the-anthropocene-to-the-neo-cybernetic-underground-a-conversation-with-erich-horl-2/].

[63] 같은 글.

없는 합리성에 대한 비판과 서로 얽힌 것으로 확장했다. 인류세는 지질학이 오로지 우리 발아래의 땅만 가리키는 것이 아님을 입증하는 방법이다. 사회적, 기술적 관계와 환경적, 생태학적 현실 또한 지질을 구성하는 요소다. 지질학은 금속과 광물이 그 자체로 이동하게 된 구체적인 방법으로 탈영토화되어, 기술의 이동성을 가능하게 한다. 여기서 디지털 미디어 기술에서의 콜탄의 역할 등을 언급하며 우리가 아프리카에서 온 작은 조각들을 주머니에 넣고 다닌다고 쓴 벤저민 브래튼의 글은 가장 적절한 예시다.[64] 그리고 시각예술가 패글런은 인공위성 잔해로 형성된 우주 쓰레기 공전층을 지구의 지질학과 인류세가 바깥으로 뻗친 범위로 보았다(5장의 〈최후의 사진들〉 작품 설명 참조).

게다가 건축 연구 및 설계 플랫폼인 매몰리스Mammolith의 말에 따르면, 아이폰은 아프리카 외[의 세계 곳곳]에도 지구 자원에서 추출되고 다양한 인프라의 조력으로 만들어진 '지질 추출물'이다. 우리가 지니고 다니는 그 지질 조각들이 전부 아프리카산은 아니다. 알래스카의 레드독 채굴장, 아연 광석에서 인듐을 추출하고 정제하는 캐나다의 트레일에서 온 물질도 있다. 그러나 그것들은 극히 일부에 불과하며, 물질을 점차적으로 미디어에 가깝게 바꾸는 현장은 "앞서 언급된 국가뿐 아니라 한국, 벨기에, 러시아, 페루 등 전 세

64　Benjamin Bratton, *The Stack* (Cambridge, Mass.: MIT Press, forthcoming); Michael Nest, Coltan (Cambridge: Polity, 2011).

계에 흩어져 있다."⁶⁵ 또한 죽은 미디어의 분석은 지구에서의 이러한 양상과 그 전 지구적 물류 및 생산과의 관계를 감안해야만 한다.

구체적으로 중국을 미디어 기술의 생산 및 폐기의 전 지구적 사슬의 일부 영토로 잠시 주목해 보자. 여기서 지정학적인 중국이란 무역과 노동의 국제정치 정세에 관한 것만은 아니며 이 점이 간과되어서는 안 된다. 다만 지정학에서의 지$_{geos}$, 즉 흙, 땅, 쓰레기도 생각하자는 것이다. 어떤 의미에서 대량 소비 기기, 그리고 로봇 미디어 고고학자가 [심원한 시간이 흐른 뒤] 발견할 미래화석 기록(미디어 문화에서의 미래화석에 관해서는 5장 참조)뿐 아니라 버려진 쓰레기로 귀결되는 물질 생산에 집중해 볼 수 있다. 호황을 맞은 도시 건물 계획과 산업 성장에서는 전자 폐기물, 일반적으로는 금속 스크랩이 모두 필요하기 때문이다.

애덤 민터의 저널리즘 책 『정크야드 플래닛Junkyard Planet』은 경질금속과 중노동에 관한 또 다른 이야기를 들려주며 금속 스크랩의 지질학이라는 관점으로 이 문제를 바라본다.⁶⁶ 중국은 전자 폐기물뿐 아니라 통상적으로 금속 스크랩의 주요 종착지다. 그 사실은 여전히 기술의 지질학으로 불릴 만한 것이 순환하는 상황에 대한 또

---

65 Rob Holmes, "A Preliminary Atlas of Gizmo Landscapes," *Mammolith*, 2010년 4월 1일, http://m.ammoth.us/blog/2010/04/a-preliminary-atlas-of-gizmo-landscapes/.
66 금속 스크랩, 기술, 중국을 구체적으로 살펴보려면 다음의 기사 참조. Adam Minter, "How China Profits from Our Junk," *The Atlantic*, 2013년 11월 1일, http://www.theatlantic.com/china/archive/2013/11/how-china-profits-from-our-junk/281044/. 기술 사회의 일부로서의 금속의 수명에 관해서는 다음의 글을 참조. Graedel et al., "On the Materials Basis of Modern Society."

다른 통찰을 제공한다. 중국의 물질 원료 수요는 엄청나다. 건물, 지하철, 공항 등 계속되는 국가의 주요 건설 계획의 일환에서 구리 스크랩, 알루미늄, 강철 등의 금속을 더 많이 생산(또는 재처리)해야 했다.

쇼핑몰 반대편에는 지하철이나 도보로는 보이지 않던 수십 채의 고층 건물이 사방에서 건설되고 있었다. 그 신축 건물들은 20-30층에 육박하며, 알루미늄 프레임으로 제작된 창문으로 덮여 있고, 내부 화장실은 황동과 함석 장식이 시공되어 있으며, 스테인리스강 가전제품과 (최신 기술에 능한 가족이 대상인) 알루미늄 소재로 마감된 아이폰과 아이패드가 구비되어 있다. 그도 그럴 것이 중국은 강철, 구리, 알루미늄, 납, 스테인리스강, 금, 은, 팔라듐, 아연, 백금, 희토류 화합물, 그리고 '금속'으로 분류되는 거의 모든 것의 소비량에서 세계를 선도한다. 그러나 중국은 내부적으로 금속 자원 부족에 시달린다. 일례로 2012년에 중국은 560만 톤의 구리를 생산했는데, 그중 275톤은 스크랩[을 재처리한 것]이었다. 그 구리 스크랩 중 70%는 수입산이었고 그 대부분이 미국에서 온 것이다. 즉 중국은 구리 공급량의 거의 절반에 달하는 양이 수입산 금속 스크랩이다. 이는 사소한 문제가 아니다. 금속류 중에도 특히 구리는 현대적인 삶에서 필수이기 때문이다. 구리는 전력과 정보의 전송 수단이다.

기술 문화를 더 크게 그려보는 것은 아이폰의 핵심 재료인 희토류 광물에 대한 우려 섞인 언급에만 한정되지 않는다. 이 큰 그림은 기술적 미디어가 마지막에 폐기되는 단계에서 그것의 지질학[전자 폐기물이 변화시킨 지질적 상황]을 드러내는 범위를 깨달을 때 확실해진다. (예를 들어 통신과 같은) 미디어의 물질적 역사는 전선에서 추출한 구리로 확장되는데, 즉 피복을 벗겨내면 값비싼 미디어 원자재가 담긴 작은 광산을 발견할 수 있는 것이다. 구리 채굴의 역사는 환경적으로 유해한 영향을 끼치는 것과 더불어 죽었다고 여겨지는 물건들을 재목적화하기 위해 전선을 다시 채굴하는 과정으로 확대된다. 민터의 서사에 따르면 물질로서의 재료의 기술사와 미디어의 물질적 역사는 사용use이라는 삶과 불용disuse이라는 죽음의 논리를 반드시 따르지는 않지만, 고철이 처리되는 [중국 광둥성] 포산시의 난하이 지구 같은 곳에서는 기술과 미디어의 물질이 결코 죽지 않는다.[67] 네트워크 인프라에는 정보 손실 보완을 목적으로 구리[동축 케이블] 대신 압출 성형된 유리나 플라스틱 같은 물질[광섬유 케이블]을 점점 더 많이 쓰지만, 유리 소재로 된 경량의 '투명한' 클라우드 컴퓨팅 문화에서도 구리는 완전히 사라지지 않았다.

가닛 허츠와의 공동 연구인 「좀비 미디어」(부록 참조)는 지구 행성에서 사라지기를 거부하는 '죽은 미디어'의 광범한 맥락과 그 영향을 다룬다.[68] 죽은 미디어는 금속 기술 통신에 기반을 둔 미디

---

[67] 같은 글.
[68] Garnet Hertz and Jussi Parikka, "Zombie Media: Circuit Bending Media Archaeology into an Art Method," *Leonardo* 45, no. 5 (2012): 424–430.

그림 5
2014년 4월 봄, 뉴멕시코 알라모고르도 지역에서 1983년에 대량으로 폐기 및 매장된 아타리Atari사의 게임들이 발굴되었고, 이는 '미디어고고학'의 한 형태로 널리 알려졌다. 여기에는 전자 폐기물과 게임 및 전자 문화의 잔여물을 쓰레기 더미에 투척하는 훨씬 큰 문제와 결부된 의미가 있다.

어 문화의 무거운 잔여물이다. 브루스 스털링의 연구를 바탕으로 우리는 적어도 두 가지 맥락에서 '구식 미디어 기술 및 장치의 산 주검적undead 성질'을 설명할 필요가 있다고 주장한다. [첫째] 미디어는 결코 죽지 않고 유독성 폐기물로 남아 있음을 기억하고, [둘째] 우리는 서킷 벤딩과 하드웨어 해킹 등의 실천적 사례가 시사하듯 그것을 새롭게 재목적화하고 재활용할 수 있어야 한다. 두 가지 맥락에 바탕을 둔 좀비 미디어를 보는 관점은 디지털 미디어에만 특정되지 않고 제이 골드버그 같은 설명과 소비적 욕망을 설계 관행과 연동한 더 넓은 미시정치적 입장에도 드러나 있다. 계획적 구식화는 하드웨어 해킹과 서킷 벤딩이 결합된 예술/해킹 작업물의 주제이며, 기술 대상과 시스템의 동시대 디자인에서 계속 이어지는 특징을 비판적으로 강조하는 뱅자맹 골롱의 '재활용주의Recyclism'가 그 한 가지 사례다. 마찬가지로 이러한 접근법은 버려진 하드웨어라는 현안을 다룬다. 기능 장치 중에서도 사후에 적절히 취급되지 않는 스크린, 이동전화, 전자기기, 컴퓨터가 수억 대에 달한다. 2009년 미국 환경보호청의 통계에 따르면 사후 처리가 예정된 2.37톤의 전자제품은 "1999년과 비교해 120%의 증가율"을 보였다.[69] 이제까지 주요 유형은 스크린 기술과 관련된 것이었지만, 현재 부상 중인 모바일 기술이 곧 (2009년 기준으로 사실상 불과 25%만 처리 및 재활용되

---

69   U.S. Environmental Protection Agency, "Statistics on the Management of Used and End-of-Life Electronics," 2009, http://www.epa.gov/osw/conserve/materials/ecycling/manage.htm.

기 위해 수거되었던) 이 죽은 미디어 더미에서 더 큰 부분을 차지하리라고 무난하게 예상해 볼 수 있다. 가동되는 전자제품의 연간 폐기 규모는 제1자연, 제2자연, 제3자연이 서로 얽혀 있는, 지질학적으로 유의미한 더미의 한 종류다.[70] 첨단 디지털 기술에서 통신의 벡터는 제1자연과 직접적인 관련이 있고 또 제1자연에 영향을 준다. 이러한 사실은 고속 통신 트랜잭션transaction[71]에 기댄 동시대적 의존성이 하드웨어에도 마찬가지로 일어나고 있다는 사실을 환기시킨다. [서로 영향을 주고받는] 통신 사건은 미디어의 지질학적인 더 광범한 양상으로 이어진다. 여기에는 폐기된 기술과 납, 카드뮴, 수은, 바륨 등의 유해물질로 구성된 기술이 포함된다.

국가적 기구, 초국가적 기구, 민간 기구는 점점 더 미디어와 정보기술의 미래가 '잔디 아래below the turf' 있다고 여겨야 했다. 이것은 전자 폐기물의 정책과 실천을 초미의 관심사로 보는 것, 동시에 공급을 보장해 줄 원재료 채취와 물류 계획을 수립하는 것 둘 다를 의미한다. 앞서 중국의 금속 스크랩에 관해 짧게 언급했듯이, 일반적인 채굴 행위가 미래의 미디어의 지질학으로 향하는 유일한 경로로 간주되지만은 않는다. 어떤 경우든 미래의 미디어 지정학(이자 지구물리학적 정치학)은 중국, 러시아, 브라질, 콩고, 그리고 원재료의 핵심 생산지, 예컨대 남아프리카를 중심으로 돌아갈 것이다. 그것은 정

70　McKenzie Wark, "Escape from the Dual Empire," *Rhizomes* 6 (Spring 2003), http://www.rhizomes.net/issue6/wark.htm.
71　[옮긴이] 컴퓨터 시스템으로 데이터를 전송하고 가져오는 고유의 네트워크 방식.

보기술의 물질성이 땅과 땅 아래에서부터 시작된다는 깨달음으로 이어진다. 시추 기법으로 지각은 한없이 아래로 열렸다. 그렇게 깊어진 심도는 미디어권mediasphere에서 암석권lithosphere으로 이행하는 통로의 특징을 띤다. 수요가 급증한 주요 물질 자원은 지각 아래 더 깊은 곳으로 내려가야 하거나 접근하기 어려운 지역에서만 발견된다. 해저에서의 석유 시추가 그 예이고, 경우에 따라서는 특수한 환경과 심도를 전제로 시추가 가능하기도 한다. 그 사례로, 브라질 연안의 투피Tupi 심해유전은 1.5마일의 수심과 그로부터 2.5마일 더 내려간 압축된 소금과 모래, 암석 아래에 있다.[72] 또 암석 천공 및 파쇄, 아니면 증기 주입 공동空洞 배수steam-assisted cavity drainage의 신공법이 개발되었다. 그리고 중국 등의 국가가 주도하여 심해 채굴이 이루어지고 있다. 그 외에도 열거할 사례들은 많다 셰브런Chevron 같은 기업은 석유와 광물을 탐사할 목적으로 해저 수천 피트 심도로 채굴했던 기록을 과시한다.[73] 갑자기 어떤 장면이 떠오른다. 바로 이 장의 앞부분에 나와서 익숙한, 살아 있는 지각 내부로 더 깊게 파고드는 챌린저 교수의 탐색이다.

    심도는 시간의 지표만 되는 것이 아니다. 그것은 하이데거의 상

---

72 Klare, *Race for What's Left*, 12.
73 "Chevron Announces Discovery in the Deepest Well Drilled in the U.S. Gulf of México," 보도자료, 2005년 12월 20일, http://investor.chevron.com/. 현재 최장대 유정은 페르시아만 중부 바다에 있는 알샤힌 유전(12,290미터 깊이), 12,376미터 깊이에 달하는 오호츠크해 사할린섬의 바다에 있다. 엑손 네프트가스 유한회사(Exxon Neftegas Ltd)가 사할린섬의 유정을 담당했다.

비자원 개념의 본질적 의미에서 자원이기도 하다. 기술은 자연을 자원으로 전환시킬 수 있는 방식으로 드러낸다. 나무, 강, 숲길에 관한 글을 썼던 하이데거는 라인강이 횔덜린의 시적 대상에서 새로운 수력발전소 배치의 영향을 받은 기술적 구성물로 탈바꿈했다고 보았다. 에너지 문제는 강을 정의하는, 하이데거식으로는 강을 변형하는 방법이 되었다.

현대의 기술을 속속들이 지배하고 있는 탈은폐는 도발적 요청이라는 의미의 닦아세움Stellen의 성격을 띠고 있다. 이 도발적 요청은 자연에 숨겨져 있는 에너지를 채굴하고, 캐낸 것을 변형시키고, 변형된 것을 저장하고, 저장된 것을 다시 분배하고, 분배된 것을 다시 한번 전환해 사용함으로써 이루어진다. 채굴하다, 변형하다, 저장하다, 분배하다, 전환시키다 등은 탈은폐의 방식들이다.[74]

변형에 관한 이 개념은 금속과 광물이 기술과 미디어의 맥락에서 동원된 기술적 배치를 이해하는 주요 방법이 된다. 기술은 지질이 미디어 자원으로 전환된 새로운 실용적, 인식론적 영역을 구성한다. 마찬가지로 지질학 자체도 기술적으로 조건화된 논쟁적인 연구 대상으로, 그리고 우리가 자연의 광범한 동원을 이해하는 데 활용할 수 있는 개념으로 변모한다. 또한 지질학은 심원한 시간의 쟁점을

---

74 Heidegger, *Question Concerning Technology*, 16: [국역본] 하이데거, 『강연과 논문』, 23.

단순한 과거의 시간적 문제에서 멸종, 오염, 자원 고갈이라는 미래의 문제로 변형시켜, 일련의 거대한 연쇄적 사건 및 상호연관된 문제, 즉 미디어 기술 화석에 대한 미래의 풍경을 촉발한다(5장 참조).

미디어의 지질학, 그리고 지질학/금속의 미디어에서 일어나는 이러한 변형은 두 방향으로 작용한다. 이론가, 정책 입안자, 심지어 정치인도 이동전화와 게임기 같은 최종 소비기기에서 커패시터, 디스플레이, 배터리 등에 이르기까지 미디어 기술 부문에 사용되는 코발트, 갈륨, 인듐, 탄탈럼 및 여타 금속과 광물의 필요성을 갈수록 더 크게 인식하고 있다. 요컨대 미디어 지구물리학은 다음과 같은 것들로 구성된다.

> 코발트: (용도:) 리튬 이온 배터리, 합성연료
> 갈륨: 박막 태양전지, IC, WLED
> 인듐: 디스플레이, 박막 태양전지
> 탄탈럼: 초소형 커패시터, 의료기술
> 안티모니: ATO, 초소형 커패시터
> 백금: 연료전지, 촉매제
> 팔라듐: 촉매제, 해수 담수화
> 니오븀: 초소형 커패시터, 페로알로이[합금철]
> 네오디뮴: 영구자석, 레이저 기술
> 게르마늄: 광섬유 케이블, IR 광학기술[75]

[75] 유럽연합집행위원회 원료공급회사(European Commission Raw Materials Supply

클레멘스 빙클러가 1885-86년에 (자신의 고국 이름을 따서 명명한) 게르마늄 원소를 발견하여 그것을 안티모니와 구별했던 것 같은 사례에서 심원한 시간의 순간들이 드러난다.[76] 프라이베르크에서의 빙클러의 발명은 화학 및 원소의 역사 속 한 부분으로 안착했고, 그 덕택에 컴퓨터 문화에 대한 통찰을 일으켰다. 특정 합금의 반도체 소재로 채택되기 위해 현재 컴퓨터 문화에서 핵심으로 간주되는 실리콘과 치열한 접전을 펼쳤던 일 말이다. 그러나 이러한 심원한 시간은 지하에 대한 이야기를 말하고 있기도 하며, 그 이야기를 미디어아트의 역사에 흔히 귀속되는 언더그라운드 예술 및 액티비즘의 담론과 혼동해서는 안 된다. 미디어의 심원한 시간에 대해 새롭게 내린 이 정의는 원재료 물류와 (금속 및 광물 처리와 정제 작업을 포함한) 채굴과 운반에 더 잘 들어맞는다. 지하는 (베트콩의 전법처럼) 벙커, 게릴라 참호, 땅굴의 지리학, 그리고 미국의 자연경관 아래에 파묻힌 핵 사일로의 사례를 경유한 군사적 상상과 현실의 본거지다.[77] 그것은 현대가 당면한 기술의 현실을 상기시킨다. 로절린드 윌리엄스의 설명처럼,[78] 지하는 최소한 19세기부터 기

    Group)가 작성한 유럽연합의 주원료 분석(European Union Critical Raw Materials Analysis), 2010년 7월 30일, 스위스금속에셋(Swiss Metal Assets)의 보고서, 2011년 10월 1일, http://www.swissmetalassets.com.

76 Clemens Winkler, "Germanium, Ge, ein neues, nichtmetallisches Element," Berichte der deutschen chemischen Gesellschaft 19 (1886): 210-211.

77 Ryan Bishop, "Project 'Transparent Earth,' and the Autoscopy of Aerial Targeting: The Visual Geopolitics of the Underground," Theory, Culture, and Society 28, nos. 7-8 (2011): 270-286 참조.

78 Williams, Notes on the Underground.

술의 미래에 대한 상상이 펼쳐지던 곳이자 실제로 기술을 생산하는 실제 현장이었다.

이 장의 주장을 되풀이하자면, 칠린스키의 미디어아트 논의에서는 심원한 시간의 광활하게 긴 역사적 지속이 고대에, 연금술사가 있었던 중세에, 과학과 예술이 협업한 19세기에 미디어아트적 기법과 발상을 예증하는 사건으로서 일어났다. 그러나 심원한 시간을 미디어 문화의 지구물리학으로 더욱 심도있게 확장하는 대안적인 해석이 필요하지 않을까? 물질에 관한 대안적 미디어의 역사는 놓쳐서는 안 될 가능성이다. 그것은 연금술사를 향한 역사적 관심을 동시대 채굴 활동과 광물, 그리고 그에 수반된 물질성으로 확장시킨다. 이러한 접근법으로 (다음 장에서 구체적으로 살필) 자원의 정치경제학과 예술 실천 사이의 연속체로 이어지는, 지반 아래의 물질성을 수월하게 다룰 수 있지 않을까?[79]

미디어의 지질학은 칠린스키에 동의하면서도 심원한 시간을 화학물질 및 금속물질에서의 지속의 의미로 확장한다. 그래서 미디어의 지질학은 우리가 콘텐츠의 최종 소비자 입장에서 기대해 왔던 대로 대개는 시청각적이고 소형화된 모바일 형태로 가동되는 미디어 기술에 필수적으로 들어가는 정제 광물, 금속, 화학물의 광범한 예시를 포괄한다. '미디어의 이해 Understanding Media'에 집중된 통상적

---

[79] 이와 같은 이론은 매켄지 와크의 개념인 '하위 이론(low theory)'이 분명하다고 사변할 수 있다. McKenzie Wark, *Telesthesia: Communication, Culture, and Class* (Cambridge: Polity, 2012), 12.

인 관점은 미디어의 시간성에 있어 유의미한 물질의 지속으로 보완된다. 따라서 물질의 미디어 역사도 마찬가지로 그 자체로 지질학적인 심원한 시간의 또 다른 양상이다.[80]

한편 키틀러의 설명에서 화학물질, 재료과학, 기술적 미디어의 상호작용은 절대 빠질 수 없다. 그는 미디어의 역사에 대한 통찰력이 있었던 까닭에 재료과학과 물질의 발견이 미디어 기술뿐 아니라 군사 작전을 가능하게 하는 기반 역할을 하고 있었음을 잘 알았다. 그러므로 그는 제1차 세계대전에서 전신에 능했던 영국 해병대가 칠레산 질산을 독일에 반입하지 못하게 막았던 사례의 세부내용에 주목했다. 그리고 그 상황을 칠레에서의 질산나트륨 채굴이 지정학적으로 중요했던 이야기로 풀어나갔다.[81] 당시 질산나트륨은 독일의 하버와 보슈가 일군 화학적 혁신으로 군수품 생산에 쓰였던 합성 암모니아의 대체 성분이다. 기술은 전쟁과 병참[물류]의 재료이며, 그것은 키틀러가 물질의 미디어 역사에 그만의 특별한 관점을 부여하는 방법이었다.

---

80 조너선 스턴은 그 용어들을 사용하지는 않았지만, 심원한 시간의 관점이 필요하다고 주장했다. "인류사에서 미디어 역사의 범위를 4만여 년으로 친다면 우리는 아직 첫 3만 9400년을 진지하게 재검토하지 않은 것이다." Jonathan Sterne, "The Times of Communication History," Connections: The Future of Media Studies, University of Virginia에서의 발표, 2009년 4월 4일.

81 Friedrich Kittler, "Of States and Their Terrorists," Cultural Politics 8, no. 3 (2012): 388. 다음의 브라이튼 대학교의 프로젝트도 함께 참조 "Traces of Nitrate: Mining History and Photography between Britain and Chile," AHRC의 지원으로 수행되었음. 온라인, http://arts.brighton.ac.uk/projects/traces-of-nitrate.

한 세기가 넘게 전쟁과 기술은 시대를 앞서 나가기를 꿈꾸었다. 그러나 그것들이 현실에서는 전례 없이 더 깊은 과거로 파고드는 재귀를 반복해야만 했다. 알프레트 폰 슐리펜의 기발한 공격계획은 질산 부족으로 무산되었다. 최신 컴퓨터 설계가 빅뱅에 점차 가까워지고 있듯이, 전쟁의 병참학은 (생태학적 소망과는 별개로) 역대급으로 오래된 자원을 소비한다. 제2차 세계대전은 석탄과 철도에서 탱크 오일과 비행기 연료로 전환된 것과 함께 시작되었고, '팍스 아메리카나'는 우라늄 탐사와 함께 이루어졌다(독일에서는 한스마틴 슐라이어에게 이 임무가 맡겨졌다).[82]

이 화학적 결합에서 비료의 역사가 전쟁과 기술 문화의 역사와 만난다. 토양을 농업 용도로 조작하는 수천 년의 문화 기술은 제1차 세계대전이라는 일종의 특이점에 도달했지만, 인류세의 역사들이 전쟁 및 기술과 어떻게 얽혀 있는지를 보여주기도 했다. 오직 후자[토양 조작 말고 전쟁 및 기술]만이 미디어 이론과 역사에서 논의되어왔다. 하지만 이러한 맥락에서, 앞서 암시되었듯이, 기술 문화에서 화학물질의 구성을 간과해서는 안 된다. 산업화는 문화 기술의 다양한 계보들이 한데 합쳐지는 지점이 되었다. 과학의 시대에 'culturing'[재배, 배양]이라는 농업적 의미의 은유는 토양을 조작하는 화학적 수단의 개발에 해당한다. 토양은 비옥하게 조성될 수 있고, 인류의 지질학적 영향에 관한 역사는 인(1669), 질소(1772), 칼륨

---

82 Kittler, "Of States and Their Terrorists," 394.

(1807), 추후에는 질소와 같은 성분 분리에 관한 역사기도 하다. 그 시기[19세기 전후]가 지구의 비선형적 역사에서 기술적 문화사에 맞추어 조정된 최근의 사건들을 구성했다. "인류세가 시작된 산업화의 도래는 방대한 양의 지질학적 물질을 이동시키는 인간의 능력으로 특징지어진다"[83]라는 말처럼 기술-과학적인 것은 인류외설에 연루된다.

국민국가와 미디어가 공조하는 국가 간 전쟁은 그 자체로 물질 탐사, 간단히 말해 에너지 때문이다. 그러나 그것은 불균형이 극심한 전쟁이다. 숀 큐빗은 동시대 지질 자원의 물색 및 에너지 경쟁이 상당 부분 신식민주의적 방식에 의해 좌우된다고 말한다. 그것은 전통적으로 선주민이 소유했던 영토를 표적으로 삼는다. 그리고 "지질 자원은 유럽이 제국주의를 확장했던 18-20세기 동안 추방된 선주민의 보호구역으로 지정되었던, 즉 예전엔 가치가 없었던 영토에서 얻어졌다."[84] 그것은 몇 가지 면에서 동시대의 국가(와 기업)의 활동 방식이 여전히 외설적인 근대에 머물러 있음을 잘 드러내고 있다. 윈스롭영의 글에서처럼 축출, 학살, 정복은 자원을 확보하려고 일반적으로 행하는 일들이다.[85]

---

83 Chris Taylor, "Fertilising Earthworks," in Ellsworth and Kruse, *Making the Geologic Now*, 130.
84 Sean Cubitt, "Integral Waste," transmediale 2014 Afterglow festival, Berlin에서의 발표, 2014년 2월 1일.
85 Geoffrey Winthrop-Young, "Hunting a Whale of a State: Kittler and His Terrorists," *Cultural Politics* 8, no. 3 (2012): 406. 그는 『중력의 무지개』에서 핀천이 제2차 세계대전에 대해 했던 말을 인용한다. 핀천의 그 말을 미디어, 물질성, 이데올로기, 전쟁에 관

석유는 지구의 화석, 현대의 기술 문화, 그리고 값싼 노동력과 보기에 값싼 자원을 착취하는 국가 및 기업 간의 이해관계를 비판적으로 평가하는 준거물이다. 물론 석유만이 유일한 준거물은 아니다. 다른 물질들도 대규모로 이동되며, 그것은 군사적으로 보호되는 전 지구적 에너지 체제에서 중요한 기능을 담당한다. 병참, 미디어, 전쟁의 계보학은 특히나 '키틀러'적이다. 키틀러의 미디어 유물론이 노동 문제는 거의 건드리지는 않지만 말이다. 사실 미디어 물질의 계보학은 전쟁에만 국한된 것이 아니며, **하드웨어**의 지속과 함께 현재도 **중노동**이 지속되는 것을 특징으로 하는 노동 과정, 착취, 위험 조건까지 추적하는 것이 정당할 수 있다(4장 참조).[86] 하드웨어와 중노동은 둘 다 소프트웨어 창의성이나 비물질 노동보다 더 나은 디지털 문화의 지표일 수 있다.

결론: 물질 미디어의 문화 기술

토머스 핀천의 『그날에 대비하여 Against the Day』(2006)는 디지털 시

> 한 폭넓은 쟁점에서 지침으로 삼을 수 있을 것 같다. "이 전쟁은 결코 정치적인 것이 아니었던 것, 정치는 모두 연극이었을 뿐, 모두 그저 사람들의 주위를 돌리기 위한 것 (…) 비밀리에 그것은 기술의 필요에 의해 좌우되고 있었고 (…) 실제의 위기들은 할당과 우선순위와 관련된 위기였으니 그것은 기업 간의 할당과 우선순위 문제를 말하는 것이 아니라—그것은 단지 그렇게 보이도록 연출된 것—다른 기술, 플라스틱, 전기공학, 항공기, 그리고 단지 지배 엘리트들만 이해하는 그런 것들의 욕구 간의 할당과 우선순위 문제들." 같은 책, 407: [국역본] 토머스 핀천, 『중력의 무지개』, 이상국 옮김(새물결, 2012), 940–941.

[86] iMine game, http://i-mine.org/. Parikka, "Dust and Exhaustion"도 참조.

대 이전을 배경으로 한 소설로, 사진 같은 기술적 미디어를 사용하기 위한 빛 처리 과정의 조정 및 표준화를 집중적으로 다룸으로써 미디어의 화학에 대한 이해를 도모한다. 미디어와 기술의 역사를 이론적으로 그리는 핀천의 입지는 전쟁과 기술을, 그리고 편집증, 음모, 정신 상태가 뒤섞인 기이한 서사를 엮은 『중력의 무지개Gravity's Rainbow』(1973)를 기점으로 공고해졌다. V-2 로켓은 기술에 대한 통찰을 자극했고, 권력 관계의 핵심인 과학은 독일과 전 세계적으로 키틀러와 여러 학자에게 영감을 고취시켰다. 『그날에 대비하여』도 비슷한 주제를 빛, 광학, 화학을 중심으로 풀어나가며, 특히 이 후속작에서는 미디어 역사를 물질로 이해해야 한다는 우리의 필요성으로 연결된다. W. 제롬 해리슨의 『사진의 역사History of Photography』(1887) 같은 사진의 초기 역사에서 이어지는 이야기는 이렇다. 미디어의 지질학 관점으로 읽는다면, 사진의 역사는 니엡스, 다게르, 텔벗 같은 발명가, 실험가보다는, (석판 기법의) 역청, 주석, 또는 요오드화물, 젖산은 및 질산은, 카본 인화법, 질산우라늄, 염화금 같은 화학물질의 이야기가 된다.[87] 기술적 미디어의 역사는 동시대 미디어 아트에서 다양한 방식으로 계속 재연되고 있다. 광화학을 다루는 예술가들이 손에 젤라틴과 질산은을 묻히는 것은 화학이 스며든 예술

---

[87] William Jerome Harrison, *History of Photography* (New York: Scovill Manufacturing Company, 1887). 해리슨의 지질학자로서의 경력이 그를 더욱 흥미롭게 보이게 한다. Adam Bobbette, "Episodes from the History of Scale-lessness: William Jerome Harrison and Geological Photography," in *Turpin, Architecture in the Anthropocene*, 45-58 참조.

적 방법론의 일환이다. 가령 청사진의 미학적 효과는 화학물질(구연산제2철암모늄과 페리시안화칼륨)에서 비롯된 것이다. 미디어고고학적 성향을 지닌 영화 작가들은 시험 및 실험에 필요한 화학물질이나 원료의 조합 비율에 대한 지식이 있다.[88] 그러나 이러한 지식은 과학자보다는 야금술사가 더 많이 지닌 유형의 것, 즉 용량을 실험하고 물질적 특성에 대한 실천 기반의 배움일 수 있다.[89]

핀천 고유의 미디어 유물론과 광학적 미디어에는, 19세기경 전前미디어pre-media 기술에 대한 미디어 유물론의 객체 목록, 즉 기술적 이미지화 프로세스에 일조했던 자발적이거나 비자발적인 참여자들의 목록이 있다.

머를은 모든 가능한 은 화합물을 전부 살펴본 다음, 금, 백금, 구리, 니켈, 우라늄, 몰리브덴, 안티모니 염화물로 넘어갔고, 얼마 뒤 금속 화합물을 버리고 송진, 으깬 곤충, 콜타르 염료, 여송연 연기, 야생화 추출물, 자신의 것을 포함한 여러 생물의 소변을 다뤘으며, 초상사진으로 벌었던 적은 돈을 렌즈, 필터, 유리판, 확대기에 재투자했다. 이것으로 마차는 그야말로 바퀴 달린 사진 실험실이 되었다.[90]

---

88 자신의 필름과 화학 예술 작업에 관한 자전적 민족지학적(autoethnographic) 이야기를 공유해 주신 작가 켈리 이건(Kelly Egan)에게 감사드린다.
89 제인 베넷의 이 개념적 도식은 들뢰즈와 가타리한테서 가져온 것이기도 하다. Bennett, *Vibrant Matter*, 58-60 참조.
90 Thomas Pynchon, *Against the Day* (London: Vintage Books, 2007), 72.

서사가 계속되는 객체의 세계(사변적 실재론자가 인간부터 가로등, 트롤리 발전기, 수세식 변소로 이어지는 연송litany을 읊으며 "평평하다flat"[91]라고 부르는 세계) 외에도 화학 반응의 차원에서도 이미 많은 일이 벌어지고 있었다. 다시 말해 미디어 장치는 '유물론'의 유일한 측면이 아니며, 우리는 무엇이 미디어를 미디어로 만들고 유지시키는지에 대한 질문에도 관심이 있다.

　미디어를 심원한 시간의 지질학과 화학물질로 보는 이러한 관점에서는 연금술의 긴 역사를 간단하게나마 짚지 않고 넘어갈 수 없다. 여기에 정확하게 관련된 것이 바로 연금술의 계보가 아닐까? 연금술은 자연물과 그 혼합물에 특별한 힘을 불어넣어 기본 재료를 귀중한 것으로 만드는 것을 의미한다. 그러니까 계관석, 유황, 흰색 비소, 진사, (특히) 수은을 금, 납, 구리, 은, 철로 바꾸는 것이다.[92] 연금술의 역사는 예술과 과학 사이에 위치하면서, 자신만의 심원한 시간의 버전(예를 들면 기원전 중국의 연금술[93])을 제시하는 시적 서사로 충만하다.[94] 뉴먼의 지적처럼 연금술은 어떤 면에서 나름

91　Paul Caplan의 박사 학위논문, "JPEG: The Quadruple Object," Birkbeck College, University of London, 2013 참조.
92　Homer H. Dubs, "The Beginnings of Alchemy," *Isis* 38, nos. 1-2 (1947): 73.
93　"소의 대지가 내뿜는 냄새가 암흑 천국으로 올라갈 때 육백 년의 암흑 천국은 흑색 숫돌을 탄생시키고, 육백 년의 흑색 숫돌은 흑색 수은을 탄생시키고, 육백 년의 흑색 수은은 흑색 금속(철)을 탄생시키고, 천 년의 흑색 금속은 흑룡을 탄생시킨다. 흑룡이 [영구—시은이] 통년에 틀어가는 곳에서 흑색 샘늘이 탄생한다." 위의 책에서 재인용, 72-73.
94　William Newman, "Technology and Alchemic Debate in the Late Middle Ages," *Isis* 80, no. 3 (1989): 426.

의 실험적 방식으로 후대 기술 문화의 상당 부분을 마련했다. 그렇게 발전시킨 사람들의 다양한 경우가 있다. 예를 들어 (한때 아리스토텔레스의 저술로 오해받았던) 『암석의 응고와 유착에 대하여De congelatione et conglutinatione lapidum』의 저자 이븐 시나,[95] 학문적 저작을 쓴 뱅상 드 보베, 알베르투스 마그누스, 로저 베이컨은 13세기초 실용 연금술 분야의 주요 인물로 손꼽힌다. 1244-1250년에 뱅상이 집필한 『교리경Speculum doctrinale』에서는 연금술을 실천에 기반해 그 변성적인 성질에 천착하는 실천 기반의 '광물과학'으로 이해할 수 있다. 뱅상에 따르면 연금술은 "금속 및 유사 광물체를 원래와는 다른 종으로 만드는 변성술"[96]이다.

핀천은 『그날에 대비하여』에서 연금술에서 현대 화학 및 기술적 미디어로 이어지는 계보를 특유의 압축적 서사로 전개한다. 기술 문화의 화학[적 경향]을 확고히 하는 핀천의 방법론에 의하면 물질에 관한 지식 및 실천에서 일어났던 변화는, 물질의 반응 및 변형 과정의 규칙화가 특징인 자본주의의 탄생과 맞아떨어진다. 『그날에 대비하여』의 두 인물인 머를과 웹은 연금술이 현대과학이 된 전환점에 관한 중요한 대화를 나눈다.

---

95 [옮긴이] 다방면에 능통했던 페르시아의 철학자이자 의사로, 라틴어로 표기된 이름인 아비센나로 널리 불리고, 국내에서는 이븐 시나(Ibn Sīnā)라는 그의 아랍어 이름으로 더 많이 알려져 있다.
96 Vincent of Beauvais's *Speculum doctrinale*, quoted in Newman, "Technology and Alchemic Debate," 430.

"그런데 역사를 봐봐. 현대 화학이 연금술을 대체하기 시작할 즈음에 자본주의가 본격적으로 진행되었어. 이상하지, 응? 어떻게 생각해?"

웹은 납득이 간다는 듯 끄덕인다. "자본주의는 오래된 마법이 더는 필요하지 않다고 판단했는지도 모르지." 그의 경멸에는 메를의 시선을 피할 의도가 없었다. "굳이? 자기네들의 마법이 있으면, 잘 됐지, 덕분에. 납을 금으로 바꾸는 대신, 가난한 자들의 땀을 달러로 바꾸고, 납은 집행에 쓰려고 모을 수 있잖아."[97]

핀천이 확실히 이 짧은 인용문에 끌고 들어온 것은 노동이다. 이 문제는 물질에 관한 미디어 역사 말고도 잉여가치의 착취 및 약탈의 역사와도 연동되어 있다. 사실 핀천은 미디어가 되기 이전의 미디어의 물질적 역사 외에도 새로운 형태의 '연금술'과 연계된 상품 생산의 마법적 성질도 강조할 수 있었다. 마르크스가 물건이 생산될 때 그 물질적 힘이 은폐되는 것을 대상의 물신성fetish으로 설명했던 새로운 마법은 그러한 성질의 특징이며, 이는 일반적으로 노동 및 정치경제학의 역사로 이해되는 물질의 역사로 정의된다. 그러나 우리는 이렇게 복합적 상황에서 기술적인 것과 미디어 요소를 이해해야 하며, 이것은 또한 지질학적 문제인 지구 땅으로 되돌아온다.

요컨대 구성 요소와 물질의 서로 다른 반응과 조합을 실험하는

---

[97] Pynchon, *Against the Day*, 88.

기법technique도 미디어적 실천이다. 우리의 스크린 기술, 케이블, 네트워크, 우리가 보고 듣는 기술적 수단은 부분적으로는 물질이 어떻게 작용하는지, 즉 절연, 전도, 영사, 기록을 위한 물질에 대해 이야기하든 안 하든 간에, 무엇이 작용하고 작용하지 않는지에 대한 면밀한 (때로는 순전히 우연적인) 실험의 결과다. 과학과 예술은 땅에서 나온 것들을 표현하고 변화시키려는 이러한 실험과 실험적 태도를 자주 공유한다. 트랜지스터 기반의 정보기술 문화는 게르마늄과 실리콘 사이의 물질적 특성과 차이(혹은 에너지 체제)에 대한 다양하고 치밀한 이해 없이 생각될 수가 없다. 이러한 이해는 (서버팜에서처럼) 현재의 클라우드와의, 혹은 컴퓨터 아키텍처 내부의 전력 소비를 관리하려는 시도가 포함된다.[98] 에너지 관련 쟁점은 지구물리학적 쟁점이기도 한다. 환경오염을 유발하는 재생 불가능한 에너지 생산 형태에 지속적이고 절대적으로 의존한 결과로 가속화된 기후변화의 차원에서, 각종 화학물질, 금속, 그리고 게르마늄과 실리콘 같은 중금속 중심의 미디어 문화가 지질 지층에 남기는 여파의 차원에서 그렇다. 바로 그 지점에서 지구 행성의 심원한 시간이 우리의 기계 내부에 동시대 정치경제학의 일부로 결정화結晶化되어 있다. 노동과 지구라는 물질의 역사는 장치를 통해 서로 얽혀 있지만, 이러한 장치는 지구의 행성적 역사의 일부로 펼쳐진다. 데이터마이

---

[98] Cubitt et al., "Does Cloud Computing Have a Silver Lining?" Michael Riordan and Lillian Hoddeson, *Crystal Fire: The Invention of the Transistor and the Birth of the Information Age* (New York: W. W. Norton, 1997)도 함께 참조.

닝은 지금의 디지털 시대를 가리키는 과장된 용어일 수 있지만, 데이터를 모으는 채굴은 오로지 [땅을 다지고 파내는] 지반화와 무지반화로만 가능하다. 디지털 문화는 지구 행성의 심도와 심원한 시간에서 시작되었다. 슬프게도 이 이야기는 경외에 찬 찬탄이라기보다는 대부분 선정적인 외설에 가깝다.

다음 장에서는 결정화crystallization를 다루며, 또 계속해서 지구 땅, 자본주의, 기술 간 관계의 지도를 그리는 지구물리학, 더 정확하게는 심리지구물리학적 방법론의 미학을 다룰 것이다.

3
기술의 심리지구물리학

> 지구의 지층은 뒤죽박죽된 박물관이다. 퇴적물에는 합리적 질서를 벗어나는 한계와 경계를, 그리고 예술을 제한하는 사회 구조를 포함하고 있는 텍스트가 담겨 있다. 암석을 읽으려면 지질학적 시간을, 그리고 지각에 매장된 선사 시대 물질층을 의식해야 한다. 폐허가 된 역사 이전의 유적지에서 현재의 미술사적 한계를 뒤엎는 망그러진 지도 뭉치를 목격할 수 있다.
> — 로버트 스미스슨

18세기 초의 지질학 담론에서 지구가 거대 열기관이라고 배웠다. 그 속에는 뜨겁게 분출하는 용융 상태의 지구 핵이 있다. 이것은 외견상 영원해 보이지만 역사적으로 형성된 에너지원이다. 지구의 숨결에 따라 바다에서 광활한 육지가 융기하고 이동한다. 지구가 생명체라는 후대의 가이아 이론은 초기 지질학 담론에서도 제한적이지만 이미 있었다. 들숨과 날숨. 흙은 가장 중요한 매개 요소다. 농업은 삶을 일구지만 흙은 미디어다. 아니면 합성토양의 수요 증가가 시사하듯이 "흙은 기술technology의 한 형태다."[1] 제임스 허턴의 세계관은 지구를 커다란 기계로 보는 관념을 강조하고, 이는 지구 오염이 확산되는 상황에서 토양 생산이 대단한 사업이 될 수 있으리라는 깨달음보다 200년 앞선 것이다. 산업 시대를 목전에 두었던 시점을 고려한다면 지구가 기계라는 허턴의 말은 매우 적절하게 들린다. 지구는 오래된 기계이며 그 기독교적 의미와 지적 설계intelligent design[2]에 대한 믿음이 여전히 남아 있다. 어떤 것도 우연은 없으며 상위 질서에 따라 다스려진다는 것이다.

심도는 시간을 뜻하기도 하지만 열을 의미하기도 한다. [지구] 아래 깊은 곳은 뜨거운 핵이다. 마틴 러드윅의 말을 응용하자면, 내부 열은 자갈, 모래, 기타 해저 형성물을 녹이고 바위로 굳히는 생명력이다.[3] 고체는 긴 자연사적 과정의 최종 결과다. 이것은 역사이지만, 마누엘 데란다가 금속을 화학 촉매제로 여겨야 한다며 일종의 신유물론적 형이상학인 금속적 정동metallic affects을 제안했던 의미에서의 역사다.[4] 그런데 금속은 화학 반응뿐 아니라 사회적, 정치적, 경제적 반응, 그리고 미디어 기술의 반응을 일으키는 촉매이기

---

[1] Rachel Armstrong, "Why Synthetic Soil Holds the Key to a Sustainable Future," *Guardian Professional*, 2014년 1월 17일, http://www.theguardian.com/.

[2] [옮긴이] 지적 설계는 세계가 창조된 방식과 원리에 대한 한 가지 가설로, 자연적인 진화론이나 우연성과는 대립되는 창조론이다. 전체적으로 통일된 이론은 아니며 그 안에서도 지구 창조론과 진화적 창조론 등으로 의견이 다양하다. 한편 종교와 과학의 융합을 지향하지만 실질적으로는 이론보다는 신념의 경향이 우세하기에 유사 과학으로 분류되곤 한다.

[3] Rudwick, *Bursting the Limits of Time*, 162.

[4] Delanda, *Deleuze: History and Science*, 78.

도 하다.

  2장에서는 미디어의 대안적인 심원한 시간에 관한 몇 가지 생각을 전개했다. 그것은 시작에 불과하다. 이 책에서 나는 심도의 의미(동시대 기술 문화의 존재에 필수적인 광산이라는 현실)에 더해 시간성으로도 수렴되는 미디어 기술의 심원한 층을 발굴할 것을 제안한다. 어떤 미디어 역사의 시간들이 이러한 분석에서 중요한지 재고해 보자는 것이다. 그러니까 이 시간에 대한 재고는 지질 형성과 수백만 년에 걸친 광물질화에서의, 그리고 수백만 년에 걸쳐 현대 기술 세계에 필수 불가결한 화석 연료층을 형성한 화석의 분해에서의 장기 지속에 관한 것이 될 것이다. 또한 우리는 가장 넓은 차원에서 기후에 미치는 영향과, 미디어 기술이 이중 역할을 수행하는 방식을 고려해야 한다. 이 이중 역할은 다음과 같이 설명된다.

  1. 환경 및 기후 차원에서 지각, 시뮬레이션, 설계, 기획을 가능하게 하는 인식론적 틀로서의 미디어 기술. 미디어는 우리가 오늘날 행하는 방식으로 이를테면 기후변화 같은 것에 대해 논할 수 있게 해주는 틀을 구성한다.[5]

---

5 Chun, "Crisis, Crisis, Crisis." Edwards, *Vast Machine* 참조. 더 일반적으로는 이것을 문화 기술 담론과 연관짓거나, 미디어 기술을 문화 기술로 여길 수 있다. "즉 미디어/매체들의 개념을 어떤 특정 문화에서라도 감각 생산의 기본이 되는 구별(과 구별을 희미하게 하기)을 처리하는 존재론적, 미학적 가동성과 역사적으로 연관 짓기." 베른하르트 지게르트의 이러한 인류학적 정의에서 미디어 기술이 가동하는 생태적 의미로 나아갈 수 있을 것이다. 인용은 다음의 책에서 가져왔다. Siegert, "The Map Is the Territory," *Radical Philosophy* 169 (September/October 2011): 14. 이 책에서 이러한 연결 작업이

2. 둘째, 미디어 기술을 설계된 구식화와 기기 문화의 화석화된 흔적으로 [미래에] 남게 될 여파, 여광[6]으로, 그리고 미디어가 기능하는 대규모 인프라로 간주할 수 있다. 에너지, 원자재 생산, 산더미같이 쌓인 폐기된 키보드, 스크린, 마더보드, 기타 부품이 그 경우다.

이 장에서는 이 같은 주제를 발전시키면서 예술 방법론 및 미학과의 특별한 연관성을 부여한다. '기후'의 규모, 심지어 지질학적 시간 규모의 기후변화에 관한 논의를 가능하게 하는 미학, 그리고 지구물리학에 개입하고 또 그로부터 힘을 받는 비판 형식으로서 이러한 변화를 다루는 미학은 사실 직전에 언급된 이중 구속의 특징이다. 3장에서는 이 책의 주요 개념 중 하나인 **심리지구물리학**을 소개한다. 이 개념과 예술 실천 혹은 혼용적 방법론은 상황주의자들의 어휘로 익숙한 심리지리학을 확장한 것이다. 심리지구물리학은 도시 영역에 집중된 관점을 넘어서, 자본주의의 생태학과 지구의 생태학 사이의 주체가 변조modulation되는 상황을 근본적으로 이해할 수 있도록 지구물리학적인 관점으로 확장해야 한다고 주장한다. 적절히 일신―新된 상황주의(여기서는 그동안 도외시된 몇몇 인물에 특별히 주목해 최근 몇 년간 상황주의 이론가, 실천, 주제의 의의를 강조해 온 매

충분하게 다루어지지는 않으며, 차후에 더 상세하고 일관성 있게 다루어질 대안적 경로를 암시하는 정도다.
6 '여광'은 트랜스미디알레 페스티벌 2014의 주제였다.

켄지 와크의 입장에 수긍한다)[7]로서의 이 미학 논의는 지구물리학과 미디어 기술의 관계를 다루는 다소 극단적인 노선을 취한다.

이 장은 (잡지 『뮤트Mute』에 게재되었던) 심리지구물리학 '선언문'을 지구물리학적 미디어아트의 확장된 '상황주의'로 논한다.[8] 이러한 맥락에서 개념적 논의는 도발적 개념과 연계되는 최근의 일련의 예술작품 및 핵티비즘hacktivist 프로젝트로 이어진다. 그에 속하는 작품 및 프로젝트는 마틴 하우스의 〈지구 부스Earthbooth〉, 플로리안 돔보이스의 〈지진Earthquake〉 음속화 작업이 있고, 지구의 지속, 소리, 감각 체험을 다루는 관련 의견들도 여기에 곁들여진다.

심리지구물리학적 표류

미학에 관한 물음은 비인간 관점에서 제기될 때 다른 방식으로 펼쳐진다. 꼭 예술과 예술적 가치에 대한 것만이 아닌, 지각과 감각 체험에 대한 미학적 물음은 동물을 고려할 때 대안적으로 전개된다. 문학에서 (프란츠 카프카의 단편) 「가수 요제피네 혹은 쥐의 족속Josefine, die Sängerin oder Das Volk der Mäuse」은 허구의 동물 세계와 미학적 감상에 관한 하나의 흥미로운 이야기이지만, 생물학과 실험

---

7   McKenzie Wark, *The Beach beneath the Street: Everyday Life and the Glorious Times of the Situationist International* (London: Verso, 2011). Wark, *The Spectacle of Disintegration: Situationist Passages out of the 20th Century* (London: Verso, 2013).
8   The London Psychogeophysics Summit, "What Is Psychogeophysics?," *Mute*, 2010년 8월 4일, http://www.metamute.org/.

심리학에서 그것은 측정 가능한 시간의 속도와 지각의 문턱값에 대한 문제다. 동물마다 지각 속도는 인간의 감각과는 아주 다르다. 우리는 새의 지각 방식, 물고기의 소리 감지 방식, 벌의 세계에서 상이한 색깔의 감각 체험 방식에 인지적으로나 정동적으로 쉽게 접근할 수 없다. 그것은 질문의 방향을 미학이라는 철학 분야에서 (물질적, 경험적 연구를 전면에 내세운 헤르만 폰 헬름홀츠 같은 인물들이 19세기에 견인한) 생리학과 실험심리학 쪽으로 바꾼다. 여기서의 질문은 '인간을 포함한 동물들의 객관적, 생리학적 문턱값을 어떻게 측정할 것인가?'다.[9] 그런데 이 물음을 비유기물의 관점에서 던지면 어떨까?

암석의 기억은 인간의 사회적 기억과는 다른 시간 질서를 지닌다.[10] 아베 플뤼슈 신부의 『자연의 경관Le Spectacle de la nature』(1783)은 "돌과 금속이 우리를 위해 세계의 역사를 진정 보존해 왔던"[11] 방법을 상기시켰다. 돌과 금속의 능력, 그것들의 감각 체험, 기억, 시간

---

9 키틀러를 포함한 다수의 학자에게 그것은 심리학적 주체에서 생리학적 측정 대상으로 바뀐 철저한 인식론적 문턱값을 의미한다. 즉 생리학이 내적 경험을 대체했고, 반응 문턱값·속도의 과학적 측정 가능성이 '감정(feeling)'을 대체했다. Kittler, *Gramophone, Film, Typewriter*, 188 참조; Sybille Kramer, "The Cultural Techniques of Time-Axis Manipulation; Friedrich Kittler's Conception of Media," *Theory, Culture, and Society* 23, nos. 7-8 (2006): 93-109를 비교 참조. 헬름홀츠와 관련해서 다음의 책을 함께 참조. Henning Schmidgen, Helmholtz Curves: Tracing Lost Time, trans. Nils F. Schott (New York: Fordham University Press, 2014).

10 이 주장은 화이트헤드의 철학으로 가장 잘 이해될 수 있다. Steven Shaviro, *Without Criteria: Kant, Whitehead, Deleuze, and Aesthetics* (Cambridge, Mass.: MIT Press, 2009) 참조; [국역본] 스티븐 샤비로, 『기준 없이』, 이문교 옮김(갈무리, 2024).

11 Ziolkowski, *German Romanticism and Its Institutions*, 33에서 재인용.

의 체화된 양태는 '예술' 자체에 한정되지 않고, 지질학과 천문학의 문제와 공명하는 수많은 미학적 관념의 최소한 부분적인 조건이 되었다.[12] 이렇게 미디어와 미학에 대한 광범한 정의 덕분에 우리는 유기적, 비유기적 환경 속에서 유기적인 인간 신체들의 연결성을 고려할 수 있게 되었다.

당연히 20세기 예술과 철학에는 바위 세계에 천착한 전통과 사례가 존재한다. 대지미술, 환경예술뿐 아니라, 사회학자 로제 카유아도 그 사례에 속한다. 준(準)초현실주의자였던[13] 카유아는 돌에 매료되어 그것을 오랫동안 몰두해 왔던 신비성으로, 더 넓게는 자연과의 알레고리적 관계의 일환으로 설정했다. 그 결과 (**기묘하고 희한하며 환상적인** 범주에 따라 체계화된) 멋진 암석 컬렉션이 탄생했고, 그에 더해 비유기물, 시간성, 신화에 관한 철학적 탐구도 이루어졌다.[14] 카유아의 『돌에 관하여 L'Ecriture des pierres』(1970)는 확실히 돌이 찬탄의 대상에서 그것이 지닌 변형적 힘으로 이행한다고, 또 시각 미디어로서의 아카이브적 지위로 이행한다고 시사하고 있다. 즉 오랫동안 사라진 상상적 도시의 화석 흔적 이미지와 함께, 암석과 광물 속

---

12 John Durham Peters, "Space, Time, and Communication Theory."
13 [옮긴이] 본문에는 준(準)초현실주의자라고 간결하게 표현되었지만, 여기에는 카유아와 초현실주의 사이의 보다 복잡한 관계가 있다. 카유아는 초현실주의 운동에 잠깐 참여했으나, 결별을 선언하고 그 경험을 바탕으로 초현실주의에 대한 근본적 비판을 꾸준히 제기했다. 김용민, 「로제 카이와의 초현실주의 비판」, 『불어불문학연구』 제58집 (2004): 25-51 참조.
14 Marina Warner, "The Writing of Stones," Cabinet, no. 29 (Spring 2008), http://cabinetmagazine.org/issues/29/warner.php.

에 돌이 자체적으로 생산하는 또 다른 힘, 즉 변화의 힘이 들어 있다는 암시가 그것이다.[15] 대상이었던 암석에서부터 생산력으로서의 광물, 금속, 지층에 이르기까지, 즉 감상과 지식의 대상에서 연금술의 시점에서 가능한 촉매에 이르기까지 금속은 그것이 무엇을 할 수 있을지에 따라 정의된다.[16]

미학, 기술, 환경에 대한 포스트인간중심주의적 논의에는 인간, 동물, 비유기물 사이의 관계를 반영한 새로운 생태학이 필요하다. 제인 베넷은 생기적 유물론vibrant materialism을 주장하며 "문화란 인간 혼자서 만들어낸 결과가 아니라 생물, 지리, 기후의 힘이 작용한 것"이라고 말한다.[17] 포스트인간중심주의적인 것에 대한 이러한 발화는 동물 미학을 포함한 다양한 영역에서 이러한 시도가 일어나고 있다. 매슈 풀러의 글 「동물을 위한 예술Art for Animals」은 여기에 딱 맞는 예증이다.[18] 그런데 지각과 감각 체험의 유기적, 비유기적 영역을 진지하게 살피는 다른 형태의 예술에서도 일어나고 있다. 달리 말하면, 과학, 기술, 생태의 힘으로 추동된 인간은 무엇으

---

15 Roger Caillois, *The Writing of Stones*, trans. Barbara Bray (Charlottesville: University Press of Virginia, 1985), 4-6.
16 이것은 (소수 과학으로서의) 야금술에 관한 들뢰즈와 가타리의 사상을 변용한 것이다. 야금술은 『천 개의 고원』 및 제인 베넷이 다음과 같이 동원한 생기 유물론적 방식에서 찾아볼 수 있다. "금속이 할 수 있는 것을 아는 장인의 욕망이 금속이 무엇인지를 알려는 욕망을 가진 과학자보다 금속의 생명력을 더 많이 파악했고, 따라서 결국 더 생산적으로 그것과 협력할 수 있었다" Bennett, *Vibrant Matter*, 60[옮긴이: 본문 1장 62쪽 (각주 76번) 재인용].
17 Bennett, *Vibrant Matter*, 115. [국역본] 제인 베넷, 『생동하는 물질』, 281.
18 Matthew Fuller, "Art for Animals," *Journal of Visual Art Practice* 9, no. 1 (2010): 17-33.

로 구성되어 있는가라는 불확실성, 즉 포스트휴먼을 고려해야 하는 윤리적 위급함이 있을 수 있다. 로지 브라이도티가 강조했듯이, "행성적, 지구 중심적" 시각을 가지는 것이 필요하다.[19] 환언하자면, 이러한 설명과 심리지구물리학에 초점을 맞춘 이 장에서 나는 인간을 인간이 몸담은 환경과 분리하는 대문자 자연의 미학화Aesthetization of Nature에 관여하지 않는다(이것은 티머시 모턴도 『하이퍼객체Hyperobjects』[20]에서 제기한 문제였다). 오히려 그 반대로 [인간과 환경을] 가깝게 만들고, 자연 생태학과 기술 생태학이 완전히 얽힌 미디어자연[21]의 연속체, 연결점을 지도화한다. 모턴은 이를 하이퍼객체의 **점성적**viscous 특징으로 부르지만, 이 장에서는 몇 가지 비슷한 주제를 예술 및 기술의 관점으로 논한다.

그렇다면 질문은 이렇다. 토양, 지각, 암석, 지질 세계는 어떻게 감각할까? 그것은 앨프리드 화이트헤드에 심취한 사람들에게 틀림없이 매력적일 딜레마이겠지만, 미디어 및 미학의 관점으로 따져보기로 하자. 여기에 지진과 조수, 전자기와 방사선 같은 다른 유형들이 어떻게 들어맞을까? 모턴의 하이퍼객체도 적절하겠지만, 지구물리학적 미학에 초점을 맞춘 몇몇 발언과 몇몇 활동도 그에 부합한

---

19   Rosi Braidotti, *The Posthuman* (Cambridge: Polity, 2013), 81: [국역본] 로지 브라이도티, 『포스트휴먼』, 이경란 옮김(아카넷, 2015).

20   Morton, *Hyperobjects*.

21   다음 책에서 파리카의 서문 참조. Jussi Parikka, ed., *Medianatures: The Materiality of Information Technology and Electronic Waste* (Ann Arbor, Mich.: Open Humanities Press, 2011): [온라인] http://www.livingbooksaboutlife.org/.

다. 어쩌면 이러한 물음은 개념적인 형이상학 논의와 글essay이 아니라, 소풍, 산보, 실험, 시금試金, assay을 통해 제기되어야 하지 않을까? 실은 이 방법론이 2010년 런던 심리지구물리학 정상회담의 활동과 더 큰 관련이 있지 않을까? 비인간에 관한 형이상학적 글을 쓰는 대신 이스트런던 같은 곳에서 야외 산책을 한다면?

런던 심리지구물리학 정상회담은 산책, 현장 학습, 강 항해, 공개 워크숍, 토론으로 구성된 일주일 동안의 집중 프로그램을 통해, 심리지리학과 지구과학적 측정·연구(포렌식으로 꾸며낸 허구[적 이야기]와 지구물리학적 고고학)를 서로 맞댄 심리지구물리학의 새로운 간학제적 틀을 탐구한다. '스페이스SPACE'를 중심으로 열리는 공개 행사에는 스크랩 자재로 간단한 지구물리학적 측정기를 제작하는 실습 워크숍, 도시에서 그러한 장치들을 연구하고 장기간 사용하는 현장 학습, 도시 전역을 산책하며 물리학적, 지구물리학적 데이터를 측정하고 매핑하기, 지하 네트워크를 전략적으로 배치하기, 허구와 표류와 신호 탐사를 융합하기, 강 유역의 신호 생태학을 연구하기, 그에 더해 광범하고 간학제적인 심리지구물리학에 관한 짧은 강연 및 토론이 포함된다.[22]

---

22 2010 런던 심리지구물리학 정상회담(The London Psychogeophysics Summit of 2010)의 워크숍 현장 묘사, 2010년 8월 2-7일, 2010, http://turbulence.org/blog/2010/06/21/the-london-psychogeophysics-summit-london/.[링크 유실]

심리지구물리학 개념은 (상황주의에 따라붙는 20세기 예술 어휘로 훨씬 친숙한) 심리지리학을 보완한 어휘로 도입되었다. 그러나 심리지리학이 우리의 감각 및 정동에 일으키는 도시 환경의 특정 효과를 분석했다면, 그것을 변주한 지구물리학은 보다 강력한 비인간 요소를 끌고 들어온다. 그것은 현재의 착취 형식을 의식하고는 있지만, 비유기물에 전략적으로 집중한다. 이 방법은 일견 표류하기, 부유하기, 그리고 찾아가거나 빈번하게 들르거나 그냥 지나가는 장소를 허구와 융합하기로 실천되는 산책하기와 비슷해 보일 수 있다. 핀천과 J. G. 밸러드의 눈과 글을 통해 우리를 둘러싼 환경에 접근해 보자. 그러나 단순히 보이는 것만이 현실의 유일한 차원이라고 생각하지는 말자. 여기에는 비가시적인 것과 지하도 존재하기 때문이다. 행동유도성은 사물이 우리의 습관을 유지하는 특정 방식으로 지각되도록 설계하는 것을 의미하는 개념인데, 지하는 그 개념을 탐구하는 또 다른 방법을 열어보일 수 있다.[23] 1950년대 후반에 시작된 기 드

---

[23] 물론 신화뿐 아니라 철학 담론에도 비가시적인 지하(또는 광산에 집중했던 독일 낭만주의보다 훨씬 먼저 나온 동굴)에 관한 긴 역사가 존재한다. 이는 감각과 이성적 마음의 구분, 지각 작용 대 이성의 가동과 관련이 있다. 또한 플라톤의 구분법에서 비롯된 지형학이 있다. 그것은 철학적이면서, 지상과 지하를 몸이 아니라 정신으로만 접근 가능하다는 구분법과도 관계된다. 그 내용은 이렇다. "보이는 것은 감각에 접근할 수 있다. 반면 보이지 않는 것은 정신적 추론으로만 파악될 수 있다. 플라톤은 비가시적인 것을 'το αιδες'라고 지칭하며 영혼 고유의 보이지 않는 세계를 하데스($A\iota\delta o \upsilon$)의 영역이라는 전통적 신화 개념으로 규명했다. 하데스와 보이지 않는 것을 연결하는 것은 적어도 호메로스 같은 고대 신화적 선통의 일환이었고, 플라톤은 그에 대해 『크라튈로스(Cratylus)』에서도 이를 언급하며 하데스의 어원이 'αειδες'(보이지 않음)이 아니라 'ειδεναι'(앎)이라고 말한다(404b, cp. 403a)." Radcliffe Guest Edmonds, *Myths of the Underworld Journey: Plato, Aristophanes, and the "Orphic" Gold Tablets* (Cambridge:

보르의 상황주의적 차원의 심리지리학은 물리적인 풍경을 배격하지
않는다. 결국 그 용어는 여전히 '지리학'을 수반하고 있다. 사실상 드
보르는 심리지리학의 사변적 방법론으로 나아갈 때 "토양 구성이나
기후 조건"[24]을 언급하지 않을 수 없었다. 여기서 후자는 도시적 삶
을 살아가는 습관의 패턴을 파악하려고 도입되었으며, 정신과 도시
환경을 연동시키는 미디어-경제적 결합을 끊거나 단락short-circuit하
는 변칙variations적 방법을 추구하게 했다. 그러나 심리지리학적 사명
이 담긴 선언 다음에 이어진 것은 주로 도시적인 것에 관한 사색이
었다. 확실히 도시권은 이후의 경우에서도 특권화되어, 후기 근대 자
본주의(아주 많은 경우 미디어의 **문화적** 조건에 고정된 스펙터클에
딱 맞는 자본주의)의 지도 제작법을 제공하는 비판적 방법론에서도
특별한 위치를 부여했다.

와크는 심리지리학의 일반적인 개념과, 그것이 1950년대 도시(특
히 파리)에 대한 생각과 문자주의 인터내셔널Letterist International과
표류의 예술 실천과 맺었던 관계를 훌륭하게 기술해 냈다. 드보르와
이반 치체글로브에게 심리지리학적 방법론은 단순히 대상의 [바깥]
환경과 주체의 실내 사이 인간관계의 사회과학적 지도 그리기가 아
니다. 그보다는 주체를, 층위화된 장소와 벡터의 집합들로 도달된 접

Cambridge University Press, 2004), 179.
24 Guy Debord, "Introduction to the Critique of Urban Geography," trans. Ken Knabb, in *Critical Geographies: A Collection of Readings*, ed. Harald Bauder and Salvatore Engel-Di Mauro (Kelowna: Praxis (e)press, 2008), 23. 원문: "Introduction a une critique de la geographie urbaine," *Les Levres Nues*, no. 6 (September 1955).

힘[습곡]의 상태로 대하는 급진적인 관점에 가깝다. 와크는 이러한 지리학적 격변turbulence이 흐름, 고정점, 소용돌이로 표시하는 지도 제작법에서 하나의 중요한 조건이라고 주장한다.²⁵ 이 용어와 표류와의 관계에는 생산 시간과 여가 시간에 관한 수많은 의미가 담겨 있지만, 먼저 도시 중심성을 알아보고 최근의 지구물리학적 변화에서 도시 중심성을 어떻게 비판하는지 살펴보겠다.

심리지구물리학이라는 용어는 2010년 '런던 심리지구물리학 정상회담 콜렉티브London Psychogeophysics Summit Collective'에서 처음 도입되었다.²⁶ 이 콜렉티브는 잡지 『뮤트』를 통해 심리지리학의 규모를 지구에 맞춰 재조정하기를 분명하게 요구했다. 여기서 심리지리물리학 개념은 심리지리학의 몇 가지 양상과 도발적인 거리 두기를 의도한 것이다. 분열분석의 거대한 바깥the great outdoors과 대립되는, 내부interior와 소파에 집중된 정신분석 이론의 사고방식을 비판했던 들뢰즈와 가타리에 필적할 만큼의 강한 표현으로, 심리지리학은 주

---

25 Wark, *The Beach beneath the Streets*, 28.
26 이 용어 및 집단의 작업 이면에는 많은 층위가 있다. 이 개념은 오스발트 베르톨트와 마틴 하우스의 주도로 창안되었을 가능성이 제일 크지만, 『뮤트』지의 글은 빌프리트 호위 이어 벡(Wilfried Hou Je Bek)이 주로 작성했다. 이 용어는 2010년 트랜스미디알레 페스티벌에 연구 집단과 프로젝트로 참여한 〈미래 도시의 지형학(Topology of a Future City)〉에서 더 명확해졌다. 하지만 조너선 켐프를 포함해 연구와 프로젝트에 참여했던 사람들의 일부 작업이 (핀천과 키틀러를 강하게 암시하는) 2008년 xxxxx-페네뮌데-프로젝트(xxxxx-Peenemünde-project)로 거슬러 올라간다고도 말하는 것 역시 타당하다. 이 용어의 역사와 층위에 관한 더 자세한 정보는 다음의 위키페이지를 참조. http://www.psychogeophysics.org/wiki/doku.php?id=wikipedia. 2014년 1월 이메일 인터뷰로 용어와 역사를 알려주었던 조너선 켐프에게도 감사하다.

택 주거적인 사고방식의 방법론적 예시라고 비판받았다. 그 비판은 심리지리학이 마음과 건축의 문명화된 도시 상태와, 실내와 도시 구조적 삶의 상태에 속박되어 있다고 주장한다. 심리지구물리학적 시각에서 심리지리학은 심지어 습관적 생활의 구조화에서도 시작점일 수 있는 더 광범한 지질학적 맥락들이 간과되고 있었다.

> 심리지구물리학; 지구의 전체 무게가 공중의 물체를 끌어내리듯 (중력; 상대적으로 약하지만 핵심적인 힘), 인간의 조건이 지구 전체에 의해 구성되고 있다: 마음의 판구조론으로서의 심리학.[27]

이 글은 이어 심리지리학의 편향된 특징으로 보이는 'INMB(In My Back Yard)'[28] 지역주의, 그리고 도시 너머와 동시대 너머를 내다보려는 야망의 보편적 결여"를 공격한다. 결국 심리지구물리학의 선언적 어조로 말하자면,

> 도시는 생겼다 없어지고, 지역은 주기적으로 호황과 불황을 오간다. 돌진할 태세를 갖춘 심리지리학적 관점은 (구글-유겐트 google-jugend의 살찐 큰 배의) 절차적 배꼽 응시navel gazing[29]와,

---

27 The London Psychogeophysics Summit, "What Is Psychogeophysics?"
28 [편집자] 님비(Not In My Back Yard)에 대항하여 거주지 근처에 혐오 시설을 유치하자는 운동.
29 [편집자] '배꼽 응시'는 일반적으로 자신에 대한 과도한 집중, 방종한 자기 성찰을 가리키는 경멸적인 용어로, 쓸모없거나 과도한 자기 관조의 한 형태를 의미한다.

측정 및 원raw 데이터가 최고로 객관적이라는 비합리적 믿음에 이미 현혹되었다.[30]

특히 마음의 판구조론을 언급하는 일부 개념은 로버트 스미스슨의 대지미술 담론을 연상시킨다. 그중에서도 스미스슨의 1960년대 글 「마음의 퇴적물: 지구 기획A Sedimentation of the Mind: Earth Projects」에서 그는 그레고리 베이트슨의 생태학적 사유와 강하게 공명하는 언어를 예술과 지질학 둘 다의 맥락으로 도입했다. 침식, 마모, 구성, 분해의 역동적인 미학 관계로 확장되는 마음과 지구 사이의 연속성, 위상학적 전환, 연결성이 이미 스미스슨의 사상에 담겨 있었다. 두뇌와 지구는 스미스슨이 "추상 지질학abstract geology"[31]이라 부르는 것으로 확장한 과정적 구조화를 공유하며, 이는 기술에 대한 이해를 실제 기술 장치와 체계의 구애 없이 더 폭넓은 물질 장場을 망라하는 또 다른 방식에서 가능하게 한다.

런던 심리지구물리학 정상회담은 구식화의 의미와 함께 지구 행성적 차원에서의 저주파적 공포의 언어를 사용하여 심리지구물리학 세계의 이미지를 소환한다. 그것은 도시, 상점가, 아늑한 실내

30 같은 글.
31 Robert Smithson, "A Sedimentation of the Mind: Earth Projects," in *Robert Smithson: The Collected Writings*, ed. Jack Flam (1968; repr. Berkeley: University of California Press, 1996), 100-113; Etienne Turpin, "Robert Smithson's Abstract Geology: Revisiting the Premonitory Politics of the Triassic," in *Making the Geologic Now: Responses to the Material Conditions of Contemporary Life*, ed. Elizabeth Ellsworth and Jamie Kruse (New York: Punctum, 2013), 174 참조.

에 근간을 둔 미학적 방법론이 지질학과 동시대 자본주의적 삶의 관계를 실질적으로 다루기에는 부적절하다는 점과 연관된다. 심리지구물리학적 지도 제작법은 인간 거주지와 환경적인 것 사이의 긴장 상태를 드러내기 위한 것이다. 이 힘과 긴장감은 녹색 정치학green politics보다 더 급진적으로 강조되며, 칸트적 숭고를 동시대의 기술문화의 관점으로 동원하는 차원에서 이를 이해할 수 있다.

> 산은 파리보다 중요하고, 화산은 카이로보다 중요하다. 지진은 두바이보다 중요하고, 지자기 북극geomagnetic north은 미 대륙 모든 도시를 합친 것보다 중요하다. 십억 년 이상의 공백, 로스엔젤레스는 바다 아래로 가라앉고(격변), 십억 년 이상의 공백. 십억 년 이상의 공백, 정원 울타리가 땅바닥에 떨어지고(격변), 십억 년 이상의 공백. 지리학이 아닌 지구물리학이 우리를 정의한다. 위도/경도 체계는 움직이는 중인 지구의 거대한 덩어리들을 반영할 수 없다. 후지산은 구글 지도를 필요로 하지 않는다.[32]

심리지구물리학은 행성적 규모의 미학을 지향한다. 이는 원래 1950-60년대 파리라는 도시 영역에서 탄생한 상황주의자의 도시 중심 관점을 취해서 도시 너머의 비포함적 요소[원소]element인 지구물리학을 다루고 있다고 말할 수 있다. 실제로 게리 제노스코가 새로운 4원소, 혹은 동시대 생명정치와 환경적 맥락에서 흙, 불, 공기, 물

---

[32] The London Psychogeophysics Summit, "What Is Psychogeophysics?"

을 언급한 것[33]은 물질의 지속을 이해하는 한 가지 방법이다. '원소'는 스미스슨의 주장에서는 매클루언의 인간 중심적 기술 이론의 대안으로 나왔고, 제노스코의 주장에서는 심리지구물리학이 미학, 환경, 확장된 생태정치에 관한 동시대의 드넓은 논의의 일환으로 전개될 수 있다고 이해하기 위해 쓰인다.

사실 포스트휴머니티 담론이 우리 안의 동물(비의식the nonconscious을 강조하는 접근법으로 인간중심주의를 비판)[34]만큼이나 인문학이 동물을 (다양한 산업에서 착취된) 사회적, 경제적 분야의 한 부분으로 받아들이도록 기여했다면, 우리는 유기물과 비유기물을 포괄하는 연속체를 좀 더 구체적으로 알아볼 필요가 있을 것 같다. 최근 나온 출판물 『지질의 현재를 만들기Making the Geologic Now』[35]에서도 이러한 지도 제작법이 제시되지만, 심리지구물리학은 최근의 몇몇 예술 프로젝트 및 실천이 각자의 방식으로 선언 메시지를 전달하도록 대안적 탐구의 장을 자극하는 것 같다. 이런 의미에

---

33   Gary Genosko, "The New Fundamental Elements of a Contested Planet," Earth, Air, Water: Matter and Meaning in Rituals 컨퍼런스 대담, Victoria College, University of Toronto, 2013년 6월.

34   Cary Wolfe, *What Is Posthumanism?* (Minneapolis: University of Minnesota Press, 2009); Kari Weil, *Thinking Animals: Why Animal Studies Now?* (New York: Columbia University Press, 2012); Nicole Shukin, *Animal Capital: Rendering Life in Biocapital Times* (Minneapolis: University of Minnesota Press, 2009); Matthew Calarco, *Zoographies: The Question of the Animal from Heidegger to Derrida* (New York: Columbia University Press, 2008)를 사례로 참조할 것. Dominic Pettman, *Human Error: Species-Being and Media Machines* (Minneapolis: University of Minnesota Press, 2011)도 함께 참조.

35   Ellsworth and Kruse, *Making the Geologic Now.*

서 심리지구물리학은 생물, 비유기체, 사회의 구분을 넘나드는 연속체로서의 역할을 수행한다. 또한 심리지구물리학은 우리 안의 광물과 저 멀리 있는 기술 기기류의 토대인 금속과 암석에 대한 윤리-심미적 관점, 즉 추상 지질학을 제공해 줄 수도 있다.

그러므로 이러한 지질 유물론geological materialism을 실질적으로 활용하는 다양한 작업을 우리 눈과 귀를 다른 무언가를 향해 열어 주는 중요한 위치에 놓아야 할 것 같다. 이러한 작품들은 비인간의 시각 정보와 소리를 제공하기 때문이다. 심지어 그와 같은 지구조적 심리학 어휘들 옆에서는 마음의 생태학에 관한 펠릭스 가타리의 말도 밋밋하게 들릴 수 있지만, 이 이 어휘보다 앞선 사례들이 있다.

지질학 예술, 토양 기계들

지질 형성체, 지진, 해빙의 사운드스케이프, 또는 전자기장을 형성하는 다양한 방사능의 예시는 어떤 미학 체계에 속하는가? 지질학적인 것과 인간이 만들어낸 것을 연결시키려 할 때 우리는 어떤 종류의 미학 어휘를 사용하는가? 임마누엘 칸트의 『판단력 비판』을 비롯한 미학 담론은 외부 세계와 관계를 맺는 특정 방식을 구축했는데, 더 구체적으로는 지질학적인 것과의 관계에 관심을 기울이고 있었다. 19세기 초 독일과 영국에서 특히 유행했던 이 주제는 문학과 철학을 자극했다.[36] 18-19세기의 지저subterranean 세계는 지

---

36 Ziolkowski, *German Romanticism and Its Institutions*, 18-22. 아쉽게도 여기에는 아

질학, 광산에만 그치지 않았고 로절린드 윌리엄스의 주장처럼 **숭고**와 **환상** 같은 용어는 지하 세계에 대한 상상의 일부이기도 했다.[37] 여기에는 18세기 이후의 폐허를 향한 매혹, 회화에 반영된 고고학적 열광이 포함되어 있다. 고대 로마 제국을 다시 재상상했던 18세기 후반 조반니 바티스타 피라네시의 회화는 좋은 예시다. 존 마틴의 〈폼페이와 헤르쿨라네움의 몰락The Destruction of Pompeii and Herculaneum〉(1822)은 인류 문명에 숭고한 위협이 되는 지구물리학적 힘에 대한 장엄한 공포의 전형이고, 이 유명한 화산 분출 사건의 신화적 위상을 드높였다. 수도원 등지의 폐허를 묘사한 다양한 이미

름다움과 숭고에 관한 칸트의 질문으로 들어갈 여지는 없다. 부분적으로 이는 화이트헤드에 기반을 둔 최근의 철학적 미학 담론, 특히 샤비로의 『기준 없이(Without Criteria)』에 재편되어 나타났다. 여기서 '지구시학(geopoetics)'이라고 불리는 주제는 산과 바다 등의 자연을 나타내는 개념을 많이 사용하는 만큼 칸트적 숭고의 일환으로 볼 수 있다. 그러나 칸트에게 숭고의 이러한 면은 실상 내부, 마음을 향한 것이다. "이로부터 알 수 있는 바는, 진정한 숭고함은 오직 판단하는 자의 마음에서 찾아야지, 그것에 대한 판정이 마음의 그러한 정조를 야기하는 자연객관에서 찾아서는 안 된다는 사실이다. 그래도 누가 거칠고 무질서하게 중첩되어 있는 눈 덮인 산봉우리가 있는 산악이나 사납게 파도치는 우중충한 바다 따위를 숭고하다고 부르려 하겠는가? 그러나 마음은 그러한 것들을 고찰함에 있어 그것들의 형식은 고려함이 없이 상상력에 대하여, 그리고 전적으로 일정한 목적 없이 상상력과 결합되어 있으면서도 상상력을 순전히 확장하는 이성에 대하여 자신을 내맡겨서, 그럼에도 상상력의 전체 힘이 이성의 이념들에는 걸맞지 않다는 것을 발견하면, 자기 자신의 판정에서 마음은 고양됨을 느낀다." Immanuel Kant, *Critique of Judgment*, trans. Werner S. Pluhar (1790; reprint, Indianapolis, Ind.: Hackett, 1987), §26, "On Estimating the Magnitude of Natural Things, as We Must for the Idea of the Sublime," 257: [국역본] 임마누엘 칸트, 「숭고한 것의 이념에 필요한, 자연사물의 크기와 평가에 대하여」, 『판단력비판』, 백종현 옮김(아카넷, 2009), 264. 따라서 이러한 맥락에서 아름다운 것에 대한 샤비로의 추상과 무기물에 대한 화이트헤드의 관점을 우리의 지구 중심적 주장과 관련된 일부 양상을 암시하는 것으로 볼 수 있을 것 같다.

37 Williams, *Notes on the Underground*, 17.

지는 고고학적인 것, 폐허, 도시의 지구물리학적인 붕괴에 대한 매혹을 드러낸 다른 주제와 함께 당대 영국 미술에서의 중요한 경향이다.[38] 최근 수십 년간 예술 담론에서 제기되었던 다양한 제언은 지질학과 거대한 바깥the great outdoors이 비판적 예술—특히 풍경 예술에서, 그리고 "본질적으로 지구와의 관계와 세계의 개방에 관해 관심을 기울이는"[39] 지구시학geopoetics 같은 것—에서 다시 등장하도록 길을 닦아놓았다.

풍경과 지질이 담긴 사진 예술을 잠시 살펴보면, 확실히 18-19세기의 철학에서 이어받은 고전미의 경향과, 인간의 측정[가능성]과 대문자 자연의 측정 불가능성이라는 대조적인 정서가 상기된다. 그것은 이상적인 자연의 아름다움을 복제 기법techniques으로 포착한다는 점에서 풍경화에서 국립공원의 기술technologies로 이어졌다. 리처드 그루신은 미국적 맥락의 국립공원이 자연을 복제하는 기술 양식을 특징으로 한다고 주장했다.[40] 이는 자연이 재현되고 지리

---

38 테이트브리튼(Tate Britain)에서의 전시 《폐허에 대한 갈망(Ruin Lust)》(2014년 3월 4일-5월 18일)은 폐허에 대한 근대적 상상을 펼쳤던 이러한 시각예술작품들을 훌륭한 기획으로 선보였다.
39 Kenneth White, Matt Baker and John Gordon, "Unconformities, Schisms and Sutures: Geology and the Art of Mythology in Scotland," in Ellsworth and Kruse, *Making the Geologic Now*, 163-69에서 재인용. 1970년대에 화이트의 개념이 등장한 것, 그리고 하이데거, 들뢰즈와 가타리, 일부의 우주론적 관점에 미친 이론적 영향에 관해서는 다음 글을 참조. Kenneth White, "Elements of Geopoetics," *Edinburgh Review* 88 (1992): 163-178. 다음 웹사이트도 함께 참조. http://www.geopoetics.org.uk/.
40 Richard Grusin, *Culture, Technology, and the Creation of America's National Parks* (Cambridge: Cambridge University Press, 2004).

학, 지질학, 국가 건설, 미학적 관심과 서로 엮이는 일련의 이상적 조건들이다. 옐로스톤자연공원이나 그랜드캐니언처럼 지구물리학적으로 독특한 장소들은 19세기에 이미 지질학적 의미로 가득한 미학의 풍경이자 환경이었다. 가령 지리부도가 부첨된 1882년 클래런스 더턴의 『그랜드캐니언의 제3기』[41] 역사Tertiary History of the Grand Cañon District』는 칸트의 미학적 어휘를 다시 채택했다. 서사와 이미지 속의 그랜드캐니언은 미美의 담론에서 인지적으로 접근이 불가능한 숭고 담론으로 이행되었고, 그루신은 이를 이렇게 묘사했다.

숭고의 지각과 관련한 인식론에 대한 더턴의 설명은 침식 및 퇴적의 점증적 작용과 유사하게 표현된다는 점에서 결국 지질학적이다. 더턴에게는 지질학적 구절과 문학적 구절 사이, 그리고 과학적 목적과 미학적 목적 사이의 근본적인 차이가 없다.[42]

더턴의 산문과 이미지에서 풍경은, 지금은 재매개된 일종의 자연 아카이브로서 미학적으로 묘사되고 규정되어 전해지는 "쥐라기 시대 잔해"[43]의 고원과 지층을 그리는 지질학적 지도 제작법이 되었다.

---

41 [옮긴이] 신생대 제3기는 중생대 마지막 시기인 백악기 뒤에 시작되어 약 258만 년 전까지의 지질 시대를 가리킨다.

42 Richard Grusin, 같은 책, 131. Clarence E. Dutton, *Tertiary History of the Grand Cañon District*, with Atlas, in Monographs of the United States Geological Survey, vol. 2 (Washington, D.C.: Government Printing Office, 1882).

43 Dutton, *Tertiary History*, 39.

이렇게 지질학적으로 심원한 시간의 미학으로서의 숭고 개념에 관해서는 로절린드 윌리엄스가 논증한 바 있다. 지질학적 사유뿐 아니라 "산업 기술의 미학적 발견"[44] 역시 위와 같은 19세기 미학으로 뒷받침되었다는 것이다. 풍경화는 (근대 분과학문 및 사고방식으로서의) 지질학의 탄생과 밀접한 관련이 있다.

그러나 더 장기적인 안목으로 본다면, 지질을 다루는 수많은 예술은 시적인 지구 공학화 이상으로 인간의 역할을 인정한다. 이는 인류세 논의에서 수년 동안 제기되었고, 몇 가지 중요한 미적 개입을 추동하는 지점이기도 하다. 실제로 다음의 미학적 물음들은 인문학에 근본적인 윤리적 물음을 제기할 때 제일 중요하다. 그러니까 행성 규모의 공학적 시대이자 우리가 살고 있는, 철저한 물리적 지반에 일어나는 대변화의 시대에 우리는 **그저 인간학**just-humanities만 고수할 수 있을까?

심리지구물리학을 인류세 대신 소수minor라는 개념으로 논의해 보자. 여기서 '소수'란 예술 담론에서의 소수적[쉽게 감지되지 않는] 가시성의 의미이자, 잠재성의 힘과 변이와 일탈의 힘을 모으는 들뢰즈와 가타리적인 의미다. 후자는 공리계의 만능 원칙Master Set of Principles을 확립하기보다는 순회하는 잠재 선ambulant potential lines을 찾는 실험이다.[45] 우리의 경우 미학적 물음은 예술 그 자체만을 유일하게 고려하는 것과는 거리가 멀고, 지각을 가능하게 하는 시간

---

44 Williams, *Notes on the Underground*, 88.
45 Deleuze and Guattari, *A Thousand Plateaus*, 361-374.

적, 공간적 조건에 대한 것에 더 가깝다. 그러나 일부 이런 유형의 지각은 인간에게서 떨어져 나와 기후학적, 지구물리학적 영역을 아우르는 더 드넓은 배치 속에 있다. 이 맥락에서 전송 기술 인프라와 지구물리학적 사운드스케이프를 연동한 케이티 패터슨의 설치 작품 〈바트나이외퀴틀(의 소리)Vatnajökull(the sound of)〉는 흥미롭다.

바다의 빙하가 어떤 소리를 내는지 궁금한 적이 있는가? 빙하의 전화 소리(an)ruf이란 무엇일까?

[아이슬란드 남부 해안 근처에 위치한] 바트나이외퀴틀의 분출 빙하호인 요쿨살룬Jökulsárlón 호수 속에 수중 마이크가 설치되어 증폭기와 휴대전화로 연결되었다. 그것은 빙하로의 실시간 전화선을 생성한다. 전 세계 청취자는 +44(0)7757001122번으로 전화를 걸어 바트나이외퀴틀과 통화할 수 있다. 갤러리 공간에는 전화번호가 적힌 하얀 네온사인이 걸려 있다.[46]

빙하에 전화 걸기는 느리게 융해되는 빙하의 음향권 및 변위 dislocations를 상기시켜 주는, 지구 행성의 지질권과의 기묘한 전화 통화다. 여기서 전송 미디어는 다른 세계에 접근할 수 있게 하는 측정 장치이면서, 기후변화를 다양한 모습으로 계속해서 제시한다. 해빙과 빙하는 산업 문화의 특이한 유산과 인간과 기술이 얽혀 다양

---

46 갤러리 공간에는 전화번호가 적힌 하얀 네온사인이 걸려 있다. "Vatnajokull (the sound of)," Katie Paterson, 작품 설명, http://www.katiepaterson.org/vatnajokull/.

한 인과관계를 촉발하고 또 촉발되는 느린 변화의 신호다. 심지어 바다의 사운드스케이프도 기후변화와 **인류외설**의 예술을 미적으로 측정하는 장치다. 패터슨의 작품과 비슷하게, 음향 환경의 변화를 초래하는 해수의 산성 수치 상승을 다룬 과학 뉴스를 떠올려보자. 음향 환경의 변화는 물을 전송 미디어로 삼는 고래의 소통 방식에 특히 영향을 미치고 있지만, 동시에 [특히 시간을 기록한] 더 폭넓은 미적인 변화 지표기이도 하다. 음향 미디어로서의 해양과 빙하는 산업 시대의 여파가 새겨진 표면이면서, 지질 신호의 거대 증폭기로도 작용한다. 더군다나 해수의 산성 수치는 우리를 1억 4천 5(±4)백만 년에서 6천 6백만 년 전까지의 초창기 백악기 시대로 이동시키는 일종의 타임머신이다.[47]

지구조학에 대한 심리지구물리학적 매혹은 플로리안 돔보이스의 〈지진〉이라는 음속sonic 작품에서 드러나 있다.[48] 청각 지진학 auditory seismology은 지진의 시간적 펼침과 귀 사이의 관계를 음속 과정으로 풀어나감으로써 지구물리학적 사건을 이해하는 시간 결정적time-critical[49] 방법론이다. 그런데 이것은 예술과 과학의 협업이라

---

47 "우리는 이것을 백악기 음향 효과라고 부르는데, 지구온난화로 인한 해양 산성화가 1억 1천만 년 전 공룡 시대에 존재했던 것과 비슷한 바다 음향의 조건으로 돌아가도록 만들기 때문이다." "Dinosaur-Era Acoustics: Global Warming May Give Oceans the 'Sound' of the Cretaceous," *Science Daily*, 2012년 10월 18일, http://www.sciencedaily.com/.

48 작품 정보에 대해서는 플로리안 돔보이스의 홈페이지 참조, http://www.floriandombois.net/.

49 볼프강 에른스트에게 시간 결정적 미디어는, 인간의 직접 지각이 어려운 시간적 규모의 사건을 측정할 수 있다. 그러나 시간 결정적 미디어는 자체적으로도 지각 불가능한

고 요즘 불리고 있는 미디어아트 방법론의 적절한 예시이기도 하다. 심리지구물리학은 동시대 미디어아트계에서는 소수의 미미한 흐름이지만, 심원한 바다와 심원한 지각crust의 문제를 실제로 응당 느껴지는 방식으로 말할 수 있다. 그것은 들뢰즈주의자라면 '지구 되기 Becoming-Earth'라고 부를 법한 것을 소환하는 일종의 행성적 모험으로서의 포스트휴먼 이론을 공표하며, 또한 지구에 대한 고정 관념 및 낭만화된 관념에도 도전한다.[50]

지구와 지구의 지구물리학적 영역은 지상과 지하에 그치지 않는다. 더글러스 칸의 『지구의 소리 지구의 신호Earth Sound Earth Signal』

방식으로 가동한다. 에른스트는 "내부 계산 및 인간-기계 소통('중단interrupt')의 전체 프로세스가 성공하는 데 있어서 최소 시간적 순간들이 결정적인 기술-수학적 컴퓨팅으로 인해, 시간 결정성은 지식 경제에서 인식론적 주목을 받는 새로운 대상이 되었다. 문화가 서술되기보다는 계산되는 상황에서는, 프로세스 지향적인(따라서 역동적인) 미디어고고학으로 시간 결정성에 주목해야 한다"라고 말한다. Jussi Parikka, "Ernst on Time-Critical Media: A Mini-Interview," blog post, *Machinology*, 2013년 3월 18일, http://jussiparikka.net/2013/03/18/ernst-on-microtemporality-a-mini-interview/. Wolfgang Ernst, "From Media History to Zeitkritik," trans. Guido Schenkel, *Theory, Culture, and Society* 30, no. 6 (2013): 132-46를 함께 참조.

50 그것은 가이아 이론에 대한 린 마굴리스의 이해와 공명한다. 또 지구철학의 맥락에서 이와 관련된 주제의 확장적 논의로는 들뢰즈 이론의 단점을 다룬 다음 책을 참조. Woodard, *On an Ungrounded Earth*. 우다드는 그랜트에 기대어 들뢰즈의 지구론에 함의된 신체애호증(somaphilia)적 가능성과, 지구에 생명의 행위자성을 부여하는 차원에서 크게 멀리 가지 않는 또 다른 유형의 안정화 운동의 위험성을 지적한다. "이것은 과도하게 낭만화된 지반(Boden)으로서의 후설의 지구의 방주화(지구가 코페르니쿠스 이전 상태로 시간을 거슬러 올라가 단지 경험의 경계일 뿐이었던 '원래의 방주'로서의 지구), 하이데거가 말하는 개방성(Offenheit) 또는 메를로퐁티가 보여준 열려있음은 말할 것도 없다. 우리가 굴착 기계, 거대 에너지 기계, 생태의 총체적 붕괴로 파괴하려는 것은 지구를 죽은 몸과 무언의 요람으로 묘사하는 그러한 이미지다. 이 이미지들은 범죄적 기능을 이중으로 수행한다. 하나는 생각을 안정화하는 것, 다른 하나는 인간 중심적 생각과 존재에 비중을 두는 것이다."(6)

에 탁월하게 그려졌듯이, 그것은 기후 및 전자기 영역의 일부로 확장된다. 칸의 기발한 전자예술의 미디어 역사는 자연적인 전기로 거슬러 올라가며, 이는 앨빈 루시어의 뇌파 예술brainwaves art에서 조이스 힌터딩이 자연적 전자기 현상을 다루었던 것에 이르는 한참 나중의 작업에서도 그렇듯이 지구가 관계하고 있는 양상을 보여주는 예시에 속한다.[51] 20세기 중반에 출현한 사운드아트 작품은 단순히 자연이나 개별 인간을 말하는 것 이상을 성취했다. 이 초기 사운드아트 작품에서 외기권[우주]과 두뇌는 비인간 영역에 **새롭게** 주목하고 있음을 내세우는 요즘 경향보다 훨씬 앞선 단계가 있었음을 보여주는 방식으로 실험적으로 엮여 있다. 뿐만 아니라 대기와 지구를 측정하는 19세기 초반 기술적 구성들에 대한 미디어 역사는 많은 부분에서 한참 후대의 음속 예술과 전자기 예술이 미디어고고학적 출발점으로 삼고 있다. 이 맥락에서 우리는 자연 영역에 관심을 두는 지식의 기술적 에피스테메라는 이중 분절double articulation과 미디어 예술-기술 실천에서 그 재분절rearticulation을 발견하게 된다.[52]

더글러스 칸의 글을 읽어본다면, 이론적으로도 미디어 역사적으로도 지구의 순환 경로가 어떻게 지하에서 위로 이동했는지를 이해할 수 있다. 칸이 강조한 대로, 기술들의 지하화는 [언더그라운드 예술의 시초인] 20세기 아방가르드보다, 심지어 외부의 비밀 군사작

---

51   Kahn, *Earth Sound Earth Signal*.
52   초기 기술 미디어 장치의 인식론적 기능과 관련한 칸의 주장은 상당 부분 볼프강 에른스트의 미디어고고학에서도 찾아볼 수 있다. Ernst, *Digital Memory and the Archive* 참조.

전보다 먼저 시작되었다. "19세기 동안 통신은 지하로 내려갔고 그곳에서는 꼭 비밀스럽거나 하위주체가 될 필요가 없었다. 심지어 가장 일반적이었던 전신 및 전화 메시지도 지구 땅으로 되돌아와 완료되는 기술적 순환[회로] 방식을 따랐다."[53] 폐쇄형 금속 회로는 개방형 지구 회로에 선행한다.[54] 전리층ionosphere은 1920년대에 라디오와 더불어 국제적인 네트워크 문화의 일부가 되었고, 제2차 세계대전 이후 군사적으로 지원된 인공위성 시대의 개막으로 외기권 또한 그 뒤를 따랐다. 기술적 미디어의 지구물리학적 통신 문화는 [통신 장치의 생산, 사용, 폐기와 관련한 공간적이고 물리적인 범위의] 순환[회로] 확장의 일환에 있다. 그 확장 범위는 지하에서 지상으로, 인간의 의도적인 메시지가 휘파람 소리whistler[55]와 신호 공간을 공유하는 전리층, 그다음에는 (5장에서 더 다룰 인류세(와 우주 쓰레기의 인류외설)의 경계가 확장된) 우주에 이른다.

칸의 설명은 내가 심리지구물리학이 일으킨 도발을 통해 다루고자 하는 미학의 지구물리학적 접근법에 들어맞는다. 칸은 확장적 지구와 회로로 연결되어 순환하는 기술적 미디어의 활동적인 역사를 그렸다는 점에서 독보적이다. 방사선, 전자기, 지구의 규모 같은

---

53 Kahn, *Earth Sound Earth Signal*, 255.
54 "**지구 회로**는 지구의 소리와는 다른 비자연적 사운드에 개방되어 있었지만, **금속 회로**는 자체적인 기술 루프로 폐쇄되어 있었다. 개방형 회로의 소리는 대부분 소음으로 여겨졌지만, 미학적으로 청음되고 과학적 현상으로 관찰되고 측정되기도 했다." Kahn, *Earth Sound Earth Signal*, 256.
55 [옮긴이] 휘슬러 현상은 전자기파가 지구 대기와 전리층에서 이동, 분산, 전파되는 과정에서 일부 인간의 가청 범위에서 휘파람처럼 들리는 소리를 발생시키는 현상이다.

자연적인 '사물thing'[56]이 예술 어휘에 스며들어, 많은 경우 미학이 철저한 인간 중심적 관점을 지니고 있음에도 거기에 비인간적인 것을 조금씩 잠입시킨다. 실제로 미학은 또 다른 일련의 질문으로 전환된다. 그것은 언제나 '과학적'으로 여겨지는 주제와 연결되어, '사실의 문제matters of fact[57]의 미학은 무엇이며, 우리는 어떤 유형의 사회적, 미학적 배치 속에서 과학을 포함한 지식의 일반적 가정과 관련되어 있는 것을 생산하는가?'라는 라투르식 물음을 이끌어낸다.[58] 그러나 그것은 '무엇이 우리에게 미학과 미디어의 이해를 실질적으로 가능하게 하는가?'라는 물음으로 되돌아오기도 한다. 그렇다면 우리의 미학, 우리의 지각, 우리의 감각 체험, 그리고 비인간 주체에 대한 감성의 기반[지반]과 지구, 지반, 무지반은 무엇인가?

---

56 [옮긴이] 아래 각주 참조.

57 [옮긴이] 단순화를 감수하고 짧게 말하자면, '사실의 문제(matters of fact)'는 브뤼노 라투르가 동시대의 시의성에서 벗어난 채로 과학적 사실이 사회적으로 구성되는 과정을 잘못된 맥락에서 고수하는 비판 이론을 자기 성찰하기 위한 용어다. 그는 답보 상태에 빠진 비판 이론이 긍정적인 쇄신을 희망한다면 '사실의 문제'에서 '관심의 문제(matters of concern)'로 접근법을 변화해야 한다고 주장했다. 이 접근법의 실행은 과학과 기술의 대상/객체(object)가 풍요롭고 복잡한 성질을 지닌 '사물(thing)'로 극적으로 전환되는 순간과 서로 맞물리기에 중요하다. "나는 과학, 기술, 예술, 종교 그리고 최근에는 법률의 대상들에 대한 존중─어떤 사람들이 무비판적인 찬양이라고 했던─을 고무하기 위해 십수 권의 책을 써왔다. (…) 그런데도 여전히 독자들에게 전해지는 것은 늑대가 이빨을 딱딱거리는 소음뿐이다. 이 문제를 해결할 수는 없을까? 어떻게 사실의 문제를 논하는 방식이 아니라 관심을 기울이는 방식으로 말할 수 있을까?" 브뤼노 라투르, 「왜 비판은 힘을 잃었는가? 사실의 문제에서 관심의 문제로」, 이희우 옮김, 『문학과 사회』 36(3)(2023): 300.

58 Bruno Latour, *What Is the Style of Matters of Concern?* (Amsterdam: Van Gorcum, 2008).

심리지구물리학적 지도 제작법으로서의 지구 컴퓨팅

더글러스 칸이 주창하는 미디어(아트)의 자연사는, 심리지구물리학이 다소 무질서한 실천 기반의 시도이기는 하지만 그 핵심과 공명한다. 인류세 논의와, 미디어 연구 및 신유물론과 연계되어 계속 발전 중인 '물질성'의 주제에서, 다양한 예술가가 디지털 문화의 정치학과 연결된 방법으로 장치 및 인프라infrastructure의 지질학적 물질성에 관여하고 있다. 2014년 트랜스미디알레Transmediale 페스티벌 레지던시에서 선보였던 제이미 앨런과 데이비드 가시어의 작품 〈핵심 인프라Critical Infrastructure〉는 무엇이 미디어 환경을 지속시키는지 탐색한다(그림6). 〈핵심 인프라〉는 스스로를 "현재의 미디어고고학"과 "인프라-디지털 혹은 인프라-기술로서의 포스트디지털"[59]이라고 지칭하고, 그에 더해 지질학적 용어와 지질학적 방법론을 채택했다. 이 예술가-기술자들은 지질·건축 조사 장비를 사용해서 갈수록 증대되는 기술의 비가시적 영역을 뒷받침하는 것, 즉 보안 및 감시 산업의 지하 영역과, 경제 안보 체제의 일부인 핵심 물질과 공급망을 살핀다.

    심리지구물리학 선언문과 한층 더 직접적인 관련이 있는 것으로는, 마이크로리서치랩(베를린/런던)의 실험적인 작업과 조너선 켐프, 라이언 조던, 마틴 하우스의 프로젝트 〈결정체 세계Crystal

---

[59] 트랜스미디알레/자료: 레지던시 프로젝트 〈핵심 인프라〉, http://www.transmediale.de/resource/residency-project.

그림 6
지질 기계 및 은유와 빅데이터 마이닝 영역의 융합에 대해서 탐구한 설치작품 〈핵심 인프라〉. 시적으로 표현하자면, 이 작품은 사회적인 미디어권에 암석권-토양권을 유입시켰다고도 말할 수 있다. 데이비드 가시어와 제이미 앨런의 작품. 이미지 제공: 트랜스미디알레/시모네타 미가노 트랜스미디알레 Simonetta Migano Transmediale/엘레나 바실코바Elena Vasilkova 2014.

World〉를 꼽을 수 있다.[60] 지난 수년간 〈결정체 세계〉는 세 가지 반복('탈결정화decrystallization', '재결정화recrystallization', '결정체 세계')으로 소개되었다. 그것은 화학물질, 자연적 요소를 다루며, 서킷 벤딩에서 더 나아가 DIY 자가 조작으로 하드웨어를 개방하여 거친 면모를 드러내는 각종 방법으로 실행되었다. 일례로 1960년대 이후의 멘델레프의 주기율표에 대한 생각의 전환을 선보인 (베를린, 런던에서의 각각 다른 버전의) 전시 《결정체 세계》가 있다. 즉 멘델레프의 주기율표가 화학 원소의 율동성을 제시하고 있다는 점에서 경험적일 뿐 아니라 사변적이라는 것이다.[61] 이 프로젝트의 일부는 전시보다 실험실 실험에 더 가깝다. 그러나 그들은 과학적 프로세스처럼 물질을 안정화하는 대신, 물질의 변이와 기술로 재영토화된 지구/땅의 지층을 살피는 것을 목표로 한다(그림7 참조).

하우스, 켐프, 조던은 결정화 및 탈결정화 프로세스를 다양한 방법으로 살펴봄으로써 디지털 문화를 정의한다. 그 일환에서 "컴퓨터는 고도로 정연한 광물의 집합"이며, (탈/재)결정화의 방법론은 지질학적 지층화의 심원한 시간을 추적하는 것과 마찬가지로 그 물질적 계보를 되짚는다. 그들은 컴퓨터의 계산 기술의 토대를 이루는 (콜탄에서 금, 구리 등에 이르는) 광물, 금속, 그 추출 및 구성 프

---

60 이 프로젝트는 조너선 켐프가 처음 시작했고 켐프, 고든, 하우스의 공동 기획으로 이루어졌다. http://crystalworld.org.uk/.

61 Delanda, *Deleuze: History and Science*, 87. See also Matthew Fuller, "The Garden of Earthly Delights," *Mute*, 2012년 9월 19일, http://www.metamute.org/editorial/articles/garden-earthly-delights.

그림 7
조너선 켐프, 〈결정체 세계 v. 2.0〉, 2012. 황산염, 인산염을 포함한 다양한 침전물. 고물 컴퓨터와 광석류의 설치 작품을 그랜드유니언 운하의 약산성 강물에 침지하고 6주 동안 계속 순환시켜 얻어냈다.
이미지 제공: 작가 본인.

로세스를 상세하게 다룬다. 그 프로젝트들은 폐기된 기술에서 유가 성분을 추출하는 프로세스를 재현하고, 그에 더해 예술적 어휘 및 방법론의 한계를 밀어붙이는 실험을 한다. 그것은 "고열·고전압 합성의 지질학, 결정성의crystalline 신호 처리, 사변적 지구물리학, 인류세적 (재)화석화, 오드적odic[62] 회절 이미지 구성하기"[63]로 미학적 방법을 정교화하여 통상의 제도적 규범을 넘어서도록 자체적으로 설정하며, 여기서 컴퓨터 해킹 작업이 연금술의 계보학과 다시 이어진다. 이 지점에서 기본 요소들(이 경우에는 곰팡이와 진흙류)이 컴퓨터 같은 이른바 첨단기술의 진화된 정제 물질 조각들로 연결되어 있다. 그러나 내부가 훤히 들여다보이게, 가령 종말 이후postapocalyptic의 분위기를 풍기는 구리, 알루미늄 같은 요소들의 배치가 훤히 노출되어 있다. 〈결정체 세계〉는 워크숍 외에도 런던의 전시에서처럼 컴퓨터 문화에 관한 기이한 설치 작품으로도 선보였는데, 그 설치 작품은 "쓰레기더미에서 주위와 질산은 용액에 침지한 녹슨 구리와 아연 덩어리"[64]의 안팎이 기묘하게 뒤집힌 모습을 특징으로 한다.

'결정체 공개 실험실The Crystal Open Laboratories'과 전시는 기술-화학적 방법, 정보기술, 자본주의 사이를 연결하는 심리지구물

---

62 [옮긴이] '오딕'은 '오드(ode)'의 형용사로, 19세기 독일 화학자 겸 지질학자 칼 폰 라이헨바흐(Karl von Reichenbach)가 과학 실험으로 증명하려 했던, 동식물과 인간에 담긴 신비한 생명력을 지칭하는 일종의 가설이자 용어다.
63 〈결정체_세계:공간:홍보(The_crystal_world:space:publicity)〉 프로젝트, http://crystal.xxn.org.uk/wiki/doku.php?id=the_crystal_world:space:publicity.
64 Fuller, "Garden of Earthly Delights."

리학적 탐구다. 이 기획은 밸러드에서 핀천에 이르는 소설 서사와 함께, 마르크스의 유산으로 물려받은 것과는 다른 유형의 유물론적 역사도 소환한다. 이러한 실천에서 (신)유물론 비판은 지질학적 결정화 시대 속에 내재되어, 물질이 사회관계를 재생산하는 정보기술 기계의 촉매로 전환되는 특정한 정치경제적 환경 및 노동을 이해하는 데 적용된다. 그것은 도시의 거리뿐만 아니라 컴퓨터 아키텍처(특히 하드웨어)와 지질학적 지층 사이가 연결되어 있는 것도 그려낸 심리지구물리학적 지도 제작법을 참조한다. 정말이지 〈결정체 세계〉 프로젝트는 광물, 기층의 물질성과 전 지구적 미디어 생산의 물질성을 고찰한다는 점에서 가치를 인정받아야 한다. 요컨대 [세상에는] 다양한 종류의 물질성이 작용하고 있다. 이렇게 살아 있는 노동이 소비되고 기계의 죽은 노동으로 대상화된다는 마르크스의 명제는 암묵적으로 결정화 프로세스로 바뀌어 표현되었다. 다만 [이렇게 바뀐 표현에서] 그러한 기계는 엄밀히 죽은 것이 아니라고 주장된다. 이른바 죽은 기계는 그 안에 살아 있는 지구물리학적 지층이자 새로운 매체를 발동시키는 과거 생명의 고대 흔적을 간직하고 있다. 그런 의미에서 켐프, 조던, 하우스의 작업 및 방법론은 화석 및 고대의 층위와 흥미로운 관계를 맺고 있다.

상기의 작동 속에서 매체 개념이 어떻게 수정되는지를 목격할 수 있다. 그들은 커뮤니케이션 용어적 정의에서 시작하여 매체의 생물학적, 지질학적 뿌리를 되새기면서, 에너지와 물질의 동원에 관한 더 광범한 정치경제학을 간과하지 않는다. 실제로 정치경제학은 오늘날 문화 이론이 인정하는 새로운 과학·기술 유물론과 비교되는 그저 '오래된' 유물론에 불과한 것은 아니다. 그 대신, [전술된 예술] 기획과 심리지구물리학은 문화 기술과 지구의 물질성 사이의 연속체를, 정보와 그 기층을, 지구 땅의 참상과 미디어 기술 환경에서 그것이 사용 및 폐기되는 양상을 고찰한다.

마틴 하우스의 〈지구 코드Earthcodes〉 프로젝트는 사변적 하드웨어의 사용 및 오용을 통해 지구에 한층 더 점성적으로 밀착한다. 브라이도티식으로 말하자면 〈지구 코드〉는 말 그대로 디지털 문화의 지구 중심적 관점에 가깝다. 이 작품은 지구를 마더보드로 삼아 흙에서 바로 컴퓨터를 부팅할 수 있는 실용적 가능성을 탐색한다. 작품의 하드웨어는 땅속에 플러그를 꽂도록 맞춤 제작된 USB 기기로 토양에서 운영체제 부팅이 가능하도록 실험적으로 설정되어 있다. 그렇게 〈지구 코드〉의 일부로서 만들어진 '지地 운영체제telluric operating system'는 미디어 역사를 좇는 미디어고고학적 여정이자 "19세기 전신 통신 장치 내부의 전력 공급기로 처음 활용되었던 지하의 전기 흐름이나 지전류의 사용을"[65] 부활시킨 미디어 지질학적 발굴을 행한다. 지 운영체제는 지질학적 담론 및 탐사와 전기 기반 신생 기술적 미디어 둘 다에 관심을 두었던 19세기 중순 '지전류' 관련 논의의 21세기 버전이다. 미디어는 전기 기반으로 작동했고 동시에 지구 회로와 지전류의 존재와 실증을 목적으로 한 측량 장치로도 기능했다. 전신 기술자는 지구물리학적으로 탐색하는 미디어 인

65　Martin Howse, "The Earthcodes Project: Substract/Shifting the Site of Execution," microresearchlab, http://www.1010.co.uk/org/earthcode.html.

식론적 선구자였다.[66]

이제 21세기 컴퓨터 문화로 돌아와서, 지구 부팅 장치는 기업 컴퓨팅에서 거대한 전 지구적 차원으로 지구와 지질의 기술적 사용을 단락短絡시키려는 전략으로 쓰인다. 〈지구 부팅Earthboot〉은 하드웨어 일부로 채워지는 물질들을 독점적 도구 용도로 흡혈하듯 사용하는 것에 대한 비판적 문제의식에 기인한다(그림8). 토양 기판[기층][67]으로의 직접 연결은 일반적인 하드웨어 설정 및 부팅 시퀀스뿐 아니라 (명령 '아르케arche'[68]인) 기업의 명령체계도 우회한다. 물론 이것은 사변에 가깝지만, 미디어 기술 자본주의에 연루된 지질학의 지도 제작법을 보여주는 예증이다.

기판[기층] 개념은 컴퓨터의 계산적 배치에서 중심이 되었다. 그 개념은 "전자적 논리 게이트를 형성하는 복잡한 산업 프로세스"를 의미하는 것 외에도 브램 스토커의 『드라큘라Dracula』를 논한 키

---

66 *Encyclopædia Britannica*, s.v. "Earth Current." 언급된 선구자 중에는 일(日) 변화와, 지반이 지전류에 미치는 영향 같은 주제 관심을 가졌던 발로우(Barlow)와 워커(Walker)가 있다.
67 [옮긴이] 'substrate'는 여기서 지표면의 토양층 아래 심원한 시간이 담긴 지층과 암석층을 지칭하는 지질학적인 '지층'과, 컴퓨터 회로를 구성하기 위해 여러 전자부품들이 장착되는 판으로서의 '기층'을 의미한다. 저자는 이 문단에서 이 두 가지 중의적 의미를 동시에 강조한다. 그리고 이 두 가지 의미는 4장에서 노동자의 신체의 기입 문제로 한 층 더 확장한다.
68 여기서 '아르케'는 철학과 미디어 연구에서 고고학을 둘러싼 특정 논의를 말한다. 조르조 아감벤과 볼프강 에른스트는 미셸 푸코를 기반 삼아 아르케의 의미가 '기원'과 '명령'이라는 점을 강조했다. 특히 에른스트는 그 개념을 미디어고고학적 연구와 컴퓨터 문화를 논하려고 동원했다. 미디어고고학은 이 책의 주요 논지나 맥락은 아니지만, 컴퓨터 문화에 담긴 이러한 [아르케의] 함의를 알아두면 좋다.

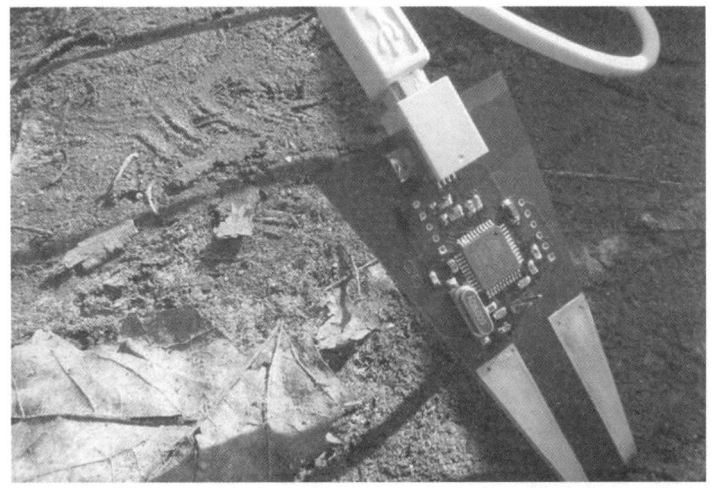

그림 8
마틴 하우스의 〈지구 부팅Earthboot〉은 컴퓨터 시대에 맞게 대지미술과 스미스슨의 추상 지질학을 재물질화한다. 이 작품은 땅의 전기를 사용하여 대안적 컴퓨터 운영체제를 부팅하는 사변적 인터페이스를 구성한다. 이미지 제공: 작가 본인.

틀러의 글[69]에서 비롯된 사변적 지구물리학적 함의도 담겨 있다. 소프트웨어는 추상화 프로세스이지만 그 기판[기층, 기질]이 지닌 시적이면서도 기술적인 물질성을 고려해야 할 것이다.

소프트웨어의 추상화에도 불구하고 지질학적인 것은 우리와 우리의 물질을 둘러싼 지구 기판[기층]으로서 특정한 매력을 유지하고 있다. 기판[기층]은 소프트웨어에서 코드화된 가시성의 부재, 그 필연적인 '암호화'와 대조적으로 일련의 경제적, 정치적, 경제적 결과들을 동일하게 보여준다. 브램 스토커의 『드라큘라』 같은 이야기는 더 앞선 소설들을 바탕으로 하지만, 물질과 기판[기층]에 관한 문제를 신체로 이동시켰다. 드라큘라의 바이러스 코드는 그의 기질로서의 기판[기층]과의 인터페이스 접속을 통해 작동한다. 그러니까 갓 파낸 흙이 감염 벡터[70]가 되어 런던으로 이동되고 수도 전역에 퍼진 것이다.[71]

---

69 Friedrich Kittler, "Dracula's Legacy," in *Literature, Media, Information Systems*, ed. John Johnston, 50–84 (Amsterdam: G+B Arts International, 1997) 참조.
70 [옮긴이] 감염 벡터는 기생충, 박테리아, 바이러스 등의 매개체를 통해 전염되는 감염병의 요인으로, 말라리아, 뎅기열, 일본뇌염 등이 이로 인해 발생된다.
71 Howse, "The Earthcodes Project." 중요한 사실은 흙에도 역사가 있다는 것이다. 19세기 동안, 흙을 그저 암석의 잔여로 보았던 지질학적 논의는 흙에 고유의 지위와 생명과 역사를 부여하는 대안적 접근에 점차적으로 자리를 내주었다. 토양학과 지질학의 변화를 읽는 것으로 그에 대해 알 수 있다. 흙은 그 자체로 이종적 배치물이 되었다. Denizen, "Three Holes in the Geological Present," in *Architecture in the Anthropocene: Encounters among Design, Deep Time, Science, and Philosophy*, ed. Etienne Turpin, 35–43 (Ann Arbor, Mich.: Open Humanities Press, 2013) 참조.

위의 맥락에서 바이러스 코드는 [비물질적] 소프트웨어 행위자보다는 [물질적인] 기판 겸 기층으로 작용한다.[72] 하우스의 심리지구물리학적 시도는 미술사적 차원에서 스미스슨의 대지미술과 1960년대 시각예술에서의 지구물리학적 담론을 상기시키기도 한다. 〈지구 코드〉는 스미스슨을 직접 참조하는데, 그게 아니어도 연관성은 꽤 명백하다. 예술 작업실에 금속과 화학 프로세스가 입성하면서 지질학적, 생태학적으로 중요한 물질의 사용과, 또 중요한 시각예술/미디어 아트의 비기술 조건, 즉 "암석과 광물 분해의 주요 프로세스"[73]라고 스미스슨이 명명했던 산화 작용, 수화水和 작용, 탄화 작용, 용해 등이 모두 조명되었다. 이렇게 스미스슨이 지구 중심적 물질성을 강조한 것은 산업적 대량 기술에서, 예술적 물질성에 대한 우리의 이해에 영향을 줄 수 있는 보다 근본적인 지층(이라고 그가 말했던 것)으로 이행했음을 드러낸다. 즉 "물질의 분해 혹은 파편화된 상태는 우리에게 그것이 과도한 산업적 정제로 판금, 압출형 I자 빔, 알루미늄 채널, 튜브, 와이어, 파이프, 냉간 압연강판, 철근 등이 되기 이전의 하부 지층sub-strata 상태를 일깨운다."[74] 이 대목에서 로제 카유아가 암시했던 약속이 이행된다. 그러니까 암석, 돌, 폭넓게 말해 지질학적인 것들은 [감각적] 지각aesthesis의 대상이면서 동시에 화학적, 기술적 변화의 잠재적 촉매인 것이다. 이렇게 지질 자원과 지구물리학적인

---

72 Jussi Parikka, *Digital Contagions: A Media Archaeology of Computer Viruses* (New York: Peter Lang, 2007) 비교 참조.
73 Smithson, "A Sedimentation of the Mind," 106.
74 같은 책.

영역을 보는 관점은 금속을 촉매로 본다.[75] 심리지구물리학적 지도 그리기는 금속을 새로운 화학 반응뿐 아니라 사회적, 경제적 관계와 군집에 촉매를 일으키는 방식을 목표로 한다. 그것은 사변적인 예술 실천이 보여준 금속과 화학의 관계를 따라감으로써 물리적으로 연결된 권력 관계를 그리는 지도 제작법이다. 우리는 도시의 지도 제작법 대신 지구물리적인 것에 배태된 기술의 아키텍처를 다루는 지도 제작법을 목격하고 있다.

심리지구물리학 선언문의 일부 주장은 상황주의의 도시 중심적 경향을 도발적으로(나는 이를 유희적이라고 말하고 싶다) 공격한다. 도시 중심적 작업에서 생태학적 비판이 완전히 부재한 것은 아니다. 어쨌거나 도시는 그 지구물리학적 환경 속에서 존속하는 경우이기 때문이다. (치체글로브를 논하는) 매켄지 와크를 인용하자면 도시는 변형되어 "자연을 제2자연으로 변형시키는 과정을 드러내며, 이 과정에서 자연을 도시의 소비를 위한 자원으로 보이게 한다."[76] 와크

---

75 마누엘 데란다는 금속의 화학반응 촉매로서의 역할을 '금속 정동(metallic affects)'이라고 일컫는다. 데란다의 말을 응용하자면, 금속 정동은 화학적 상호작용의 실제 구성에 변화를 일으킬 수 있는 분자적 잠재성을 의미한다. 촉매 자체는 이러한 반응에 변화가 없기 때문에 그 목적에 유용하다. 게다가 더 일반적으로는 금속이 생명에 침투하는 방법이 있다. 이러한 신유물론의 관점은 보통 물질적 존재(노동, 공간, 옷, 음식)로 치는 것들의 분자적 수준에서의 반응으로 확장한다고 본다. 실제로 우리 몸과 두뇌 속에 있는 금속은 기술적 배치 속에 있는 금속 못지않게 다양한 차원의 현상을 종단하는 전도성의 요소이기도 하다. 방법론 면에서 그것은 초기 유물론 철학의 인간 중심적인 관점을 바로잡는 것을 목표로, 존재들의 현실과, 규모와 무관한 그 존재적 과정에 관심을 둔 신유물론의 배치 이론과 연관되어 있다. Delanda, *Deleuze: History and Science*, 78.

76 Wark, *The Beach beneath the Street*, 29.

는 이 입장을 지속 가능한 도시라는 단순한 발상과 혼동하면 안 된다고 지적한다. 도시는 전자 통신 및 인프라(예를 들면 전기)에 중대한 영향을 끼칠 수 있는 전자기파를 동반한 강력한 태양 표면 폭발처럼, 지진 같은 지구물리학적 사건들로 인해 침식, 소실, 사막화, 붕괴되기도 한다. 때때로 우리는 인문학적 관점에서 공간을 보는 의미가 부여된 삶의 지형과, 지질, 날씨, 기후를 통해 자체적인 재생산을 하는 물질적 지형을 구별하는 경향이 있다.[77] 화산은 비판 이론이나 문화지리학의 지형에 크게 많이 속한 적은 없지만, [보다 초학제적 방식으로] 지질학을 이론화할 필요가 있다. 어떤 지리적 '장소' 개념이더라도 그것이 지구물리학적 힘에 의한 것만큼이나 그곳의 거주자의 의미작용 행위에 의한 것으로도 끊임없이 설명되어 왔기 때문이다.[78] 도시와 비도시의 삶에는 지구물리학적인 것이 담겨 있기 마련이다. 우리의 두뇌, 뼈, 신체에 (지구적 지속 차원에서 우리를 수억 년 동안의 행성적 시간의 역사들과 연결지어주는) 금속 및 무기질화 과정이 담겨 있는 것과 마찬가지다. 또 그것은 장소-공간-지형의 말소erasure를 논할 수 있는, 그리고 직간접적인 지구공학이 근

---

[77] Paul Lloyd Sargent, "Landscapes of Erasure: The Removal—and Persistence—of Place," in Ellsworth and Kruse, *Making the Geologic Now*, 108. 또한 건축과 인류세의 논의는 도시와 지질을 재고하게 한다. "특히 지질로(of) 또는 지질 위에(on) 만들어진 것으로서 도시를 담은 이미지는 핵연료, 댐으로 막힌 강, 대기 중 탄소, 미래에까지 영향을 미칠 도시학의 기타 대사산물(metabolic products)의 형태로 지질을 만드는(make) 사물로서 도시를 대하는 관념과 더 많이 논쟁해야 한다." Denizen, "Three Holes in the Geological Present," 29.

[78] 같은 책.

절eradication의 방법으로 지형을 생산 중인 방식을 이야기하는 것을 가능하게 하는 심리지리학 혹은 심리지구물리학의 필요성을 의미하기도 한다. 전쟁에서 공학으로, 드레스덴에서 히로시마로 이어지는 폴 비릴리오의 주장을 따라 소멸의 미학이 기술 문화의 지구물리학적 힘과 관련되어 있다고 말할 수도 있을 것이다.[79]

상황주의의 방법론은 기술 및 컴퓨터 문화의 영역에도 연결될 수 있다. 드보르가 표류dérive에 대해 내린 정의는 이미 준비된 해커 선언문이나 마찬가지였다. "표류의 관점에서 보았을 때 도시에는 특정 구간의 유입과 방출을 강력하게 저지하는 항상적 흐름, 고정점, 소용돌이로 이루어진 심리지리학적 등고선이 존재한다."[80] 와크는 드보르의 그 구절을 이어받아 "표류는 이러한 등고선을 발견한다. 도시는 국가나 시장의 이해관계로 환원될 수 없는 **미적 실천**이다"[81]라는 말을 덧붙인다. 여기서 도시를 컴퓨터로 바꿔 말한다면 그것은 한계점, 위법적인 사용, 진입 금지 구역을 찾으려는 대안적 컴퓨팅의 설명 및 지침으로 시작될 것이다. 그 기술 기계는 국가나 시장의 이해관계로 환원될 수 없는 미적 실천이다. 이 혼합물에 지구물리학적인

---

79   Sargent, "Landscapes of Erasure," 109 참조. "시간이 흐르면서 도시, 시골, 심지어 '야생' 공간에서도 강의 물길이 바뀌고, 연못의 물이 빠지고, 쇼핑몰이 건설되고, 카지노가 난립하고, 숲이 불타고, 농작물이 재배되고, 바다가 오염되고, 저수지가 조성되고, 인공강우가 이뤄지고, 성당이 세워지고, 마을이 헐리며, 젠트리피케이션으로 이웃이 빠져나가며, 도서관이 채워지고, 위성이 발사되며, 역사가 잊히고, 이민자가 추방되며, 사업 매출이 일어나고, 침입종이 들어오고, 토착민이 떠나고, 명소의 이름이 바뀐다."
80   Debord, as quoted in Wark, *The Beach beneath the Street*, 28.
81   Wark, *The Beach beneath the Street*, 28.

부분을 더하면 그 프로젝트(들)의 배경이 되는 생각을 이해하는 데 가까워진다. 즉 지구물리학과 연동된 이 기계들의 기술 현실에 지구 행성적, 지구 중심적 양상이 자원과 행동유도성 둘 다로서 어떤 영향을 끼치는지 이해하게 되는 것이다. 심원한 시간의 지하(2장 참조)는 문자 그대로 지하, 토양, 기층에서 발굴해 내는 실험적인 예술 실천과 다시 연결되지만, 디지털 산업에서 기업 자본주의가 유지하고자 하는 지구와의 독점적 관계를 우회할 수 있는 가능성들을 사변하는, 기술적[기술을 주제이자 방법으로 삼아 자기 지시적 효과를 내는] 예술 실천과도 맞닿아 있다.

문학사는 미디어의 지질학과 관련된, 더 정확하게는 문화 연구가 고려해야 하는 지질학적 영향과 관련된 환상적인 참조들로 가득하다. 이는 오비디우스에서 토머스 핀천에 이르기까지 다양하다. "상형문자적 거리 이면에는 초월적 의미가, 아니면 오직 지구만이 있을지도 모른다"[82](1966년 『제49호 품목의 경매The Crying of Lot 49』)라는 핀천의 문구는 '보도步道 아래는 해변이다'라는 상황주의의 비슷하면서도 잘 알려진 구호에 선행한다. 하지만 그것을 심리물리학적 맥락에서 지어낸 연결고리로 이어보고 싶어할 수 있다. 핀천을 기술문화의 심리지리학적 지도 제작자라고 주장하고, 심지어 최근작 『블리딩 에지』(2013)의 영구동토층에 관한 부분을 심리지구물리학적으로 읽을 수도 있다고 말이다.

미디어와 예술의 지질학에 담긴 시적 역사에는 구리와 연금술,

---

82 Pynchon, *The Crying of Lot 49* (New York: Harper and Row, 1966), 181–182.

미디어의 물질적 역사들, 천문학, 행성적 차원들, 심원한 공간이 되는 심원한 시간들에 관한 이야기와 함께 채굴과 야금술의 정교한 기법들을 다룬 글(특히 게오르기우스 아그리콜라의 『금속에 관하여 De Re Metallica』)도 포함된다. 여기서는 광물과 [우주]궤도의 상호관계를 그린 트레버 패글런의 환상적인 리서치 기반 사진 작업 같은 예시들로 채 나아가지 못했지만 그 점은 5장에서 간략하게나마 다룰 예정이다.

핀천의 『제49호 품목의 경매』 마지막의 상형문자적 거리에 관한 부분은 카유아의 『돌에 관하여』와 흡사하다. 카유아가 말하는 돌은 원 알파벳proto-alphabet, 서사이자 끝없는 사변, 상상, 허구화 fabulation로의 초대이자, 외견상 부동의 암석 얼굴에서 증식되는 찰나의 의미들이다. 핀천의 다소 건조한 물음은 문화 이론의 풍경에서 방향을 잡는 유용한 방법이다. 만일 의미를 찾거나 그것을 종교적 또는 다른 초월적 존재에 기필코 고정하려는 편집증적인 지식 도모에서 벗어나, 문화 생산의 생명정치 및 지정학과의 관계에서 지속적으로 동원되는 능동적이고 역동적인 현실로 이동하는 것, 그러면서도 **지구**geo가 실제로 지상과 지하를 의미하는 그 현실로 이동하는 것은 어떨까? 어떤 면에서 그것은 성서적 시간에서 벗어난 심원한 시간 및 지구의 지질학적 실현으로의 이동이다(2장 참조). 돌에 쓰인 그 글들은 과거의, 혹은 종교적 계시에 숨은 해석학적 비밀을 푸는 단서 대신, 기호학적인 의미에서의 기호sign보다는 (지질물이 미디어로 변형되고 미디어가 그 지구물리학적 조건을 드러내는 혼합적 기호학mixed semiotics[83]의 일환에서 물질적 양상을 의미화하는) 신호signal에 어쩌면 더 가까울 것이다.

비인간nonhuman과 역인간unhuman[84]은 지구조tectonics로, 지진으로, 해저로, 나머지 장에서 다룰 쓰레기층과 합성 지질 형성물로 되돌아온다. 이러한 작용은 또한 가장 깊은 심원한 시간들과 가장 많이 재귀하는 시간들의 미학으로 수렴되는데, 그 미학이란, 아마도 환각으로 일어나는 의미, 경고로서 돌에 기입된 상형문자의 바로 그것일 것이다. 다시, "사람들은 대지의 내장 속으로 들어가 부富를 캐냈고, 이 부는 온갖 사악함을 부추겼다"라는 오비디우스의 구절은 인류외설의 시대를 완벽하게 관통한다.

다음 장은 중노동hard work과 하드웨어hardware의 외설성으로 이어진다. 그리고 지하 및 기층에서 실내외 공기 중에 부유하는 먼지가 있는 표면 위로 살짝 올라간다. 이제 위쪽으로 이동해서 미세먼지에 주목하고 그것을 비판적인 신유물론 분석의 벡터로 다룰 것

---

83 펠릭스 가타리가 사용했던 의미.
84 유진 새커(Eugene Thacker)가 프리츠 라이버(Fritz Leiber)와 비인간적인 것의 주제를 논한 것과 비교 참조. Thacker, "Black Infinity," 173-180. [편집자] 일반적으로 '비인간(nonhuman)'은 인간 종에 속하지 않는 동물, 식물, 기계 또는 인간의 자질을 갖지 않는 여타 모든 사물이나 존재로, 인간의 외부에 존재한다. 반면에 '역인간적인 것(unhuman)은 우리를 둘러싼 세계와 일방적이고 도구적인 관계를 맺고 있어 인간의 범위 내에 존재하는 것일 뿐 인간의 외부에 존재하지 않는다. 이처럼 역인간적인 것은 인간의 시식에 의해 지배되고 생산되는 까닭에 종종 인간의 특성이나 규범에서 벗어난 느낌을 전달할 수도 있다. 한때 인간적이었지만 인간의 특성을 넘어서거나 벗어난 것을 묘사하거나 인간성이 결여된 것처럼 보이는 특성, 행동을 부정적이거나 경멸적인 의미로 나타낼 수 있다.

이다. 그럼으로써 지구물리학적 사례 연구, 비유기물과 동시대 디지털 자본주의의 얽힘을 신유물론의 일부정치경제학적 의미를 이해하는 방법으로 사용하여 지구물리학적인 이해를 더 넓히고자 한다.[85]

---

85 제인 베넷이 *Vibrant Matter*, 63에서 생기적 물질이 역사적 유물론과 일맥상통하다고 보았던 주장을 비교 참조.

4
먼지와 소진된 삶

> 각각의 먼지 입자는 물질, 운동, 집단성, 상호작용, 정동, 분화, 조성, 무한한 어둠에 관한 독특한 비전을 실어 나른다.
> — 레자 네가레스타니, 『사이클로노피디아』[1]

나는 북쪽에 살았다. 핀란드는 몇 년간 남부에도 눈이 많이 내린 까닭에 체육 수업에 스키 장비를 챙겨갔고, 격주마다 스케이트를 타야 했다. 아이스링크 옆에는 그 누구도 크게 눈여겨보지 않는 눈 적치장이 있었다. 밤새 눈이 내린 다음날에는 거리 제설로 거둔 눈이 여기에 쌓였다. 눈 더미는 내가 살던 작은 마을에서는 큰 것이기도 했고 잠깐이지만 완벽히 자연적으로 형성된 언덕이 되어 미끄럼을 타거나 성을 빚을 수 있었다.

나는 눈을 그 이상으로 생각해 보지는 않았다. 예컨대 눈을 빙하로 여기자는 크리스천 닐 밀닐의 주장처럼 생각해 본 적은 없었

---

[1] Negarestani, *Cyclonopedia*, 88. [국역본] 네가레스타니, 『사이클로노피디아』, 146.

다.² 그는 도시의 눈 더미를 중요한 지질학적 성좌로 보아야 한다고 말한다. 우리 같은 미디어 이론가들은 발터 벤야민의 넝마주이에서 현재의 관심사인 전자 폐기물에 이르기까지 여러 유형의 쓰레기 더미를 주요 연구 분야로 사유한다. 그러나 눈은 비인간 수집가다. 여름이 되면 그 수집물을 흔적으로 남기는 축압기다. 눈은 일종의 기록 표면으로, 아니면 이보다 더 타당하게는 무거운 공기를 빨아들이는 버섯처럼 작용하면서 우리를 둘러싸고 있는 무거운 공기를 발현시킨다. 지질학적인 것은 표면에만 머물러 있지 않다.

도시의 거리에 드리운 안개에는 퇴적물이 들어 있다. 거기엔 타이어 마모에서 발생하는 납과 크롬산염의 저선량 유독성 분진, 배기관에서 배출되는 질산염, 황산염, 기타 금속류의 탄화수소 가스 및 미세입자가 혼재되어 있다. 차가 신호등에서 정지할 때마다 브레이크 라이닝이 마모되면서 구리, 아연, 납의 미세 조각이 발생한다.³

밀닐의 주장처럼 지질학적인 것은 막膜과 같다. 나아가 도시의 흙, 쓰레기, 먼지의 심리지구물리학을 논할 수 있을까? 자동차의 오염물질 배출 등 각종 원인으로 인해 발생하는 먼지는 표면 내외부에 막

---

2 Christian Neal MilNeil, "Inner-City Glaciers," in Ellsworth and Kruse, *Making the Geologic Now*, 79–81.
3 같은 책, 79.

을 형성하는 식으로 하얀 눈에 흔적을 남긴다. 사실 눈은 하얗지 않고, 오랫동안 하얗게 남아 있는 경우도 드물다. 광고나 영화 속의 상상적인 순수한 흰색은 그렇게 흔치 않다. 그 대신 먼지가 있다. 먼지는 광물과 금속을 함유한 채 먼 거리를 이동한다는 점에서 그 자체로 집합적 배치물의 흥미로운 사례다.[4] 또한 "금속, 세균, 잔류성 유기 오염물질과 살충제"[5] 등의 다양한 사회적, 정치적, 미디어적 쟁점을 물질 동원의 일환으로 결집시킨다는 의미에서의 집합적 배치물이기도 하다. 먼지는 특정 지역이나 바람wind에 국한되지 않고 지구 바깥에도 존재한다. 엄청난 양의 우주먼지는 우리가 외계에서 온 것을 들이마시고 있다는 사실을 상기시킨다. 우리가 환경과학에서 배웠듯, 유기체와 비유기체는 먼지 및 화학물질을 흡기한다. 먼지 외에도 우리 몸에서는 미량의 DDT와 기타 화학물질이 계속 검출되고 있다. 그 성분은 수십 년간 사용되지 않았지만 인간, 동물, 흙, 지구

---

[4] Negarestani, *Cyclonopedia*. Gary Genosko, "The New Fundamental Elements of a Contested Planet," talk presented at Earth, Air, Water: Matter and Meaning in Rituals conference, Victoria College, University of Toronto, 2013년 6월 발표 참조. 이 주장을 보여주는 사례로서 냉전 시대의 핵실험 문화는 기후 연구와 밀접한 관계가 있다. 핵실험으로 인한 방사능 낙진은 성층권을 통과하는 경우도 많았으며, 폭발의 여파를 추적하는 것은 탄소 14가 포함된 미세입자의 전 지구적 순환을 이해하는 데 중요한 역할을 했다. 예를 들어 탄소가 지구에 남긴 흔적은 아이러니하게도 첨단 컴퓨팅으로 가능해진 핵폭발의 도움으로 행성의 전 지구적 역학을 이해할 수 있는 행위자가 되었다. Edwards, *Vast Machine*, 209 참조.

[5] "오늘날 아프리카의 먼지에는 금속, 미생물, 잔류성 유기오염물질, 살충제가 섞여 있고, 이 오염물질은 카리브해의 사라져가는 암초 위에 내려앉는다. 미논의 흐릿한 수중에서 부채산호의 병과 산호의 죽음을 초래하는 것으로 알려진 병원성 곰팡이는 말리의 사헬 지대의 토양에서 유래했다." GinaRae LaCerva, "The History of Dust," *Feedback* blog, http://openhumanitiespress.org/feedback/newecologies/dust/.

가 상호 연결된 환경 사슬에 잔존해 있기 때문이다. 그리고 잔존은 다른 차원의 규모에서도 계속된다. 얼음층은 지구의 수십 억 년 묵은 화학적 변화의 기록물일 수 있다. 산호는 수백만 년에 달하는 기록 장치로, (대기와 산호의 탄소14 농도 등으로 측정 가능한) 인류세의 지표이자 보다 최근의 원자 시대[6]의 잔여물로 여겨질 수 있다.

> 일례로 일부 산호의 나이테에 1950년대 후반에서 1960년대 초반 대기권에서의 핵무기 실험이 기록되어 있다는 사실이 밝혀졌다. 17세기 후반 소빙기와 마찬가지로 산업혁명의 증거도 기록되어 있다. 그리고 산호에서 형성 중인 나이테는 천문학자들이 첫 가설로 내세웠던 지구 자전의 점진적 감속을 기록하고 있을 수도 있다.[7]

이 장은 먼지의 미세입자를 다루며, 앞선 주제였던 미디어 문화에서의 지구물리학적 심원한 시간과 그것이 신체와 노동의 물질성과 맺는 관계라는 두 가지 맥락에서 먼지의 미세입자를 독해한다. 따라서 이 장에서의 이중 분절은 먼지와 소진exhaustion에 관한 것이다. 먼지 개념은 광부의 폐와 경제특구에서 디지털 미디어 부품을 생산하는 중국인 하청 노동자의 폐로 우리를 데려간다. 건강상의 위험은

---

6   [옮긴이] 1945년 7월 최초의 원자폭탄 트리니티 실험을 기점으로 원자력이 핵심이 된 시대를 일컫는다.
7   James P. Sterba, "In Coral Layers Scientists Find a History of the World," *New York Times*, 1982년 8월 10일.

미디어 유물론과 얽혀 있고, 먼지는 사변적 실재론과 얽혀 있지만, 이는 소진된 코그니타리아트cognitariat[8]에 관한 프랑코 '비포' 베라르디의 주장과 함께 정치적 관점에서 접근된다. 이 장은 인지 자본주의의 그러한 면을 살펴보면서 보다 일상적인 일과 물질적 특징에 그 근거를 두고자 한다. 먼지는 이야기를 서술하지만, 그것은 이 서술자의 비인간 행위성에 주목하는 방식으로 이루어진다. 미디어의 지질학은 완전히 땅에 속하지 않고, 완전히 대기에도 속하지 않는 먼지와 더불어 계속될 수 있다.

먼지: 비사물Non-thing

먼지에는 시적인 무언가가 있다. 그것은 동화 속 이야기, 오랫동안 방치된 곳, 다락방과 모래 언덕, 아예 존재한 적도 없었던 것 같은 아주 오래 전의 장소에 대한 이야기다. 먼지투성이 책은 서가와 필사본 위에 느리게 켜켜이 쌓이는 아카이브의 시간이다. 마르셀 뒤샹의 1920년대 작품 〈큰 유리Large Glass〉는 먼지 모음집이었다. 그는 미술관에 설치된 예술작품으로서 비인간 입자인 먼지가 시간에 따

---

8   [옮긴이] 코그니타리아트는 전 지구적이며 탈산업적 기술과 네트워크화된 정보 시스템의 시대에 정신적, 리비도적 에너지가 노동에 장시간 집중되어 소진된 저임금 지식 노동자를 일컫는다. "노동자는 더 이상 인간으로 존재하지 않는다. 노동자는 언제든 교체가능한 생산자, 네트워크의 끊임없는 흐름 속에 들어가는 재조합적 기호작용의 미세한 일부일 뿐이다": [국역본] 프랑코 '비포' 베라르디, 『프레카리아트를 위한 랩소디: 기호자본주의 불안정성과 정보노동의 정신병리』, 정유리 옮김(난장, 2013), 86.

라 느리게 모이는 작용, "목적이 있는 비활동성"[9]을 행하도록 놔둔 셈이다. 먼지는 변형될 수 있고 어떻게든 잡아보려 해도 쉽게 빠져나간다. 스티븐 코너의 표현을 빌리자면, 그것은 무정형적amorphous이고 변성적metamorphic이기까지 하다.[10] 또한 먼지는 엄청나게 많다. 나노입자는 어디에나 있으며 보이지 않고 들리지 않는 사회들을 형성하는 동시에 인간이 상상할 수 없는 규모로 응집해 있다. 우리는 소수자다. 먼지는 인간의 사물들에 대한 발언권이 있으며, 의도했든 우연이든 우리가 남긴 것들(구식 기술, 부서진 잔해, 기념비)을 덮어서 대상 자체뿐 아니라 먼지의 점진적인 퇴적을 상기시킨다. 먼지는 지질학적인 지층을 형성한다. 먼지는 물질의 시간성, 즉 쌓이고 퇴적되며 수백만 년에 걸친 과정을 거쳐 고체가 일시적인 것으로 변형되었다가 다시 되돌아가는 과정적 물질성을 나타낸다. 그것은 군집을 이루고 압도하며 소진시키고 자욱하게 흐려놓는다. "아무리 깊게 들이마셔도 먼지는 절대 고갈되지 않는다."[11]

심지어 호흡부전에 시적 낭만이 부여되기도 한다. 폐질환은 결국 여린 영혼의 증후이며 그에 관한 긴 문화사가 있다. 결핵은 푸치니의 오페라에서 토마스 만의 『마의 산Der Zauberberg』(1924)에 이르는 방대한 사례에 등장한다. 결핵에 걸린 창백한 신체는 그 질병

---

9   Colby Chamberlain, "Something in the Air," *Cabinet* 35 (Fall 2009), http://cabinetmagazine.org/issues/35/chamberlain.php.
10 Steven Connor, "Pulverulence," *Cabinet* 35 (Fall 2009), http://cabinetmagazine.org/issues/35/connor.php.
11 네가레스타니의 『사이클로노피디아』의 등장인물인 하미드 파르사니 박사.

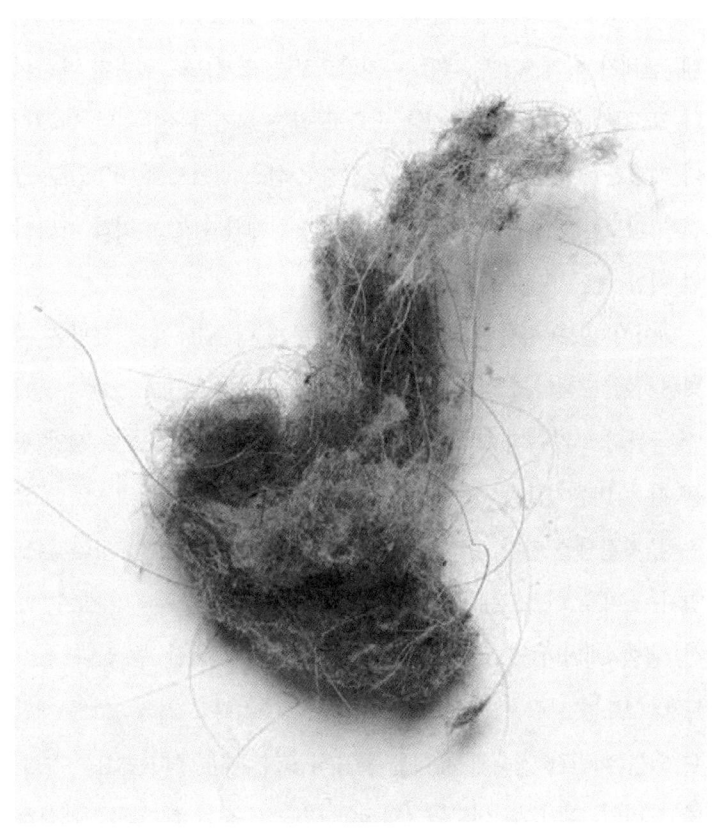

그림 9
라헐 데 오더, 〈먼지의 초상Dust Portrait〉, 2014, 이미지 제공: 작가.

으로 폐색된 폐에 바람이 들어간[기흉] 신화적인 이미지의 원천이 되었다. 마치 결핵이 신체를 물질로부터 해방시키는 것처럼 보인다. "결핵은 분해, 발열화febrilization, 탈물질화다. 그것은 액체의 질병인데, 신체가 가래, 점액, 객담, 마지막으로는 혈액으로 변하기 때문이다. 또 그것은 더 좋은 공기를 필요로 하는 공기의 질병이다."[12] 그러나 폐질환을 가진 신체는 쉬이 탈진하고 산소 결핍으로 허덕인다. 그것은 피로한 신체이며, 피로는 노동하는 신체와 함께 우리가 따라야 할 핵심 궤적이다.

이미 일부 사람들은 먼지를 진지하게 다루고 있다. 그것은 새벽 5시에 도시의 회사 사무실을 청소하는 저임금 청소 노동자군에만 국한되지 않는다. 먼지는 머리카락, 섬유질, 각질, 꽃가루, 토양 광물 같은 비유기물 등 수많은 것으로 이루어져 있다. 먼지조차도 금속성, 지질성을 띤다. 그러나 다른 측면에서 먼지는 스마트하다. 나노 입자, 스마트 더스트smart dust, 작은 크기로 설계된 사물은 보수, 개선, 공학 메커니즘으로 유기물에 침투하거나 서식할 수 있다. 스마트 더스트는 사람 사이의 일을 촉진하고 추적하고 기록하고 통제할 수 있는 비인간 거래의 세계를 조용히 조명한다. 우리는 요즘 초소형, 모바일, 피어peer 네트워크화되어 있고, 수신한 데이터를 계산하고 처리하고 나아가 송신할 수 있는 사물에 매혹되어 있다. 이러한 의미에서 먼지를 "물질 변형과 순환의 인지가 가능한 최소 존재물"로

---

12   Susan Sontag, *Illness as Metaphor* (New York: Farrar, Straus, Giroux, 1977), 13: [국역본] 수전 손택, 『은유로서의 질병』, 이재원 옮김(이후, 2002).

볼 수 있다.¹³ 그러나 계산적 먼지의 고고학은 그 역사가 상당히 깊으며, 이는 주판abacus과 히브리어로 먼지를 지칭하는 단어 'abaq'의 어원에서 시작된다. 고대의 먼지판은 표면에 쓰고 지우는 것이 가능한 계산 플랫폼이었다. 바빌로니아인과 초기 이슬람 시대의 다양한 학자들은 "모래나 먼지층이 얇게 깔려 있어 도안, 글씨, 숫자를 적고 손이나 천 조각으로 문질러 빠르게 지울 수 있는 판"으로 구성된 그 플랫폼을 사용했다.¹⁴

그런데 만일 먼지를 물질성과 미디어에 관한 이론을 위한 궤적으로 삼아 따라가본다면 어떨까? 먼지가 미디어의 지질학을 '티끌 연구dirt research'로서 행하는 한 가지 방법일 수 있을까? 즉 먼지가 제도와 학문을 넘나들며 우리에게 경제, 환경, 일, 직능의 복잡한 생태계와 지질학으로 둘러싸인 디자인의 문제를 생각하도록 하는 탐구법이라면? 네드 로시터가 상기시켜 주었듯, 티끌은 소음을 가져오고 티끌 연구는 "다양한 지문화적geocultural, 사회적, 경제적, 인식론적 갈등에 필연적으로 직면하는 지식 생산의 횡단적 양식으로서" 이해할 수 있다.¹⁵ 그것은 노동, 경제, 재현, 담론의 쟁점들과 얽힌 비

---

13   Jennifer Gabrys, "Telepathically Urban," in *Circulation and the City: Essays on Urban Culture*, ed. Alexandra Boutros and Will Straw (Montreal: McGill-Queen's University Press, 2008), 49.

14   Jonathan M. Bloom, *Paper before Print: The History and Impact of Paper in the Islamic World* (New Haven, Conn.: Yale University Press, 2001), 129.

15   Ned Rossiter, "Dirt Research," in *Depletion Design: A Glossary of Network Ecologies*, ed. Carolin Wiedemann and Soenke Zehle (Amsterdam: Institute of Network Cultures, 2012), 44.

유기적 구성 요소를 통해 미디어 문화의 물질성과 시간을 추적한다는 점에서 미디어의 지질학을 강조하는 우리의 방향에도 잘 들어맞는다.

먼지는 우리와 우리의 생각을 다른 곳으로 데려가고 다양한 의제를 열어준다. 이 경우 먼지는 전 지구적 노동 문제, 디지털 문화의 미디어 유물론을 이야기하며, 비인간 나노입자를 통해 미디어 유물론에 접근하는 방법을 조명한다. 이 주장은 비디오 게임을 경유하여 전자기기가 생산되는 공장으로, 신유물론과 사변 철학에서의 이론적 발굴로, 과학소설과 일상 현실의 공학으로 향하는 경로로 진행된다. 다양한 소설이 먼지와 사구dunes를 배경으로 하고 있고 프랭크 허버트의 『듄Dune』(1965)이 그 명백한 생태학적 예시이듯이, 먼지는 우리의 현실과 환상을 동시에 채워준다.

물질적인 것들은 별다르지 않다고 자주 오인된다. 대개는 그 숫자를 헤아릴 수 있다는 것이다. 그러나 먼지의 별다른 무수함은 또 다른 무언가를 시사한다. 그러한 '것들'은 비물질적인가? 공기와 거의 똑같은데 아주 조금 더 무거운 것에 불과한가? 틀림없이 그것들은 기체와 마찬가지로 대기 중에 존재한다. 먼지에는 공기 및 호흡과 수많은 특징을 공유한다. 그것들 각각은 공간과 개체성의 경계를 재고하게 한다. 피부처럼 비교적 고정된 윤곽들이 암시하는 방식으로 공기와 호흡을 가둘 수는 없다. 이러한 맥락에서 페터 슬로터다이크는 들숨과 날숨의 과정을 일종의 탈영토화로 논했다. 그것은 어린이가 비눗방울에 숨을 불어넣어 자신의 일부를 내보내 외재화하고 연장하는 것과 같은 유형의 탈영토화다.[16] 먼지도 마찬가지로 또 다른 공간과 시간의 사유를 유발하는 환경적, 대기적 성질을 지닌 것으로 고찰해야만 한다.

어쩌면 먼지는 단순한 '물질'이 아니라 물질 개념에 혼선을 빚게 하는 것일 수도 있다. 심지어 스티븐 코너는 그것을 "공기가 배출되어 입자 사이의 간격이 최소화된 방음, 질식 효과"[17]를 내는 반물질 antimatter로 논하기도 했다. 또한 먼지는 표면을 노출시키기에 표면에 대해 생각해 보게 만든다.

동시에 먼지는 내부 노출이라고 불릴 만한 것의 극대화를 특징으로 한다. 입자에서 내부 질량 대비 표면적 비율이 극도로 높다는 의미다. 화학 반응에서 넓은 표면적이 지니는 용이성은 용액 및 현탁액 제조에 분말이 효과적인 이유가 된다. 그리고 먼지는 내부가 모두 노출식이라 안쪽이 없고, 그렇기에 먼지류의 물질은 다른 사물에 윤곽을 부여하거나 명확히 할 수 있다. 그러므로 그 자체로는 형태와 가장자리가 없는 먼지가 다른 것의 형태를 사라지게 하고 드러내는 것이 모두 가능하다. 마치 눈이 적당히 쌓이면 사물의 윤곽에 마법적인 명확함을 새로 부여하지만, 그 이상이 되면 특징 없는 눈 더미와 눈 언덕 아래로 모든

16　Peter Sloterdijk, *Bubbles.Spheres Volume I:Microspherology*, trans. Wieland Hoban (Los Angeles, Calif.: Semiotext(e), 2011) 참조.

17　Connor, "Pulverulence."

랜드마크를 지워버리는 것과도 같다.[18]

하드웨어와 중노동의 게임

왜 먼지와 게임인가? 비인간에 대해 말하기란 사물과 객체뿐 아니라 긴 시간의 물질적인, 때로는 추상적인 연결망network까지 다루는 것이다. 가령 노동관계의 연결망은 추상적이어도 완벽히 실재하며, 비인간도 탈인간화dehumanization의 방식으로 동시대 정보기술(IT) 관련 실천에서 작용하고 있다. 그러나 IT 작업의 문화 기술은 소통, 네트워킹, 창조적 표현과 같은 인지자본주의적 기법뿐 아니며, 공장에서와 폐기된 전자제품이 해체될 때 IT의 존재를 지속시키는 기법도 해당된다.

나는 노동, 물질성, IT를 다루는 두 가지 게임에 초점을 맞출 것이다. 더 잘 알려진 첫 번째 게임은 사용자를 우리의 일상적 경험과는 다른 아이폰의 세계로 데려간다. 안드로이드 전화기에서 실행 가능하지만 아이튠즈 앱스토어에서는 금지된 [게임 디자이너 파올로 페데르치니의 활동명인] 몰레인더스트리아Molleindustria의 〈폰 스토리Phone Story〉는 광물을 채취하는 광산에서 중국의 선전 '경제특구'에 위치했던 애플 공급업체 폭스콘의 공장에 이르는 생산 사슬과 노동 조건을 자세히 드러낸다.[19] 노동자들의 연이은 자살과, 아이패

---

18 같은 글.
19 http://phonestory.org/.

드에 광택을 내고 이를 연마하는 과정에서 발생되는 알루미늄 분진 부산물로 인한 광범위한 건강 문제가 연루된 이곳들은 미디어 기기 문화gadget culture의 어두운 무의식을 담당한다.[20] 알루미늄은 원래 기술적 모더니티에서 제일 중요한 화학 및 금속 소재였다. 그 물신적 광택은 제2차 세계대전 이후의 자동차 문화만큼이나 이탈리아의 미래주의를 정의하는 것이었다.[21] 유토피아적인 희망의 잔여물이 전 지구에 퍼져 있는 저임금 노동력의 연조직에 새겨져 있다는 것은 씁쓸한 아이러니다.

디지털 경제를 넓은 그림으로 볼 때 다양한 금속 및 광물의 물질성은 필수적이다. 그중 일부는 전 지구적인 정치적 쟁점들과 얽힌 디지털 문화의 화학적인 측면에 대한 인식의 일환으로 그려졌다. 미디어아트에서의 좋은 예시로, 금속 진여물의 물질성에 초점을 맞춘

---

20 아이폰5의 출시와 수백만 대 전화기의 첫 배송 시기와 맞물려 정저우의 폭스콘 공장에서는 파업이, 타이위안에서는 충돌이 일어났다. 다음의 기사 참조. Adam Gabbatt, "Foxconn Workers on iPhone 5 Line Strike in China, Rights Group Says," *The Guardian*, October 5, 2012, http://www.guardian.co.uk/. 생산 과정에서의 이러한 문제들은 제품의 인체 공학성을 강조하는 애플의 티 없이 반짝이는 마케팅 자료에서는 말끔히 제거되어 있다.

21 그레이엄 하우드의 저작들과, 전반적으로는 요하의 2008년 작품 〈알루미늄〉을 참조할 것. http://yoha.co.uk/aluminium. 근대의 산업화와 그 파시즘적 미학(화학물질의 정치적 반향에 관한 일종의 고고학으로서의 미래주의를 말한다)은 일상 속으로 퍼져나갔다. "알루미늄 크리스마스 트리, 냄비와 프라이팬, 문짝과 창틀, 벽 외장재, 지붕 재료, 차양, 고압 전선, 와이어, 케이블, 텔레비전·라디오·컴퓨터·냉장고·에어컨 부품, 깡통, 병뚜껑, 호일랩, 호일 반강성 용기, 주전자와 소스팬, 프로펠러, 비행기, 기어 박스, 모터 부품, 테니스 라켓, 제플린(Zeppelin) 비행선." 알루미늄에 대한 중요한 학술 연구로 다음의 책을 참조. Mimi Sheller, *Aluminum Dreams: The Making of Light Modernity* (Cambridge, Mass.: MIT Press, 2014).

〈탄탈럼 기념비Tantalum Memorial〉(2009)(그림10)와 요하의 〈알루미늄Aluminium〉 프로젝트(2008)가 있다. 몰레인더스트리아의 고통스러울 정도로 단순한 게임은 미디어 물질성의 어두운 측면에 대한 또 다른 지도가 되었다. 이 지도는 비유기물과 유기물의 물질성에 관한 것이다. 채굴, 자살, 전자 폐기물, 그리고 계획되었거나 철저하게 예정된 구식화obsolescence가 매혹적인 오락 단말 장치의 도착적인 측면을 형성한다고 보여주는 것이다.[22] 'i'로 시작되는 기기들iDevice[아이폰, 아이패드, 아이팟 등]은 콩고 광산의 미성년 노동자와 잇따른 자살을 낳은 중국 폭스콘 공장의 처참한 근무 조건을 포함하는 수상쩍은 노동 관행으로 만들어질 수 있다. 또한 제품에 설계된 계획적 구식화는 전자 폐기물 문제에 중대한 영향을 미친다. 이를 게임 테마로 삼는다는 것은 창조적인 디지털성 문화를 유지시키는, 그렇게까지 비물질적이지 않은 어두운 문화 기술을 직시하겠다는 의도다.

『제국의 게임Games of Empire』에서 닉 다이어위드포드와 그레이그 드 포이터가 설명했듯이, 몰레인더스트리아의 게임은 바깥이 존재하지 않고 제한적이고 반복적이며 우울하고 억압적인 세계의 체계적인 생산 과정에 플레이어-주체로서의 우리를 휘말리게 하는 알고리듬 논리를 지도화한 효과적인 절차적 비판procedural critique이다.[23] 이 비판을 하드웨어의 지정학에 해당하는 것으로 동원해 보면 어떨

---

22 http://www.phonestory.org/ 참조.
23 Nick Dyer-Witheford and Greig de Peuter, *Games of Empire: Global Capitalism and Video Games* (Minneapolis: University of Minnesota Press, 2009), 199.

그림 10
통신, 탄탈럼 채굴, 콩고 내전과 얽힌 회로를 다룬 설치 작품 〈탄탈럼 기념비〉. 하우드, 라이트, 요코 코지, 〈탄탈럼 기념비-잔여물Tantalum Memorial-Residue〉, 2008. 마니페스타7Manifesta7 볼차노, 이탈리아, 2008. 락스 미디어 콜렉티브, 「현재의 나머지The Rest of Now」, 촬영: 볼프강 트라거Wolfgang Trager. 승인하에 재수록.

까? 만약 모바일 소비자로서의 우리 자아를 하드웨어, 노동, 노동 과정이라는 보다 무거운 문제와 연관시켜서 이해한다면 어떨까? 가령 생산의 아웃소싱은 서구적 관점에서 멀리 떨어진 장소로 향하는 하드웨어 지질학의 아웃소싱이기도 하다. 아웃소싱은 디지털 기술의 경량성과 이동성을 강조하는 소비자 담론의 출현과 역사적으로 연결되어 있다. 그러나 그것은 아웃소싱의 가혹함hardness을 감추고 있다. 이 가혹한 관점은—『제국의 게임』을 인용해 말하자면 노동으로서의 게임이 특별한 "의사소통 협력, 네트워크 기술의 사용, 노동 시간과 여가 시간의 경계 지우기"를 수반한다는—게임과 비물질 노동에 관한 주장을 경시하지 않고, 오히려 비물질성이 존재할 수 있게 해주는 노동의 지적 메커니즘을 강조한다. 공장, 생산라인, 폐질환이라는 그 외의 노동은 비물질성의 다른 개념을 보여주는데, 이 개념은 '폐'와 호흡에서의 비물질성 쪽에 거의 가까운 속성을 취해서 미디어의 지질학이라는 맥락과 역설적으로 상이한 한 쌍을 이루는 중요한 한 가지 중심적인 개념적 궤적을 제공한다.

　만약 우리가 가장 무거운 공기를 호흡하고 있다면? 만약 우리가 디지털 문화의 금속과 화학물질의 잔여물을 호흡하고 있다면? 폐의 오염으로 영혼의 착취를 이야기해야만 할까? 이탈리아의 철학자 프랑코 '비포' 베라르디에 따르면, 영혼은 언어, 창의력, 정동의 동원을 자본주의의 착취와 생산의 일부로 이해하는 한 가지 방법이 되었다. 영혼은 인지 자본주의적 착취의 새로운 기반이 되었지만, 여기서 소진될 수 있는 것은 물질적 영혼이다.

한동안 지상 이외의 공간을 정복하는 것이 자본주의의 팽창을 계속할 수 있는 새로운 방향처럼 보였다. 그에 따라 자본주의는 무엇보다 내적 공간, 내면의 세계, 마음의 공간, 영혼의 공간, 시간의 공간을 정복하는 방향으로 발달했다.[24]

이는 지식, 정동, 기타 지적 능력을 생산력으로 착취하려고 동원하는 인지 자본주의와 코그니타리아트의 세계이며, 그에 따라 이러한 직능과 인지 노동력을 관리하고 조직하는 용의주도한 관행이 필요하다.[25] 그러나 그것이 비물질적인 것에 물질적 토대가 없는 그런 경우는 아니다. 비포는 '소진/우울증Exhaustion/Depression'에 관한 글에서 세계 경제체제의 침체와 심리계psychosphere 사이의 관계를 주장했다. 이는 생태학을 자연에 한정하지 않고 주체성과 사회관계도 함께 고려해야 한다는 가타리의 생태학적 사유를 명백히 암시하는 방식으로 우울증을 결합시킨 것이다. 그는 기분 관리와 정신 장애에 쓰이는 다양한 정신약리학적 수단의 증가 현상을 지적함으로써 뇌 기반의 인지 자본주의와 그것의 창조성 추구에서의 부작용에 주목한다. 나아가 소진과 우울증이야말로 창조적 인지 자본주의와 세계 경제를 이해하는 데 사실상 핵심적인 신체 상태라는 결론에 도달한다. 녹초가 된 영혼은 디지털 기계를 따라갈 수 없다는 것이다.

24 Franco "Bifo" Berardi, *Precarious Rhapsody: Semiocapitalism and the Pathologies of the Post-Alpha Generation* (London: Minor Compositions, 2009), 69: [국역본] 베라르디, 『프레카리아트를 위한 랩소디』, 127.
25 Dyer-Witheford and de Peuter, *Games of Empire*, 38.

비포는 자본주의의 팽창주의적 충동이 새로운 천연자원뿐 아니라 무한해 보이는 인간의 창조적 힘으로도 뻗어나간다고 주장한다.[26] 이 장은 그러한 맥락에서 비포의 소진 개념을 따르되, 다음과 같은 점만 살짝 주의하고자 한다. 즉 소진을 여전히 특권화된 정보 노동자의 정신력에만 해당되는 것으로 오독해서는 안 되고, 디지털 기계를 그 자체로 무한한 것 혹은 비물질적인 것으로 이해해서도 안 된다는 것이다. 대신 디지털 문화는 채굴과 공장 생산라인에서, 그리고 직접적인 '인지 자본주의'로 쳐주지 않는 기타 직업군에서 소진시키는 육체노동으로 유지된다. 그리고 기계 자체는 구식이 되어 죽고, 그 잔여물로 미디어 쓰레기와 미래화석(5장 참조)을 남긴다. 또 첨단 기술 산업 용도로 수요가 늘어난 광물 및 각종 물질 원료인 생태 자원도 소진된다.

그러나 비포는 영혼에 대한 물질적 개념도 주장한다. 영혼은 숨결, 폐, 그리고 여러 규모로 얽혀 있는 질료적 문제다. 우리는 디지털 문화의 공기와 대기가 금속 및 화학물질로 무거워졌다는 것을, 그리고 디지털 문화에서 지반이 광물 같은 채굴 작업으로 개방되어 있다는 사실을 진정 이해해야 한다. 실리콘과 콜탄을 아우르는 광물 및 금속의 물질성은 폐의 물질성과 얽혀 있다. 환언하자면 그것은 하드웨어 최종물의 비유기적 물질성이자, 하드웨어hardware를 지속시키는 노동과 연결된 중노동hardwork의 물질성이다.

---

26 Franco "Bifo" Berardi, "Exhaustion/Depression," in Wiedemann and Zehle, *Depletion Design*, 77–82.

두 번째로 논의할 게임은 [바루흐 고틀리프, 오라시오 곤잘레스 디에게스, 코코모야의] ⟨아이마인iMine⟩으로, 내용 면에서 크게 다르지 않다. 다양한 플랫폼에서 실행 가능한 이 게임의 테마는 콩고 민주공화국 콜탄 광부의 고단한 삶이다. 이 게임은 단순하며, 순화된 말로 표현하자면 반복적인 콘텐츠와 전화기 액정 및 키보드에 피로하고 반복적인 제한적 동작으로 탄탈룸을 채굴하는 방식이 따분하고 우울하다. 게임 방식은 각각 다른데, ⟨폰 스토리⟩ 사용자가 스크린 터치만 하면 되는 반면, ⟨아이마인⟩ 사용자는 전화기를 [손가락으로] 찔러대야 한다. 그러나 보다 개념적으로, 그리고 서사 차원에서 보자면 이 게임은 개발자/예술가가 '하드웨어의 영속성'이라고 묘사했던 것을 건드리고 있다.

오늘날 기술이 제공하는 모든 '마법', 유비쿼터스 컴퓨팅이나 네트워크 커뮤니티는 하드웨어, 물리력, 통신 인프라의 안정성에 의존한다. 그것은 지난 수십 년에 걸쳐 전자적으로 증강된 일상적 삶의 경험이 유의미하게 변화하고 있음에도, 이 새로운 경험 영역을 떠받치는 물리적 조건은 그대로라는 것을 의미한다. 하드웨어는 여전히 정밀하고 어려운 조건에서 만들어질 수밖에 없다. 그리고 하드웨어는 전부 다 지구에서 어느 시점에 시작된 물질로 만들어진다. 우리가 디지털 기술에 필요한 물질의 근원에 가까워질수록, 그 조건들은 더 가혹해진다.[27]

---

27 http://i-mine.org/. [링크 유실]

두 게임은 모두 채굴과 노동에서 보상을 거의 기대할 수 없고 목표가 부재한 무력한 상황을 전달하려는 것으로 보인다. 〈아이마인〉에서 광부는 주석, 탄탈럼, 텅스텐, 금의 가치평가와 관련된 세계 시장 광물 시세의 추상적인 흐름의 한 부분으로 그려진다. 이 게임은 채굴의 반복적 프로세스를 광물 거래의 재정적 기반이 되어주는 추상적 가치평가의 일부로 표현하며, 지난 수십 년 동안 미디어 이론에서 일부 이어졌던 오인, 그러니까 텔레매틱스가 우리를 반복적이고 따분한 노동에서 해방시키고 유희적인 인지 능력을 발휘하게 하며 "잉여redundant를 정보로"[28] 변형시킨다는 믿음에 맞서 싸운다. 두 게임 모두 미디어 유물론에서 공통적으로 중요한 점, 즉 노동이나 IT 같은 것이 물질이라는 사실을 상기시킨다. 이 물질성은 광물과 화학물질로 구성되어 있고 언젠가는 어디에선가 끝이 난다. 그것은 단순히 사라지는 것은 아니다. 이 단순한 사슬의 양단에는 노동과 유기적 육체가 포함되어 있고, 그 각각은 미디어의 효과effect 및 정동affect을 기록하는 표면이다.

미디어는 몸속에서 그리고 몸을 통해, 더 넓게는 물질과 사물을 통해 작용한다. 이것으로 우리는 기록체계Aufschreibesysteme로 대표되는 프리드리히 키틀러의 미디어 유물론에 관한 또 다른 맥락에 다다른다. 영미권에서는 '담론 네트워크discourse networks'로 번역되는 기록체계 개념은 그가 영향받은 니체, 카프카, 푸코로 이루어진

---

[28] Vilem Flusser, *Into the Universe of Technical Images*, trans. Nancy Ann Roth (Minneapolis: University of Minnesota Press, 2011), 112.

축을 상기시키는 계보학적 설명에 가깝다. 사회적 교시教示가 철저한 훈련으로 육신에 새겨진다는 그 주장은 은유적일 뿐 아니라 (미디어) 기계의 규율 권력에도 해당될 수 있다. 신체는 순응적인 것이 되고 몸짓과 기억의 특정 패턴으로 행동하게 된다.[29]

기록체계는 19세기 후반에서 20세기 초반의 다니엘 파울 슈레버와 관련한 흥미로운 사례에서 유래한 용어다. 슈레버는 독일의 명망 있는 고등법원 판사였다가 망상이 동반된 조현병이라는 최종 진단이 내려져 치료와 입원 생활에 많은 시간을 보냈고, 프로이트를 포함한 여러 학자의 사례 연구 대상이 되어 널리 논해졌다. 그렇게 된 데에는 슈레버의 저서인 『한 신경병자의 회상록Denkwürdigkeiten eines Nervenkranken』(1903)이 일조했다.[30] 슈레버는 이 독특하고 매력적인 자진적 산문에서 자신의 모든 것을 기록하는 천국의 서기관에게 신체와 기록inscription 표면을 이야기한다. 그것은 키틀러가 기술적 미디어의 새로운 영향을 이해하는 방법이 되었다.[31] "신의 신경 광선은 침공했다가 퇴각하면서, 기관을 파괴하고, 뇌의 신경섬유를 뽑

---

29 Pasi Valiaho, *Mapping the Moving Image: Gesture, Thought, and Cinema circa 1900* (Amsterdam: Amsterdam University Press, 2010) 참조.

30 Daniel Paul Schreber, *Memoirs of My Nervous Illness*, trans. Ida Macalpine and Richard Hunter (London: W. M. Dawson, 1955). [국역본] 다니엘 파울 슈레버, 『한 신경병자의 회상록』, 김남시 옮김(자음과모음, 2010).

31 Kittler, *Discourse Networks 1800/1900*: [국역본] 프리드리히 키틀러, 『기록시스템 1800·1900』, 윤원화 옮김(문학동네, 2015), 510. 프란츠 카프카의 『유형지에서(In der Strafkolonie)』, 1919)에 나왔던 또 다른 표현과 거기서 신체를 기록 표면으로 다루는 처형 기계를 발견한 방식으로 폐, 신체, 슈레버, 키틀러 사이의 개념적인 연관성을 알려주었던 대런 워슬러(Darren Wershler)에게 감사드린다.

아내고, 회선을 깔고 신호를 보"³²냄에 따라 신체는 수동적인 희생양이 된다. 슈레버와 같은 환각 사례 연구는 신체를 연구가 이루어지는 현장이자 인식론적 대상으로도 만든다. 그렇게 프로이트는 신체를 정신분석학 대상으로, 키틀러는 기술 대상으로 삼았다.

키틀러는 그 발상을 기술과의 관계로 발전시켰고, 기술적 미디어의 세계에서는 '신체'에 중점을 두는 것만으로는 부족하다고 주장했다. 정말로 그러한 입장은 비인간을 진지하게 다루고자 문화 이론적 어휘를 전달하는 경우에는 중요하다. 그리고 이제까지 이 움직임은 기술, 과학적 요소 혹은 기술결정론적 접근법이라는 경멸적 어조로 불리는 것(미디어 이론가 제프리 윈스롭영의 매우 적절하고 명백한 블랙 유머에 따르면 미디어 이론이 "귀여운 강아지의 목 조르기"³³에 상응한다고 말하는 입장)의 차원에서 많이 이루어졌다.

그러나 신체로 되돌아가는 그 접근법을 확장해 볼 여지는 있다. 그러니까 키틀러가 기술적 미디어에 관한 글을 쓰도록 영감을 주었던 슈레버의 이야기, 그 이야기에 채택된 [특별한] 신체 모델에만 국한하지 않는다면 가능할 수 있다. 만일 슈레버의 고통에 찬 신체에서 노동자의 신체, 즉 디지털 전자 미디어 생산 과정에서 하드웨어 말단에 있는 저임금(과 낮은 대우의) 노동자의 신체—반짝이는 브랜드가 생산 과정 및 값싼 노동과 직접 연결된 곳인 체계적 생산라인에서의 아프고 취약하고 희생되는 신체—로 기록체계의 모델을 대체

32 Kittler, *Discourse Networks 1800/1900*, 292.
33 Geoffrey Winthrop-Young, *Kittler and the Media* (Cambridge: Polity, 2011), 121.

해 본다면? 노동자의 신체는 IT 제작에서 비롯되는 물질성을 뇌, 두뇌, 신경계 등에 기입하(고 폐기한다)는 의미에서 인식론적 대상이기도 하다. 그 신체는 숀 큐빗이 개념적 전환을 요구한 "하드웨어의 지속성"에서의 진정한 기록 표면이다.

그것을 이해하는 한 가지 방법은 내가 고안했고 '금속 및 화학 물질별 증후군'이라고 일컫는 도표를 훑어보는 것이다. 이 도표는 슈레버의 신체에 영향을 주었고 그 위에 기록했던 천국의 서기관 대신에, 금과 같은 유가有價 물질을 위해 장치 속을 다루는 IT 업계 하드웨어 노동자의 신체에 여러 종류의 물질이 어떻게 새겨지는지[기록되는지] 보여준다.

> 납: 중추신경계 및 말초신경계, 혈액계, 신장, 생식계 손상.
> 카드뮴: 신장 등에 축적.
> 수은: 임산부의 태아처럼 뇌와 신장에 영향.
> 6가 크롬: 세포막에 침투. 오염된 세포에 다양한 독성 효과 생성.
> 바륨: 뇌부종, 근육 약화, 심장·간·비장 손상 초래.[34]

이 목록을 더 길게 만들 수 있지만 위의 것만으로도 미디어 기술의 물질성과 우리 뇌 및 비장과의 그 물질적 얽힘을 강조하기에는 충분

---

34 Jim Puckett and Ted Smith, eds., *Exporting Harm: The High-Tech Trashing of Asia*, report prepared by the Basel Action Network and Silicon Valley Toxics Coalition, 2002년 2월 25일, http://www.ban.org/E-waste/technotrashfinalcomp.pdf.

하다. 그에 더해 이 목록은 하드웨어와 **중노동** 둘 다에 해당하는 화학물질, 금속, 광물의 물질성을 지적하며, 노동을 경유하여 그러한 계보학적 추적을 가능하게 만드는 방법 또한 시사한다. 이는 디지털 미디어, 그리고 단가 조건이 낮은 채굴 및 노동 분배의 전 지구적 프로세스로 최근에 발생한 문제는 아니다. 수많은 유해성 화학물질은 석탄과 구리의 채굴 및 사용, 휘발유로 운송 미디어를 계속 가동함에 따라 발생하는 납 성분, 모더니티의 대기를 특징짓는, 사람들이 호흡하고 기침하는 이산화황 공기(그것은 산성비가 되어 특히 도시 지역 내, 그리고 경계를 넘나들며 내렸다) 탓에 생긴 결과다.[35]

화학물질은 기계와 함께 근대 미디어 시대의 탄생을 가능하게 했다. 리처드 맥스웰과 토비 밀러는 그 사실을 멋지게 지적한 바 있다. 그들은 탄탄하게 뒷받침하는 다양한 연구와 통계자료를 동원하여 초창기 인쇄 기술이 신체와 환경에 미쳤던 물질적 효과를 논의했다. 제지 제조를 위한 섬유 가공 처리라는 19세기 혁신은 유독성 부산물을 낳았고, 이는 대규모 수질 오염과 삼림 파괴의 직접적인 원인이 되었는데(나는 핀란드에서 제지공장 옆 강에 살았던 시절에 그 영향을 목격한 바 있다), 그외에도 [초기 인쇄 기술이 미친 물질적 영향과 관련한 다른 사례로] 잉크를 떠올릴 수도 있다.[36] 잉크는 그것이 무엇을 의미하는지에 대한 기호학적 논의를 더 선호하는 미디어 연구의 주제로 보았을 때에는 꽤나 평범한 회색 인자 gray factor

---

35   John McNeill, *Something New under the Sun* 참조.
36   Maxwell and Miller, *Greening the Media*, 46–47.

이지만, 인쇄 미디어의 출현에서는 핵심 물질의 역할로 간주될 가치가 있다. 맥스웰과 밀러의 말처럼 "잉크는 램프 그을음, 테레빈유, 끓인 아마씨 기름으로 만들어졌고, 일차적으로 폐와 점막에, 이차적으로는 신경계, 간, 신장에 해로웠고, 삼차적으로는 피부를 자극했다. 19세기 대부분 동안 미국 남부의 테레빈 추출 및 증류 노동은 노예의 몫이었다. 남북전쟁 이후 강제 노동은 일반적인 것이 되었다."[37]

이와 같이 '슈레버'의 대안적 목록을 만드는 것은 전신과 같은 보다 기술적인 미디어로도 가능하다. 미디어의 물질성이 내뿜는 화학물질과 독성의 영향은 외견상 비물질적인 통신기술을 유지하기 위해 무엇을 필요로 했는지를 떠올려본다면 자명해진다. 확실히 1980년대 이후 마케팅 담론과 심지어 이론적인 저술에서 일관되게 한줌의 가벼움으로 브랜드화된 디지털 커뮤니케이션과 정확히 같은 방식으로, 전신電信의 비물질성이라는 환영이 노동자의 신체에 직접 새겨져 있다. 전신 통신은 전기에 근본을 두었고, 더 자세히 말하자면 미디어 역사서술학historiography에서는 배터리의 혁신이 적잖게 간과되곤 했다. 맥스웰과 밀러를 다시 인용하자면, 초창기 배터리는 황산과 질산으로 구성된 "화학 에너지 저장장치"의 전형이다. "액체 배터리 산은 전기를 발생시키는 화학반응을 일으키고, 구성 요소(아연, 구리, 수은을 포함한 여타 물질)가 용해되면서 유독가스(미국 전신 기술에 사용되었던 초기 그로브 전지Grove cell의 사례에서는 산

---

[37] 같은 책, 47.

화질소)가 생성된다."[38]

심호흡을 하고 공기를 들이마셔 보자. 폐와 점막이 손상되고 피부가 자극될 것이다. 우리가 호흡하는 공기는 금속성이다.

잔여 요소[원소]

현대 미디어 기술은 펠릭스 가타리가 혼합적 기호학mixed semiotics을 논했던 방식과 유사하게 '혼합적 물질성'으로 부를 수 있는 것을 발전시켰다. 이 개념은 작용 중인 물질성이 노동 관행에서 생산 사슬에, 기술을 이루는 화학물질과 구성 요소에 이르기까지 다양하게 혼재하고 있음을 인정한다. 이런 것들은 기호기술semiotechnological 배치다. 의미, 재현, 의미작용을 과도히 강조하는 경향에 대항하기 위한 근래의 용어인 '신유물론'을 이야기하는 것은 우리가 다양한 유물론에 직면해 있음을 환기한다. 우리는 다중적 물질성과, 물질성이 무엇인지에 대한 의미들의 경합을 다룬다. 가령 포스트포디즘적 마르크스주의는 독일 미디어 이론의 대안을 제시한다. 또 행위자 연결망 이론은 브라이도티나 그로스처럼 들뢰즈의 영향을 받은 페미니즘 유물론과는 다른 일련의 관심사를 제시한다. 정동 이론은 신유물론적 방식으로 체화의 주제들을 다룬다. 문화 연구는 초기의 레이먼드 윌리엄스 시절부터 문화 생산의 실천과 관련한 유물론을 논

---

38 같은 책, 53.

해왔다. 사변적 실재론은 이러한 논의의 후발 주자다.[39] 소위 독일 미디어 이론은 미디어 기술의 물질성의 틀을 바꾸는 데 중요한 역할을 해왔다(1장 참조). 키틀러 같은 학자들과 더 최근에는 클라우스 피아스, 볼프강 에른스트, 베른하르트 지게르트, 마르쿠스 크라예프스키 등의 멋진 연구는 기술적 미디어를 이해하기 위해서는 과학 및 기술의 역사와 실천을 세밀히 이해할 필요가 있음을 드러냈다. 그러나 현대 미디어는 화학에 관한 것이기도 하다. 그러니까 그것은 아연, 납 같은 구성 요소와, 생산 메커니즘 및 노동 조건과 직결되는 체계적인 건강 위해성에 관한 것이다.

수많은 논의가 신유물론이라는 이름으로 이루어졌지만 어쩌면 우리는 마르크스주의의 역사적 유물론을 그와 유사한 흐름으로 고려해야만 할지도 모른다. 마누엘 데란다는 "증기기관, 식탄, 산업 조직 같은 것이 아니라 오로지 인간의 노동력만이 가치의 원천이었다"[40]라고 하면서 마르크스의 가치이론에서의 인간중심주의성을 적절하게 비판했다. 그러나 이러한 주장은 전면적인 일축이라기보다, 포스트인간중심주의의, 그보다 이 책의 맥락에서는 노동, 가치, 자본주의, 자원 고갈 문제의 (화학물질, 금속물질, 기술/미디어를 아우르는) 지구 중심적이고 비유기적인 전용을 재고해야 한다고 실질적으로 촉구한다.

39　Jussi Parikka, *What Is Media Archaeology?* (Cambridge: Polity, 2012), 163-164를 함께 참조.

40　Manuel Delanda interviewed in Dolphjin and van der Tuin, *New Materialism*, 41.

마르크스는 토양(농업 발달)과 자본 간 관계를 유념하고 있었다. 진정 우리도 제이슨 W. 무어가 "정점에 이른 전용peak appropriation"이라고 부르는 것으로 확장한 **생명**과 자본의 관계를 유념해야 한다. 여기서 정점에 이른 전용은 "역사적 자본주의의 시간과 공간에서 석탄층, 유전, 대수층, 소작농을 오랫동안 종획하고enclosure 고갈시킨 역사로 묘사된다. 이러한 견지에서는 '정점에 이른 모든 것'이 아니라 정점에 이른 **전용**이 가장 큰 문제다. 오늘날 자본의 문제는 추상적인 고갈이 아니라, (점점 더 적은 노동력으로) 자연을 값싸게 전용하려는 계약 기회에 있다."[41] 그러나 당연히 노동이 있고, 또 중노동이 존재한다. 즉 두뇌의 자본주의(인지 자본주의)라는 이상화된 관념에 상응하지 않고, 값싸고 반복적이고 물리적으로 소진되는 노동 말이다. 우리는 노동과 생물권biosphere 사이의 그러한 관계를 유념해야 한다. 노동은 일과 "시간 규모가 백만 년일 수 있는 생물권"의 작업으로 구성된다. 노동의 과정에는 광합성, 화석연료, 그리고 지질학적 지속의 기억이면서 첨단 정보 문화의 필수로 채굴되어 현재 더욱 중요해진 희토류가 포함된다. 이 모든 것은 일의 물질성과 장기간 지속된 지구의 물질성의 얽힘에서 핵심이다. 틀림없이 이러한 관점은 하이데거에서 질 들뢰즈, 브뤼노 라투르에 이르는 20세기 철학자들이 계속 언급했듯, 정상적인 생산 과정이 결정적으로 깨지는 한계점에서만 드러나기 마련이다. 단 한 번의 실패로, **그때서야** 그 복잡성이

---

41 Jason W. Moore, "Crisis: Ecological or World-Ecological?," in Wiedemann and Zehle, *Depletion Design*, 73-76.

보이기 시작할 것이다. 우리의 경우에는 그 실패가 행성적 규모의 자원 고갈로 일어날 것이다. 자원 고갈의 목록에는 화석연료(그 명백한 사례인 석유와 석유 정점peak oil에 대한 담론[42])와 앞서 언급했던 희토류가 있다. [그렇다면] 여기에 깨끗한 물, 공기, 흙을 추가해 보자.

게리 제노스코는 엠페도클레스의 4원소인 흙, 물, 공기, 불을 물질적 실재로 이루어진 동시대 현실들을 분자화하는 방법으로 끌어왔다. 그가 말하는 물질적 실재에서 4원소와 그것들이 새롭게 변형된 상태는 경험적이고 형이상학적인 이중 역할을 한다. 제노스코는 네가레스타니에 기댄 독해를 통해 원소의 환경적이거나 미학적인 이해에서[43] 분자적 통찰로 한층 더 나아간다. 이 통찰은 오염된 공기,

---

42 '석유 정점'의 추정치는 다양하며, 이는 지질 데이터를 측정할 때의 복잡한 인식론과 문제점뿐 아니라 이 문제의 경제적 이해관계 또한 보여준다. 또 최근의 어떤 연구에서 최악의 경우 석유가 2020년 이전에 정점에 이를 수도 있다는 추정치도 있다. 물론 우리가 미디어 기술에서 폭넓은 에너지의 맥락을 알고 있어야 한다는 사실 외에도, 석유 의존은 가장 중요하게 걱정해야 할 것이 무엇인지 가려내기 어려운 여러 분야에 큰 영향을 미친다. 그 보고서는 "식품 및 식품 가공, 1차 농업, 금속 및 금속 가공, 운송을 포함한 주요 산업 분야가 위기에 처해 있다"라고 밝혔다. 따라서 최근 보고서가 사람과 사물의 이동 감소뿐 아니라 유기농법에 더 의존하는 다른 농법의 비료 농업을 제안하는 것은 당연하다. 그 글을 응용해서 일반적으로 제안되는 것을 말하자면, 지역성과 분권화에 더욱 가까운 생활방식의 변화다. Nafeez Ahmed, "Imminent Peak Oil Could Burst US, Global Economic Bubble – Study," *The Guardian*, 2013년 11월 19일, http://www.theguardian.com/.

43 다음 책을 참조. Hans-Erik Larsen, *The Aesthetics of the Elements* (Aarhus, Denmark: Aarhus University Press, 1996). David Macauley, Elemental Philosophy: Earth, Air, Fire, and Water as Environmental Ideas (Albany: State University of New York Press, 2010). 원소에 대한 엠페도클레스적 시각을 경유해 바시르 마쿨의 비디오아트를 바라본 라이언 비숍의 글을 함께 참조. Bishop, "The Elemental Work of Palestinian Video

피로 물든 광물 채굴, 새로운 오염 형식, 그 외의 혼합 원소[혼재된 여러 요소]를 포함한 동시대 쟁점의 구성물을 기존의 4원소를 재편한 새로운 행성기계문phylum[44]으로 본다.

이 원소들을 감싸고 있는 것은 행성문으로, 그것은 자체적인 생산물인 흙, 물, 공기, 불을 감은 거대한 지구 케이블 다발이다. **흙**: 전자제품, **물**: 플라스틱 파편이 폭발할 때 도식적 강도로 발산하는, 병에 담긴 물과 같은 유동성, **공기**: 가스(온실), **불**: 인공 플라스마 및 레이저.[45]

이렇게 사물들의 새로운 혼합[을 정의한 것]은 미디어 기술적 요소/원소를 살피기 위함일 뿐 아니라, 동시대 문화가 환경적, 정치적, 경제적 쟁점의 일환에서 일어나고 형성되는 차원에서 사물들이 더 광범하게 혼재된 양상을 살펴보기 위함이기도 하다. 먼지의 경우는 앞서 언급했듯 쟁점의 집합적 배치이면서 물질의 집합적 배치로도 볼 수 있다. 그것은 전 지구의 많은 곳(사막)과 많은 구식 미디어에 해당될 뿐 아니라, 하이테크 전자제품의 생산 프로세스에도 관여하고 있다. 요하의 〈석탄 연소 컴퓨터Coal Fired Computers〉(2010)는 화석연

Art," in *Palestinian Video Art: Constellation of the Moving Image*, ed. Bashir Makhoul, 88-109 (Jerusalem: Al-Hoash/Third Text, 2013).

44 [편집자] 문(phylum, division, 門)은 생물 분류 단계 중 하나로, 계(kingdom)의 아래, 강(class)의 위에 속한다.

45 Genosko, "New Fundamental Elements of a Contested Planet."

료, 광부의 폐, 기관지염, 폐기종과 컴퓨터 문화와의 얽힘을 표현하는 예술 프로젝트다(그림11). 석탄은 클라우드 컴퓨팅 데이터센터에 전력을 공급하는 가장 중요한 핵심 에너지원이면서 그 자체로 컴퓨터 생산에 필수적인 원료다. 요하의 전시가 지적하듯, "컴퓨터의 수명 주기 동안 쓰이는 에너지 중 81%가 제조 과정에서 소모되고, 그러한 현상은 현재 석탄 소비량이 많은 국가에서 일어나고 있다."[46] 이러한 제조 과정은 환경적 영향에 더해 지질학적으로 무거운 공기를 기록하는 폐의 건강에 직접적인 위해를 가한다. 다름 아닌 호흡 곤란이다. 헤르만 브로흐의 문학 작품 『베르길리우스의 죽음Der Tod des Vergil』에는 "긴장된 경계 태세로 숨이 막히고, 답답한 밤공기가 짓눌러 숨이 막힌다"[47]라는 구절이 있다. 광산과 채굴의 지하 문화는 산업화에 대한 평가뿐 아니라 컴퓨터 문화에서의 광포한elemental 인류외설을 평가하는 데 필수적이다. 광산의 먼지와 함께 지구물리학적 흔적을 기록하고 있는 유기적 기록 표면의 숨 막히는 상태가 계속된다.

디지털 문화를 채굴로 바라보는 관점에 부합하는 먼지[의 유형]는 석탄 분진 외에도 더 있다. 규소silicon 분진은 광부의 또 다른 위해 요인으로 밝혀졌다.[48] 더 오래된 (시각) 매체인 필름 생산 시대에

---

46 YoHa, *Coal Fired Computers project*, http://yoha.co.uk/cfc.
47 그것은 슬로터다이크가 서문에서 인용한 명구epigraph기도 하다. Peter Sloterdijk, *Terror from the Air*, trans. Amy Patton and Steve Corcoran (Los Angeles: Semiotext(e), 2009).
48 Maxwell and Miller, *Greening the Media*, 79.

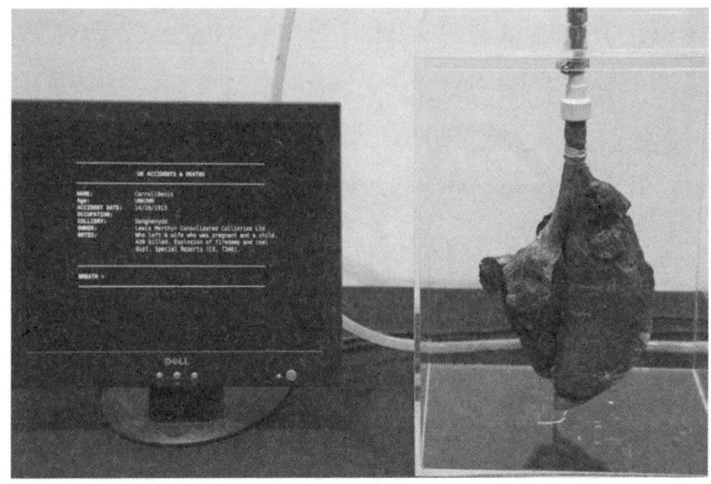

그림 11
요하의 설치 작품 〈석탄 연소 컴퓨터〉(2010)의 근접 사진. 영국 브리스톨 아르놀피니 2010. 〈석탄을 태우는 컴퓨터와 탄탈럼 기념비 Coal Fired Computer and Tantalum Memorial〉. 촬영: 제이미 우들리 Jamie Woodley. 승인하에 재수록.

뉴욕 로체스터에 위치한 이스트먼 코닥의 파크 플랜트Park Plant 공장은 그 지역의 중질 오염원이자 대량 담수 소비원이었고, 또 산성 가스와 먼지의 발생지였다.[49] 은막의 은은 그렇게 화려하지만은 않은 제품 생산의 현장에 있었고, 노동자의 건강에 심각한 악영향을 끼쳤다. 게다가 맥스웰과 밀러가 상술했던 대로, 초창기 필름 소재인 셀룰로오스 질산의 필수 원료는 목화였다. 목화 역시 분진을 많이 발생시키는 미디어 물질의 자취를 따르며, 옛날 미디어 [관련 산업] 노동자의 신체에 기록되어 건강을 위협했고, 그것은 면폐증byssinosis이라는 병명의 갈색 폐 증후군이었다.

먼지는 폐 내부에 쌓이고, 버려진 전자장치 위에도 쌓인다. 계획적 구식화는 그 진행 속도를 빠르게 한다. 또 먼지는 정제된 전자 기술 및 매뉴팩처로 정의되는 장치에 존재해서는 안 되는 것으로 여겨진다. 실험실 기반의 세밀한 컴퓨터 기술의 제조 공정에는 특수한 먼지 방지 기능이 필요하다. 제니퍼 개브리스가 말했듯, "전자제품은 제조 과정에서 단 한 톨의 먼지로도 오염될 수 있고, 그렇게 되면 제대로 작동할 수 없다. (…) 먼지는 이렇게 기계의 기능을 위협하지만, 전자제품의 물질성과 시간성을 확실하게 표시하는 것이 되어 되돌아온다."[50]

석탄과 분진은 꽤나 구식처럼 느껴진다. 그러나 하우드가 상기

---

[49] 같은 책, 73-74.
[50] Jennifer Gabrys, *Digital Rubbish: A Natural History of Electronics* (Ann Arbor: University of Michigan Press, 2011), 139.

시켰듯이, 광산은 인지 자본주의와 IT 분야의 중심에 있다. 그것이 인도나 중국 같은 지역으로 옮겨졌다고 하더라도 마찬가지다. 금속과 광물은 은과 구리 같은 것을 필요로 했던 초기 미디어 시대에 이미 중심에 놓여 있었다. '새로운' 미디어는 어떠한가? 심지어 '청정한' 디지털 미디어에서도 잔여 먼지가 발생한다. 광택이 나는 제품의 존재를 뒷받침하는 석탄 연소 기반의 컴퓨터 사용 때문이다.[51] 미디어는 문자 그대로 윤이 나도록 연마된다.

알루미늄 분진은 아이패드 케이스의 연마 과정처럼 컴퓨터 기술의 제조 공정에서 발생하는 과잉 '생산물'이다. 전술되었듯, 미세먼지 입자는 이중으로 위험하다. 고도의 가연성과 무엇보다도 각종 폐질환의 유발 가능성이 그것이다.

요하의 〈석탄 연소 컴퓨터〉는 지하 채굴의 맥락에서 컴퓨터 문화를 바라보는 관점을 이해하는 좋은 방법을 제시했고, 2008년에 작업한 〈알루미늄Aluminum〉도 그와 같은 결로 기술의 금속-화학적 구성과 관련된 프로젝트다.[52] 〈알루미늄〉은 "아름다움, 썩지 않는 보전성, 경량성, 풍요로움, 미래의 금속"으로 정의되는 알루미늄에 대한 상상을 다루었고, 이 상상은 정치적 현실(20세기 초반 이탈리아의 미래주의와 파시즘) 및 물질성과 혼재해 있다. 알루미늄은 상상적 의미의 영역과 물질적 잔여물의 긴 자취를 동반하고 배치하는데,

---

51 Matthew Fuller, "Pits to Bits: Interview with Graham Harwood," 2010년 7월, https://nettime.org/Lists-Archives/nettime-l-1007/msg00044.html.

52 http://yoha.co.uk/aluminium.

1930년대 이탈리아의 알루미늄 공장에서 장소 기반의 설치로 선보였던 이 작품은 그러한 면면을 방법론 삼아 미디어 생태학적 관점으로 탐구했다. 이 관점은 1930년대에 걸쳐 이루어진 산업화의 가속, 그리고 알루미늄을 물질 및 기술 문화에 대한 동시대적 관심과 이어 놓은 다소 길고 추상적인 연결고리들과 함께, 공장에 에너지를 공급하는 전력망과 당대 이탈리아에서 국가적 상징성을 지닌 금속이었던 알루미늄의 신화라는 지역적 요소를 모두 담고 있다.

락스 미디어 콜렉티브와의 협업은 '잔여물' 개념과 같은 핵심 용어와 방법론에 기초한 것이다.

모든 물질, 장소, 사물, 사람으로부터의 가치 추출은 정제 과정을 수반한다. 이 과정 중에 해당 대상은 추출물과 잔여물이라는 두 개의 성분으로 분리되는 상태 변화를 겪는다. 여기서 잔여물은 무언가(물체, 사람, 상태, 존재의 상태)가 어떻게 생산되거나 존재하게 되는지에 관한 명백한 서사에 결코 속하지 않는다고 말할 수 있다. 그것은 가치가 추출되고 남겨진 것들의 집적물이다. (…) 잔여물의 역사는 없고, 버려진 것의 지도책도 없으며, 한 사람이 [한때는] 어떤 존재였지만, 끝내 그렇게 될 수 없었던 것에 대한 회고록도 없다.[53]

---

53 Raqs, with Respect to Residue, 2005, Aluminium project web page에서 인용, http://yoha.co.uk/node/536. [링크 유실됨] 미디어의 '잔여물'에 관해서는 다음 글을 함께 참조. Charles R. Acland, ed., *Residual Media* (Minneapolis: University of Minnesota Press, 2007).

정제를 다루는 예술의 방법론은 특히 잔여물과 연결된다. 그것은 쓰고 남은 것들을 둘러싼 물질, 노동, 상상의 대안적 서사를 말하며, 이 점에서 (미디어/정치의) 역사에서 잊힌 경로와 실패자들을 다루는 일련의 미디어고고학적 정신과 공명한다.[54] 그러나 이 경우에는 미디어 문화의 금속 지질학과도 연관되어 있다. 잔여물은 먼지를 추적하여 새로운 유형의 맥락, 이야기, 비담론적 현실로 연결하는 이론적 방법론에서 분명해진다. 정제는 일상을 조용히 구성하고 있는 고급 기능의 첨단기술과 과학적 물질 성분으로만 이어지지는 않는다. 그것은 소모성, 일회성으로 여겨지는 두 개의 '표면', 즉 하드웨어의 화학적 영향을 받는 인간 노동자와 환경에 기록되는 잔여물로 재편되기도 한다.

건강 위해도는 디지털 문화의 생산 단계 말단에서 비용 절감 시행을 나타내는 한 가지 지표에 불과하지만, 그러한 의미에서라면 먼지를 지각이 거의 불가능한 비인간 요소의 유의미성을 이해할 수 있는 훌륭한 궤적으로 삼을 수 있다. 잔여물을 경유한 이러한 서사화는 먼지가 동시대 생명정치적, 지정학적 현실을 구성하는 한 가지 요소임을 깨닫게 한다. 이는 먼지의 특이성에 관한 네가레스타니의 관념과도 몇 가지 통찰을 공유한다.

먼지의 각 입자는 물질, 운동, 집합성, 상호작용, 정동, 분화, 구

---

54 다음의 책을 예시로 참조할 것. Huhtamo and Parikka, *Media Archaeology*; Parikka, *What Is Media Archaeology?*

성composition, 무한한 어둠에 관한 독특한 비전을 실어 나른다. 그것은 결정화된 데이터베이스 또는 조합하고 반응하고 서술될 준비가 되어 있는 하나의 플롯이다. 먼지 입자들의 흐름보다 더 구체적인 서술narration의 방식은 없다.[55]

그러한 서사는 언어적, 상징적으로 일어나는 연쇄와는 거리가 있다. 먼지는 그 자체로 물질적이고 그 주변에 집합체들을 배치하는 정동의 힘을 지닌다. 먼지는 우리 바깥에 머무르지 않고 우리 안으로 **들어오는** 서사다. 다시 말해 먼지는 숨을 들이마실 때마다 우리 조직과의 얽힘을 일으킨다. 확실히 스마트한 먼지든 그저 폐를 자극하는 먼지든, 먼지라는 변형의 물질적 행위자라면 그 자체로 상징적인 서사를 넘어서는 것이 있음을 상기시킨다.[56]

---

55 Negarestani, *Cyclonopedia*, 88. [국역본], 『사이클로노피디아』, 146.
56 스마트 더스트도 생각해 보자. 자세히 다루지는 않겠지만 그것은 특히 새로 등장한 군사 기술의 응용에서 중요하다. 그러나 스마트 더스트는 군사 분야에만 제한되지 않는다. 스마트 도시에 관한 모든 이야기는 도시 환경에 스마트함을 갖출 수 있는 가능성이 어떻게 통제된 환경의 새로운 패러다임을 제시하고 있는지를 보여준다. 스마트 더스트가 창조적 두뇌와 도시를 결합하는 (그러므로 도시는 똑똑하고 소통적이다) 창조 정보 도시의 표지(標識)라면, 우리는 멍청한 더스트(dumb dust)도 그 자체로 정보 및 창조와 얽혀 있음을 기억해야 한다. 그것의 일부는 정보기술의 스마트함의 잔여물이지만, (네가레스타니의 철학적 생각을 따르자면) 우리는 그것이 계속 지니고 있는 창조적, 효율적 물질로서의 그 특성을 유의할 필요가 있다. Brendan I. Koerner, "What Is Smart Dust Anyway?," *Wired*, June 2003와 개브리스의 스마트 더스트와 도시에 관한 탁월한 역사적 식견을 참조. Gabrys, "Telepathically Urban."

먼지와 노동의 정치경제학

소위 신유물론에는 여러 규모와 예술적 방법론으로 먼지의 물질성을 분석하는 데 도움이 될 수 있는 큰 철학적 잠재력이 있다.[57] 그것은 잔여물의 지도 제작법을 제공할 수 있다. 또한 신유물론은 비인간 입자의 행위성과 그것이 작동하는 물질성의 구조를 이해하는 데 도움이 된다는 점에서 잠재적인 생기적 방법론이다. 미디어 연구에 편향된 나의 명제는 이렇다. 신유물론은 신체와 신체적 능력(예를 들면 목소리나 춤, 운동과 관계성, 육체성fleshiness, 존재론적 일원론, 그리고 생성적 물질generative matter의 대안적 인식론들)의 강도에 관한 것만은 아니며, 언어의 의미작용으로 환원될 수 없는 객체 자체의 능동적 의미 만들기에 관한 것만도 아니다. 나는 그 관점들이 모두 중요하다고 생각하지만, **미디어적**mediatic 물질에서의 특정성과 행위성에 더 주력하고자 한다. 신유물론은 기술적 미디어가 '문화'를 전송하고 처리하는 방식에 이미 존재하고, 그 고유의 버전으로 (도나 해러웨이의 용어로 말하자면) 자연문화의 연속체, 또는 이 경우에는 미디어자연(1장 참조)의 연속체에 관여한다.

광택이 나는 아이패드에서 생긴 먼지 입자는 아름다운 물신주의적 표면의 잔여물일 수밖에 없다. 먼지 입자는 전 지구적 임금노

---

57 Dolphjin and van der Tuin, *New Materialism* 참조. 다음 논문을 예시로 함께 참조, Milla Tiainen, "Revisiting the Voice in Media and as Medium: New Materialist Propositions," *Necsus*, no. 4 (Autumn 2013), http://www.necsus-ejms.org/revisiting-the-voice-in-media-and-as-medium-new-materialist-propositions/.

동과 맺어진 관계를 중국인 노동자의 유기적 연조직에 기록한다. 네드 로시터의 말을 환언하자면, 먼지는 "노동과 삶의 경험으로부터 스스로를 추상화하는 상품 형태의 환상적인 힘"을 잘 보여주는 지표일지도 모른다.[58] 전자제품의 깨끗한 표면은 "유독성의 생산 조건과 그것이 노동자 건강 및 환경에 미치는 영향"을 배반할 뿐이다.[59] 우리가 '비인간'과 '비인간 전환nonhuman turn' 같은 용어를 고수하고 원자atoms나 생산력이라는 어휘로 환원되지 않는 신유물론을 주장하고자 한다면, 신유물론의 정치경제학적인 면도 계속해서 함께 따져봐야 할 것이다. 그러니까 신유물론이 노동, 쓰레기, 그리고 노동의 일부로서의 소모적 인간 신체를 바라보는 관점에 기여할 수 있는 지점을 생각해 보자는 의미다. 우리는 폐와 호흡으로 구성된 물질적 영혼, 그리고 호흡 부전, 호흡의 시간 관리에 신경을 써야 한다. 영혼은 단순히 비물질적으로 들이마시고 내쉬는 비물질적, 유사 신비적 존재가 아니라, 푸코의 주장대로 신체에서 지속적으로 생성되는 것이다. 그것[영혼]은 무체적 유물론incorporeal materialism의 상징으로서 생성되고, 그런 식으로 폐에 흡착될 수 있는 것들로도 만들어진다. 영혼은 노동 중이며, 노동은 컴퓨터산업 자본주의의 무거운 공기 속에서 폐를 얼룩지게 한다.

요약하자면 나는 미디어 유물론의 의제에 확실히 포함된 몇 가

---

58 Ned Rossiter, "Logistics, Labour, and New Regimes of Knowledge Production," http://nedrossiter.org/?p=260.

59 같은 글; Maxwell and Miller, *Greening the Media*, 89를 함께 참조.

지 주제를 다루고, 그 주제들이 어떻게 정치적 의의를 지닌 유물론으로 향하는지를 보여주려 했다. 이는 잔여물과 물질성이 행성 규모적 지속, 화학적 구성, 미디어 기술과 연동되어 배치를 이룬 양상을 따라가는 방식으로 정치학, 미학, 미디어학의 전통적 어휘와는 다르게 움직이는 미디어의 지질학과 연결된다.

[세계와 신체를 구성하는] 물질의 활동과 관련된 요하의 하우드의 설명처럼, 물질은 "육체적인 것과 사회적, 정치적, 경제적인 것을 변형시키는 가능성을 재귀적으로 펼치는" 고유한 능력을 지닌다. "물질이 지구와 그 맥락으로부터 떨어져 나와 인간 생태계를 오염시킬 때 본질적으로 무엇을 가능하게 하고 무엇을 정지시키는가."[60] 이 지점에서 물질, 비인간, 비유기물의 활동이 인간의 문제와 얽힌 현실로 드러난다. 하우드는 〈석탄 연소 컴퓨터〉의 바탕이 되는 아이디어를 설명하면서 물질성, 광물, 지정학의 과거 논의에 대한 입장을 밝힌다.

물질은 정치적, 지리적, 경제적 상황과 맞아떨어질 때 그 존재가 힘force으로 거듭난다. 알루미늄은 국가를 대표하는 금속을 '필요'로 했던 이탈리아 파시즘을 '필요'로 했다. 알루미늄은 이탈리아가 석탄, 철의 부족으로 보크사이트가 대신해야 할 상황이 '필요'했다. 영국에서 석탄은 오랫동안 깊은 탄광에서 채굴되었다. 갱도를 만들려면 토출이 필요했고, 이 때문에 더 많은 석탄

---

60 Fuller, "Pits to Bits."

과 더 많은 노동력을 필요로 하는 증기기관이 탄생했다. 탄탈럼은 콩고에서의 정치적 불안을, 소니사의 게임을 하는 아이를 '필요'로 한다.[61]

이치에 맞지 않게 들리겠지만, 여기에 상품 및 디지털 문화 생산과 함께 생산되는 실제 '필요'의 경우가 더 다양하게 추가될 수 있다. 그것은 마치 전자 문화가 갈수록 커지는 전자 폐기물 더미를 '필요'로 하는 것과 더불어, 기계 속에서 유가 물질을 찾아다니는 고물상 업자를 '필요'로 하는 것과 같다. 혹은 소비의 중심지에서 (말하자면) 글로벌 사우스global south로 옮겨져, 하도급 계약으로 기업의 책임을 지워버린 열악한 노동 조건 속에서 건강을 위협받는 저임금 노동자의 취약함을 필요로 한다고 말할 수 있다. 심지어 디지털 자본주의가 에너지(석유)와 물질(구리 등)을 아우르는 지속 불가능한 자원 착취 및 고갈로 자연을 착취하기를 필요로 한다고 주장할 수도 있다. 이를 생산 양식의 우연성을 망각한 결정론적인 태도로 오해하면 안 된다. 이 관점은 생산의 또 다른 어두운 면이 노동과 세계 경제에 어떻게 유착되어 있는지를 알릴 뿐이다.

미디어 문화의 비인간 차원을 추적하는 우리의 탐구에서 기계의 사후 세계(부록 참조)는 더 나아간 '물질성'을 제시한다. 그리고 미디어 장치가 되기 전 상태의 미디어의 물질성에 주목하는 것은 잔여물과 정제 과정에 대한 또 다른 지도 제작법이다.

61 　같은 글.

따라서 구성 요소의 물질성과 전자 미디어의 쓰레기에 초점을 맞춘 관점은 미디어 문화에서 공간 분포(와 노동 분배)의 극도로 길고 고르지 못한 연결망을 제시한다. 그것은 전 지구적 규모로 시장이 확대되고 있음을 유독 강조한다. 일부 불편한 설명 중에서, 가령 "아프리카 사람들은 깨끗한 식수보다 휴대전화를 더 많이 접한다"[62] 라는 미디어 시청률 분석 회사 닐슨Nielsen의 표현은 기술 혁명이 일어나고 있는 아프리카 대륙에서 사업 기회의 중요성을 외치는, 그리 문제시될 게 없는 통계로 보인다. 때때로 먼지는 물 부족과 동격이다. 어떤 경우로든 식민주의로 시작되어 20-21세기에 걸쳐 이루어진 현대 기술 사회의 자원 경쟁에는 기이한 순환 고리가 존재한다. 즉 아프리카를 포함한 전 세계의 광물, 금속, 석유 물색은 소비 생산물의 정제된 형태로만, 그리고 사업 기회로 재영토화된 대륙으로만 되돌아올 뿐이다. 이러한 정제의 맥락에서 우리는 환경과 인간 모두에게 잔여물이 과연 무엇인지 계속 질문을 던져야 한다.

물질성을 다방면의 복합성으로 상상해 보자. 그것은 아프리카 국가의 값싼 노동력이 IT 공장에 보내려고 채굴하기 이전 상태에서 수백만 년 동안 퇴적된 광물의 시점으로 표현될 것이다. 아이폰은 예정된 짧은 사용 기간이 다한 이후, 전자 폐기물의 물질성의 일부가 되어 강물에 투기되거나 소각되는 식으로 자연에 환경적 위험물을 유출한다. 후자인 소각은 중국, 인도, 가나의 저임금 노동자의 신경계에 유독성 증기의 흡착을 유발한다. 마누엘 데란다는 수천 년

---

[62] Maxwell and Miller, *Greening the Media*, 37에서 재인용.

의 비선형적 역사를 암석, 광물, 생명물질biomatter, 언어의 긴 지속과 연관 지은 명제로서 서술했다.[63] 이 [데란다의] 책의 제안대로, 우리는 석유, 먼지, 기타 물질의 행위성에 관한 역사를 (네가레스타니의 이론 소설이 제안하는 방식인) 수십억 년, 수백만 년의 비선형적 역사로 바꿔야 한다. 우리는 **지층화된** 것들이 동시대 생명정치 영역에 어떻게 관여하는지를 들이파는 신유물론 학자와 고고학자 겸 지질학자처럼 생각해야 한다. 이것이 광물, 화학물질, 토양을 동시대 미디어 소비문화의 구성 요소에 적극 동원되는 자원으로 다루는 미디어의 지질학이다. 간단히 말해 19-20세기 산업 체제뿐 아니라 후기 산업 체제로 이어지는 것으로 보이는 에너지와 에너지 체제에 관한 것이다. 핀란드에는 더 저렴한 지역으로 이전되고 버려진 제지공장들 중에서 냉각 메커니즘에 필요한 물, 즉 재생 가능한 에너지와 가까운 곳에 있는 곳 일부는 서버팜으로 재사용되고 있다. 디지털은 에너지 체제다. 그 체제는 인간 에너지와, 기술 기계에 필요한 에너지로 이루어져 있다.

    결론을 짓자면, 우리는 노동과 먼지의 물질성에 대한 맥락에서 일하는at work 영혼뿐 아니라 작용하는at work 폐도 함께 이야기해야 한다. 이 장은 하드웨어의 정치적 중요성과 그 어두운 면에 관한 쟁점을 한데 묶어 기술적 미디어 문화의 대안적 물질성을 환기하는 역할을 한다. 비포가 인지적이고 창조적이고 IT 바탕의 스마트한 노동

---

63   Delanda, *A Thousand Years of Nonlinear History*.

계급인 '코그니타리아트'를 "기호적인 노동 흐름"[64]으로서 언급했던 것은 가상 계급에 관한 그 어떤 느슨한 참조보다도 더 폭넓은 물질성을 포함한다. 그에게 코그니타리아트는 "신체, 섹슈얼리티, 필멸의 신체성physicality, 무의식"[65]을 수반한다. 이 묘사는 미디어 문화와 창조성 담론에 대한 우리의 설명에 물질적인 에너지와 어두운 리비도적 에너지를 모두 포함해야 한다는 마테오 파스쿠이넬리의 요구와도 공명한다.[66] 코그니타리아트의 문화 기법과 기술에 대한 확장된 이해가 영혼뿐 아니라 어디에서 호흡이 이루어지는지를 같이 고려할 필요가 있다는 것은 바로 이 요구에서 나온다. 그것은 정신 에너지를 소비하는 첨단기술 커뮤니케이션 노동 과정에 점점 더 많이 투입되는 정신노동과 먼지로 위협받는 폐, 그 둘을 전부 아우른다. 화학물질, 광물, 하드웨어 또한 IT 문화 존재의 사회기술적 조건에 포함된다. 비포는 "삶, 지성, 즐거움, 숨쉬기 등의 인간성이 그 형이상학적 부채를 갚기 위해 희생될 것"[67]이라고 말한다.

먼지 입자에서 야기된 것이든 불안장애와 공황발작의 증가에서 야기된 것이든 간에, 호흡 곤란은 비물질 노동과 자연적 영역의 물

---

64 프랑코 '비포' 베라르디, 『노동하는 영혼: 소외에서 자율로』, 서창현 옮김(갈무리, 2012), 142.
65 같은 책, 143.
66 Matteo Pasquinelli, *Animal Spirits: A Bestiary of the Commons* (Amsterdam: NAi/Institute of Network Cultures, 2008): [국역본] 맛떼오 파스퀴넬리, 『동물혼動物魂』, 서창현 옮김(갈무리, 2013).
67 Franco "Bifo" Berardi, *The Uprising: On Poetry and Finance* (Cambridge, Mass.: MIT Press/Semiotext(e), 2012), 25: [국역본] 프랑코 '비포' 베라르디, 『봉기: 시와 금융에 관하여』, 유충현 옮김(갈무리, 2012), 36.

질적 소진 사이 연결고리를 드러낸다. 르 코르뷔지에의 『빛나는 도시Radiant City』에서 합리적이고 여과되고 최적화된 '적확한 공기exact air'는 짧은 꿈이었음이 입증되었다. 다른 관점에서 페터 슬로터다이크는 20세기 초 제1차 세계대전의 시작을 호흡 부전이 일어난 특정 사건으로 보았다. "1915년 4월 22일, 특수 편성된 독일 '가스 부대'는 염소 가스를 전투 수단으로 삼아 이프르 세이앙Ypres Salient 북부에 주둔하고 있었던 프랑스와 캐나다 군부대에 맞서 큰 규모의 작전을 개시했다."[68] 호흡 부전 혹은 (슬로터다이크의 표현으로) '대기 테러리즘atmo-terrorism'은 기술의 20세기에서 그와 동일한 위험, 그러니까 먼지, 수자원 고갈, 경작지 감소를 유발하는 사막화에 계속 처해 있는 먼지의 시대인 21세기로 이어진다. 그것은 국가 테러리즘뿐 아니라 산업 생산과 후기산업 생산 전반에 걸친 기업(주식회사)의 테러리즘에서 비롯된다. 이러한 문제들은 우리 생산 양식의 잔여물을 노출시킨다. 이것이 지구물리학적 테러리즘이다.

---

68 Peter Sloterdijk, *Terror from the Air*, 10.

5
화석 미래들

> 중신세[마이오세]Miocene나 시신세[에오세]의 암석 이곳저곳에 이러한 지질 연대에 살던 괴물들의 흔적이 남아 있는 것처럼, 오늘날 아케이드는 대도시에서 이미 보이지 않게 된 괴물들의 화석이 발견되는 동굴 같은 곳으로 존재한다. 유럽의 마지막 공룡인 제정 이전 시대 자본주의 소비자들이 바로 그러한 괴물이다. 이 동굴 벽면에는 상품이 태고의 식물처럼 널리 퍼져 있으며, 궤양이 생긴 조직처럼 여기저기 무질서하게 얽혀 있다.[1]
> — 발터 벤야민, 『아케이드 프로젝트』

> 공룡 같은 쓰레기는 반드시 먼지나 녹으로 되돌아온다.
> — 로버트 스미스슨

---

1 [옮긴이] 발터 벤야민, 『아케이드 프로젝트 II』, 조형준 옮김(새물결 출판사, 2006). 1278(옮긴이 부분 수정).

화석 생산, 실리콘밸리에서 선전으로

이 장은 우주로 나아간 지질학의 경로를 따른다. 또 미래화석이라는 개념을 현재 순간으로 되돌아온 미래의 시간성으로 사변함으로써 심원한 시간에서 미래의 시간으로 이행한다. 이러한 의미에서 화석은 여러 시대를 가로질러 확장하는 동시대에 대한 물음이다. 우리는 화석의 지속성을 시간의 지배적 개념에 급진적으로 도전하고 있음을 시사하는 물질적 기념비로 탐구하지 않을 수 없다. 그것은 근대 초기에 화석이 성서적 시간 체계에 부합하지 않는, 그리고 초기 과학에서의 영웅(예를 들면 제2의 아담으로 불리는 것을 좋아했고 분류체계에 사명을 가졌던 칼 린네)의 자연관에 도전하는 물질적 증거로서 제시되면서 일어났다. 아담과 이브의 세계 바깥에서, 미디어 쓰레기라는 미래화석, 즉 '인류세적으로 (재)화석화된 것들'(3장 참조)이 어떻게 그렇게 비균일한 시간성, 외설적인 동시대 인류세의 시대가 얼마나 복잡한지 성찰하도록 밀어붙이는 바로 그 시간성이 될 수 있을까?

만일 고생물학적 증거에서 화석연료층에 이르는 오늘날의 화석이 동시대적 상상의 욕망을 동원하는 것이라면, 우리가 현재 생성하고 있는 화석은 어떠한가? 우리가 미래화석으로 생성 중인 죽은 물질의 잔여물 층은 어떤 것인가? 지구는 그 자체로 안정된 존재가 아니라 항상 과정 중인 상태다. 지구의 몸체는 우리 행성이 지난 수십 년 동안 산업이 지구에 집중적으로 영향을 끼치면서 변천해 온 자연사를 제공하는 수집 기계, 조립 라인이다. "쓰레기, 건축 폐기물, 석탄재, 준설 퇴적물, 석유 오염, 녹색 잔디, 부패하는 시체, 자갈 도상 같은 것들은 토양 구성을 변형시킬 뿐 아니라 자체적으로 토양체를 형성하며, 이러한 점에서 토양과 분류학적인 차이가 없다."[2]

토양체는 역설적으로 자연적이지 않은 자연적 형성물로, 이러한 형성물은 산업 세계와 디지털 문화의 현재의 여광을 모으고 합쳐 합성된 지질의 미래를 형성할 것이다. 토양 합성 미래는 환경적 맥락으로 둘러싸여 있으면서, 그에 더해 토양이 거래 가능한 존재물이 되었고, 지구의 순환뿐 아니라 화폐 현실의 순환에도 진입했다는 사실과 관련되어 있다.[3]

원소들은 분리되고 분석되고 합성되어, 복합적이고 전 지구적인 방식으로 거래 가능한 탈영토화된 정보 조각으로 순환[유통]하게 되었다. 토양, 광물, 화학물질에 관한 과학적 틀과 공학은 그 물질들이 지니는 상품적 지위의 전조이기도 했다. 4원소는 없어지지 않고 계속 존재하지만 과학적이고 첨단기술 공학적인 자본주의의 이야기를 들려주는 혼합적 객체로 변형되었다.[4] 연금술은 화학으로 전환되었다. 주기율표는 기술 자본주의의 역사에서 가장 중요한 기준점 중 하나다. 컴퓨터 내부는 외부와 물질적 방식으로 겹쳐folded

---

[2] Seth Denizen, "Three Holes in the Geological Present," in Turpin, *Architecture in the Anthropocene*, 40.

[3] Rachel Armstrong, "Why Synthetic Soil Holds the Key to a Sustainable Future," *Guardian Professional*, 2014년 1월 17일, http://www.theguardian.com/.

[4] Gary Genosko, "The New Fundamental Elements of a Contested Planet," talk presented at the Earth, Air, Water: Matter and Meaning in Rituals conference, Victoria College, University of Toronto, 2013년 6월 발표 참조.

있다. 다시 말해 정보의 추상적 위상학은 지구물리학적 현실과 맞물려 있다. 동시대 컴퓨터 세계에서 규소는 미디어 및 환경 재난을 다루는 미래 고고학자들에게 우리가 남겨줄 또 다른 지구물리학적 기억의 한 가지 작은minor 지표다. 몇 가지 장소 특정적 예시로 시작해 보자.

먼저 어느 정도 명백하게 말할 수 있는 것은 실리콘밸리다. 실리콘밸리는 디지털 경제에서의 입지와 영향력에는 의심의 여지가 없으며, 여기에 지하수에 영향을 미치고 트리클로로에텐tricholoroethene 같은 화학물질을 누출하는 여파도 포함된다. 컴퓨터라는 청정한 산업이 (적어도 연기 굴뚝으로 그 위험성을 나타냈던) 산업적 선대와 다를 바 없이 은밀하게 더럽다는 사실은 이미 1980년대에 충격적으로 밝혀진 바 있다.[5] 지금 실리콘밸리의 슈퍼펀드Superfund[6] 부지들은 이 유독성의 유산을 상기시킨다. 두뇌를 연료로 삼는 컴퓨터 자본주의의 약속 대신 화학물질, 독소, 전자 문화의 물질성이 잔여물로 이곳에 여전히 남아 있다. 1980년대 초반의 디지털 산업은 "80년대의 석유 사업"[7]을 특징으로 한다. 석유가 환경오염에서 더러운 전쟁에 이르는 더러운 면을 가지고 있듯이, 컴퓨터 제조 산업도 더럽기

---

5   Alexis C. Madrigal, "Not Even Silicon Valley Escapes History," *The Atlantic*, 2013년 7월 23일, http://www.theatlantic.com/. Silicon Valley Toxics Coalition을 함께 참조, http://svtc.org/.

6   [옮긴이] 미국 정부가 특정 부지를 지정해 오염 및 공해를 해소시키는 데 대형 자본을 투입하는 현재 진행 중인 사업.

7   Moira Johnston, "High Tech, High Risk and High Life in Silicon Valley," *National Geographic*, 1982년 10월, 459.

는 마찬가지다. 여기에는 역사적으로 실리콘밸리에서 아시아의 여러 지역으로 옮겨다니며, 해당 법이 부재하는 곳에서 행한 노동권 침해와 미심쩍은 관행이 포함된다. 그런데 이 더러운 것에는 디지털 문화의 지질학적 유산인 화학물질도 포함된다.[8] 어차피 컴퓨터 문화는 결코 화석(연료) 시대를 벗어난 적이 없다. 이 맥락에서 4장에서 〈석탄 연소 컴퓨터〉(요하)를 이야기했고, 더 실질적 맥락에서는 "메모리 마이크로칩 2g을 생산하려면 1.3kg의 화석연료 및 원료가 필요하다"[9]는 사실을 떠올릴 수 있다.

그러므로 '디지털적인 것'은 정보의 비물질적 함의를 지속적으로 지니지만, 언제나 지반과 영토에도 기반을 두고 있다.[10]

1950년대 이후 수십 년에 걸쳐 실리콘밸리는 건자두와 난초 산업에서 실리콘 산업으로 점진적인 변화를 거쳤다. 1980년대에는 신경제의 상징이 되었다. 2013년에는 세계적 브랜드가 되었지만 항상 찬사를 받았던 것은 아니다. 근래에는 실리콘밸리 기업의 통근버스가 지역에 끼치는 해악의 상징으로 여겨져 공격당한 일도 있었다. "구글 꺼져라"라는 구호와 그 쟁점을 구체적으로 설명한 글에서 실리콘밸리는 해결책이 아닌 문제였다. 한 시위대의 전단지에는 "당신

---

8   David Naguib Pellow and Lisa Sun-Hee Park, *The Silicon Valley of Dreams: Environmental Injustice, Immigrant Workers, and the High-Tech Global Economy* (New York: New York University Press, 2002) 참조.
9   Jennifer Gabrys, *Digital Rubbish*, 26.
10   Johnston, "High Tech, High Risk," 459. Christine A. Finn, *Artifacts: An Archaeologist's Year in Silicon Valley* (Cambridge, Mass.: MIT Press, 2001)를 함께 참조.

네들이 살찐 돼지처럼 연중무휴 무료 뷔페를 끼고 사는 동안, 나머지 모든 사람은 지갑 바닥까지 그러모아 당신과 당신 친구들이 일조한 이 비싼 세상에서 가까스로 존재하고 있다"[11]라고 쓰여 있다. 그러나 마침내 드러난 실리콘밸리의 지도에는 삶의 사회적, 경제적 조건을 오염시키는 것만 나와 있지 않을 것이다. 어쩌면 눈으로는 볼 수 없는 다른 지도, 즉 디지털 문화의 또 다른 종류의 독성을 기록한 지하가 존재하고 있지 않을까?

실리콘밸리의 급소는 독성 자본주의의 단면이다. 물론 이것은 특정 영토에 한정되는 특징이 아니라 글로벌 디지털 경제의 여러 생산지들로도 전파된 상태다. "전자부품의 메카"[12]인 광저우의 선전과 화창베이를 생각해 보자. 데이비드 나깁 펠로우와 박선희가 "환경 인종주의와 환경 불평등"[13]으로 규명했던 실리콘밸리의 유산이 그곳에서 반복되고 있다.

어떤 면에서 이 유산을 시간 및 공간과 연관해 고려해 볼 수 있다. 전자제품의 대규모 물질적 생산과 관련 수송물을 옮기는 물류의 한쪽 편에는 값싸게 생산되는 기능적 하드웨어가 있고, 다른 편에는 폐기되고 고장난 구식 미디어가 있다. 그 유산은 고철이 된 전자제

---

11 Sean Hollister, "Protestors Block Silicon Valley Shuttles, Smash Google Bus Window," *The Verge*, 2013년 12월 20일, http://www.theverge.com/.
12 Joe Heitzeberg, "Shenzhen Is Like Living in a City-Sized TechShop," *Hack Things*, 2013년 5월 2일, https://hackthings.com/p/shenzhen-is-like-living-in-a-city-sized-techshop.
13 Pellow and Park, *Silicon Valley of Dreams*, 4.

품의 고생물학이 관심 분야인 로봇 미디어고고학자에게는 미래화석의 기록을 보여주지만, 지금 시점에서 우리가 하드웨어와 맺고 있는 현재의 관계를 생각하게도 만든다. 바로 여기에서 죽음과 산 주검 living dead이 [사용후 버려지도록 디자인된] 폐기 가능성에 대한 열광의 일환으로 나타난다.

소프트웨어의 글로벌 디지털 경제에 널리 들떠 있는 가운데, 제이 골드버그 같은 몇몇 비즈니스 특파원은 하드웨어가 더럽게 저렴하고 심지어 "죽었다"[14]는 사실을 깨달았다. 골드버그의 주장은 사업 기회의 물색보다는 브루스 스털링이 착수한 기획이자 "커뮤니케이션 고생물학자를 위한 자연주의적 현장 안내서"[15]인 「죽은 미디어 편람 Handbook of Deadmedia」과 더 관련이 있다.

골드버그에게 죽은 미디어가 가지는 비즈니스적 의미는 초저가 태블릿PC의 세계에 초점이 맞추어져 있다. 그는 태블릿PC를 처음 중국에서, 그다음 미국에서 단돈 40불에 접했다. 이 특정 사례의 이야기는 사업 모델과 하드웨어에 대한 구체적인 깨달음을 준다. 후자인 하드웨어는 폐기 가능한 시점이 되면 완전히 새로운 기회의 세계가 열린다.

업계 관계자에게 이 태블릿을 보여주면 보통은 내가 겪었던 충

---

14 Jay Goldberg, "Hardware Is Dead," *Venturebeat*, 2012년 9월 15일, http://venturebeat.com/2012/09/15/hardware-is-dead/.
15 Bruce Sterling, "The Dead Media Project: A Modest Proposal and a Public Appeal," http://www.deadmedia.org/modest-proposal.html.

격을 그대로 받는다. 그들은 항상 "누가 이걸 만들었어요?"라고 묻는데, 그에 대한 나의 답변은 "누가 알겠어요?"로 정해져 있다. 그러나 사실 나도 모른다. 상자나 기기에는 브랜드명이 적혀 있지 않다. 나는 내부 문서를 거의 샅샅이 뒤졌지만 답을 찾을 수 없었다. 이것이 선전의 전자복합단지가 진화한 수준이다. 하드웨어 제조업자는 말 그대로 중요하지 않다. 하청 제조업체는 반도체 제조업체로부터 레퍼런스 디자인을 다운로드받아서 고객의 주문에 맞춤 제작을 해줄 수 있다. 가령 내가 2만 명의 친구가 있고 제품을 미국으로 수입하는 쉬운 방법을 안다면 내 이름을 새겨 명함 대신, 아니면 하누카 선물로 돌릴 것이다.[16]

태블릿PC의 낮은 단가는 틈새시장에서 폭넓게 사용될 수 있다는 것을 의미한다. 그것은 식당 종업원과 정비사, 노인과 아이를 아우른 비즈니스 전망을 실현하는 놀라운 비전의 필수 부속물이 될 수 있다. 골드버그의 본능적 반응은 디지털 경제의 사업 모델 맥락에서 그것이 뭘 의미할 수 있을지에 대한 합리적 계산에서 나온 것이다.

내 심장이 다시 뛰기 시작하자 가장 먼저 든 생각은 '스크린 하나에만 45불이 들 텐데'였다. 그다음에는 '컴퓨터 하드웨어 제조업자 모두에게 완전히 나쁜 소식이겠다. (…)
이제 하드웨어를 팔아서는 돈을 못 만질 테니까, 하드웨어로

16   Goldberg, "Hardware Is Dead."

돈을 벌려면 다른 무엇가를 팔아서 소비자가 장치 전체와 경험에 비용을 지불하게 하는 방법밖에 없다'고 생각했다.[17]

하드웨어조차 **체험** 경제의 담론과 그것이 내포하는 비물질성에 말려든다. 하드웨어는 비물질화된 것처럼 보인다. 골드버그는 하드웨어가 죽지 **않는다**는 점을 간과하고 있다. 심지어 하드웨어가 화석의 퇴적층이 되어 희한한 미디어고고학적 발굴의 몫으로 남겨진 불용의 죽은 미디어라는 스털링적인 의미에서도 죽지 않는다. 모니터와 게임 팩 등의 미디어 기술이 버려지고 잊히고 방치되지만 거기에는 미디어 연구에서 통용되는 일반적인 시간 규모를 능가하는 독성의 물질성이 담겨 있다. 이렇게 버려진 미디어 장치는 사용자의 사용 시간이나 실천보다도 사용되지 않는 시간과 실천에 더 관련되어 있다. 기술 불용에 관한 문화 기술의 역사 쓰기란 분명 흥미로운 일일 것이다.

사용use에서 폐기disuse로의, 진보에서 실패로의 이행 외에도 나는 금속 물질성의 화학적 지속을 환기하고 싶다. 이 발상을 수백, 수천 년 동안 유해할 것으로 계산되는 핵물질의 반감기에 상응하는 미디어 기술의 등가물로 생각해 보자. 그것은 미디어 기술의 맥락에서 스크린과 컴퓨터 기술에 내재되어, 고철업자에게도, 그리고 자연, 가령 토양에도 유해한 물질을 지칭한다.

값싼 노동력 대신 생산된 값싼 하드웨어의 유토피아는 좀비 미디어라는 미래의 새로운 지층을 생성한다. 따라서 이렇게 만들어진

---

[17] 같은 글.

군집들은 새로운 사업 모델이나 경제적 기회를 암시하는 새로운 유형의 소비기기를 생성할 뿐 아니라 전자제품의 화석층도 생성한다고 인식될 수 있다. 그것은 생산된 물건의 목록이 좀비 미디어라는 미래 화석의 목록과 동일하다는 의미이며, [미래화석의 맥락에서] 방대한 양의 전자제품 문화는 미래성의 새로운 의미를 나타낸다.

> 오실로스코프, 멀티미터multimeters, 온갖 모양과 종류의 커넥터, LCD와 LED, 모터, 휠과 버튼, 저항기, 커패시터, 대용량 USB 케이블 및 구리 테이프, 납땜 페이스트와 각종 특수 접착제 등 수백 가지 부품이 각각 담긴 수백 개의 진열대가 정리 및 진열되어 있다. 자동적재기로 옮겨지는 인쇄배선 회로기판PCB 부품은 실제로 보기 어렵지만, 화창베이에서는 수천 수만 개를 목격할 것이다.[18]

나열된 부품들이 불러일으킨 거대한 전자제품 잔해더미의 시각 이미지는 디지털 문화의 생산 규모를 인지적으로 파악하기 위한 한 가지 지표가 된다. 피터 휴고의 황량한 풍경사진(그의 『영구적 오류 Permanent Error』 도록 참조) 같은 시각예술에서 UN 보고서에 이르기까지, 여러 제도에서 기술 쓰레기의 동시대 조건을 이해하려는 중첩과 강화의 방법이 다양하게 존재한다. 죽은 미디어 혹은 좀비 미디어 더미 옆에 홀로 서 있는 비서구 국가의 전자 폐기물 노동자 이미

---

18   Heitzeberg, "Shenzhen Is Like Living in a City-Sized TechShop."

지는 많은 경우 취재 기사에서 선호하는 관습적인 표현과 부합한다. 그 표현은 연간 전자 폐기물의 양(작년에는 전 세계적으로 50톤)으로, 아니면 결국에는 전화기, 컴퓨터, 모니터, 모든 종류의 전자기기로 최대 적재된 40톤 대형 트럭을 일렬로 세운 15,000마일의 줄"[19]로 집계하는 식이다. 이러한 맥락에서 유엔의 조치 단계action-step 계획은 정책과 디자인에서, 그리고 말하자면 재사용과 재활용의 실천적 관점에서 전자 폐기물의 문제를 고심함으로써 쓰레기와 핵심 물질 고갈이라는 두 가지 쟁점을 다루려는 중대하고 포괄적인 시도다.[20]

그러나 이 장은 화석을 다루고 있다. 죽어가는 미디어 기술의 본체[몸체]는 단순히 토양의 일부로 사라지는 것이 아니라 화학물질, 하드웨어 구성 요소, 금속 등의 차원에서 특징적 혼합체를 구성한다. 땅의 일부로 집약되는 유기층과는 다른 유형의 죽어가는 몸체가 존재하고 있는 것이다. 우리는 이 층이 전자 문화와, 그것과 자연과의 얽힘을 기묘하게 상기시키는 것으로 지속되리라고 사변할 수 있다. 이 장은 (미디어)화석, 디지털 미래성의 의미, 디지털성의 시간 규모들에 관한 다양한 예술작품과 이론적 논쟁을 논한다. 이 장과 이 장에서 다뤄지는 예술적 사례는 환경적 차원에서 현재 우리가 만들고 있는 미래의 환경적 재앙을 사변한다. 그것은 동물학자 조르주 퀴비에가 19세기 초 저작에서 화석에 기울였던 근대과학적 관심

---

19 John Vidal, "Toxic 'e-Waste' Dumped in Poor Nations, Says United Nations," *The Observer*, 2013년 12월 14일, http://www.theguardian.com/.

20 Step-solving the e-waste problem, http://www.step-initiative.org/.

과 그것을 지구 재앙의 역사와 연관 지었던 것과 비슷할 것이다.[21]

이크티오사우루스 교수의 강의

한동안 화석은 학술대회, 페스티벌, 책을 통한 미디어와 문화 관련 논쟁에서 다루어져 왔다. 지구와 지구 미디어(2장 참조)를 바라보는 심원한 시간의 관점은 고생물학에 대한 관심에서 비롯된다. 죽은 미디어에 관한 스털링의 미디어 고생물학은 비슷한 생각을 공유한다. 1980년대 초반 뉴멕시코의 알라모고르도에 매립되었던 〈E.T.〉를 포함한 수천 개의 아타리Atari 게임팩 쓰레기 사건은 널리 회자되는 이야기다. 2013년과 2014년에 그렇게 죽은 미디어가 말 그대로 발굴되었고, 여기에 열광하는 사람들은 매립지의 메틸수은, 말라티온, DDT 같은 유독 화학물질 검출 여부의 결과를 일단 기다려야 했다(그림5 참조). 2014년 4월에는 땅에 묻힌 미디어가 출토된 것을 계기로 폐기물의 차고 넘치는 사례가 발견되었다.

제니퍼 개브리스의 '전자제품의 자연사'는 디지털 문화의 맥락에서 화석 개념을 가장 정교하게 사용한 경우일 것이다. 그는 죽거나 퇴락한 물건들을 다루던 벤야민의 방법론을 상품 문화에 대한 물질적 상상을 이해하는 방법으로 취했다. 개브리스의 지적처럼 벤야민의 상품과 자본주의의 자연사는 그 자체로 역사적으로 우연적

---

21 Martin J. S. Rudwick, Georges Cuvier, *Fossil Bones, and Geological Catastrophes: New Interpretations and Primary Texts* (Chicago: University of Chicago Press, 1997) 참조.

이었던 생산 및 순환 양식의 물질적 효과에 중심을 둔 역설적인 비자연적 자연사였다.[22]

이 맥락에서라면 개브리스도 마찬가지였다.

여러 면에서 전자화석은 기술 속에서 빠르게 나타나고 퇴락하는 일시성을 보여주는 경제 및 생태 지표다. 전자제품은 광물, 화학물질, 몸, 토양, 물, 환경, 시간성으로만 펼쳐지는 '물질'일 뿐 아니라, 그것이 순환되는 경제적, 문화적, 정치적 맥락의 흔적도 제공한다.[23]

화석은 최소한 19세기 이래로 새로운 근대적 세계관의 중심에 놓여 있었다. 찰스 라이엘 같은 지질학자와 찰스 다윈 같은 생물학자는 화석을 분석 대상으로 삼았고, 그 결과 [과거의 지질학적 현상과 정

---

22 Gabrys, *Digital Rubbish*, 5. 개브리스는 벤야민에 대해 이렇게 말한다. "벤야민은 자연사를 연구하는 데 있어서 자연사의 통상적이고 더 과학적인 실천에 기대는 동시에 그로부터 탈피했다. 그는 자연사와 화석 수집에 대한 19세기의 묘사와 집착에 매료되어 있었지만, 지구의 심원한 시간이 담긴 이러한 역사적 기록들을 소비 관행을 가늠할 수 있는 쇄신된 시간적 지점으로 해석했다. 구식의 사물들은 순환에서 이탈되었을 때 일종의 선사시대로 되돌아갔고, 그때 그것들은 경제적 관행과 공명하는 물질적 잔여—화석—로 검토될 수 있다. 그는 빅토리아 시대의 자연사(와 경제사)로 짜인 진보적 서사들을 반추하고 상품 세계의 우연성과 일시성을 보여주기 위해 이 진보적 서사를 효과적으로 뒤집었다."(6) 수전 벅모스의 책에서 「자연적 역사: 화석」 장을 함께 참조. Susan Buck-Morss, *The Dialectics of Seeing: Walter Benjamin and the Arcades Project*, 58 77 (Cambridge, Mass.: MIT Press, 1991): [국역본] 수잔 벅모스, 『발터 벤야민과 아케이드 프로젝트』, 김정아 옮김(문학동네, 2004).

23 Gabrys, *Digital Rubbish*, 7.

보에 관한] 단편들의 책이 나왔다. 화석은 현재 시점으로는 기념비로서 과거로 향하는 입구였고 현재에는 기념비로 묻혀 있던 시간적 대상이다. 그것은 현재에 집약된 지구 행성의 역사성을 드러내는 신호이며, 지구를 도서관이자 "기록 매체"[24]로 보여준다. 화석을 향한 19세기의 열광에는 지질학이 지구를 과거를 간직한 비밀스러운 보고로서 동원했던 방식이 표면화되어 있고, 그중 화산은 종종 지구의 가시적 표면과 숨어 있는 깊이를 중첩시키는 fold 붕괴의 한 가지 원천이다. 라이엘의 『지질학 원리』(1830)는 추후 핑크 플로이드가 폼페이에서 사운드 기술로 시적으로 풀어낸 것(《폼페이 라이브Live in Pompeii》[1971-72])을 초기 지질학의 과학적 접근으로 선취했다. 폼페이는 베수비어스 산자락에서, 그리고 그곳의 마그마가 남긴 잔해에서 얼어붙은 시간과 얼어붙은 몸체들의 장소로 묘사되지만, 이는 기념비 차원에서 과거가 현재에 존재하는 중첩된 시간성을 이해하기 위한 방법이다.[25] 이러한 지질학적 상상에서 마그마는 이미지를

---

24 Peters, "Space, Time, and Communication Theory."
25 Charles Lyell, Principles of Geology (London: John Murray, 1830), 1. 온라인 사본, http://www.esp.org/books/lyell/principles/facsimile/. 기념비는 미셸 푸코의 고고학에서 이야기의 역사서술적 추적과 차별화되는 핵심적 형물이다. 푸코에게 그것은 고고학자들이 관심을 가지는 구체적인 기념비로서 과거의 현재적 존속이다. 볼프강 에른스트는 이 개념을 그의 미디어고고학에 도입하여, 푸코가 제시한 비담론적 노선을 따르려 했다. 에른스트는 이렇게 말한다. "민족지학자가 멀리 있는 사회의 관행을 기록하는 것과 같은 방식으로 대상을 응시하는 미디어 분석가처럼, 옛것을 탐구하는 연구자는 의도적으로 과거와 기념비적인 관계를 갖고자 한다. 이 방법은 아카이브적 증거 및 고고학적 증거를 역사의 문서로 섣불리 해석하기를 피하고, 대신 그것들을 다시 배치하고 다르게 구성될 수 있도록 개방하려는 목적에서 이 데이터를 이산열(discrete series)로 분리한다." Ernst, *Digital Memory and the Archive*, 44.

화석으로 각인시키는 최초의 시간-기반 예술적 프로세스다.[26] 나중에 생겨난 정보 시대의 어법으로 말하자면, 화석은 지질학이 처리하는 **데이터**다.[27]

그러나 화석층의 다중시간성이 갖는 중요한 점과 그것이 드러낸 것은 화석을 단속평형설을 통해 재고하는 동시대 고생물학에 이르러서야 비로소 밝혀졌다. 라이엘에 이어 수십 년 뒤에 나온 다윈의 『종의 기원Origin of Species』에서 화석 기록은 마치 파편만 남은 책과도 같다. 그것은 발견될 수 없는 총체성의 파편적인 일부일 뿐이며 과학자(와 동시대에 살아가는 세계)에게 흔적만이 남겨졌다는 것이다. 그러나 스티븐 제이 굴드와 나일스 엘드리지 같은 우리 동시대에 속하는 과학자에게 화석층의 외견상 결함, 임의적 도약, 비선형적 속성은 고대와 현대가 그리한 화석 기념비로 얽혀 있다는 본질을 드러내는 극명한 사실이다. 우리는 지구 행성 차원의 지질학적 기록에서 지구 행성의 생명에 이르기까지, 균일하고 느리며 점진적으로 이루어지는 진화 대신 **단속평형설**[28]의 가능성을 고려해야 한다. 즉, 급작스러운 변화와 상대적 정체, 혹은 다른 말로, 공존하고 있는 서로 다른 시간적 변화의 질서를 실재하는 것으로 보아야 한다.

---

26 Ilana Halperin, "Autobiographical Trace Fossils," in Ellsworth and Kruse, *Making the Geologic Now*, 154.
27 Stephen Jay Gould, *Time's Arrow, Time's Cycle: Myth and Metaphor in the Discovery of Geologic Time* (Cambridge, Mass.: Harvard University Press, 1987), 86.
28 Stephen Jay Gould, *Punctuated Equilibrium* (Cambridge, Mass.: Harvard University Press, 2007).

초창기 지질학자에 관한 굴드의 예리한 설명은 화석의 본질을 개념화하는 데 유용하다. 어떤 면에서 초기 지질학자는 그로부터 약 2백 년이 지난 지금의 인류세 논의를 미리 총연습을 한 셈이다. 비록 지질의 시간과 변화에 관해서는 최신 이론에서 보다 정확히 수정되어야만 했지만, 라이엘 같은 선구자들은 인간이 없는 과거와 미래의 가능한 모습을 일찍이 상상하고 있었다. 그것은 지질의 순환성cyclicality이라는 라이엘의 개념을 겨냥한 유명한 풍자 일러스트에 여실히 드러나 있다. 헨리 드 라 베슈의 일러스트에는 과거 화석인 인간에 대한 강의를 펼치는 미래의 이크티오사우루스 교수가 등장한다. 여기에서 인간 화석은 19세기 화석의 열풍 속에서 고생물학자들이 발견했던 **공룡류**sauruses를 이국적 기억으로 묘사했던 것처럼 다루어진다(그림12).[29] 이것을 인간 화석뿐 아니라 인간의 기술 확장으로 남은 화석까지 보여주는 미래의 교수의 모습으로 다시 시각화해 보자. 그렇다면 청중은 누구일까?

    19세기 중후반의 지질학적 상상은 끊임없이 미래를 말했다. 고고학, 지질학, 폐허에 대한 매혹은 미래의 폐허를 상상하는 것으로 보완되었다. 고대의 고고학적 발굴에 쏠렸던 열광과 더불어, 당대 상상했던 미래의 모습을 비슷한 중요성을 지닌, 추후 발굴될 현장으로 그림을 통해 묘사하기도 했다. 조지프 마이클 갠디는 잉글랜드은행으로부터 수백 년이 흘러 자연적 힘에 의해 붕괴되고 방치된 모습을 담은 조감도를 그려달라는 의뢰를 받았다. 이 회화 작품은 1830

---

29 Gould, *Time's Arrow, Time's Cycle*, 98–102.

그림 12
동물 청중에게 화석화된 인간 유적을 가르치는 이크티오사우루스 교수. 헨리 드 라 베슈 경의 석판화, 1830년. 런던 웰컴도서관.

년 처음 전시되었다. 약 100년 뒤 독일 나치의 제3제국 건축물에서
도 폐허에 대한 비슷한 환상이 도입되었다. 여기에는 미래의 고고학
자들에게 영광스러운 불후의 잔재만을 남겨줘야 한다는 건축적 요
구가 담겨 있었다. 이를 가리켜 알베르트 슈페어는 폐허의 가치 이
론이라고 명명했다.[30]

H. G. 웰스의 소설 『타임머신The Time Machine』(1895)은 먼 미
래의 지하세계 거주자이자, 기계를 조작해 살아가는, 인간과 조금 유
사한 몰록 종족Morlocks을 창조했다. 다윈에서 토머스 헉슬리에 이
르는 진화론자들의 관념은 지구의 미래와 지상 및 지하의 인간종
human species을 상상하는 데 지대한 영향을 미쳤다. 진화론적 잔재
와 지하 생명체 외에도 "19세기는 미래의 매몰을 전망하는 데 사로잡
혀 있었다."[31] 또한 1873년 이후의 안토니오 스토파니의 전前인류세
적 설명에서도 비슷한 발상을 엿볼 수 있다. 그는 인류의 새로운 "인
류발생anthropozoic" 시대로의 진입을 예견했고, "한때 사람이 살았던
고대 세계처럼 인간의 후대가 완전히 사라진 뒤에는 낯선 지능체가
지구를 연구하러 올 것"이라고 사변했다.[32] 미래에는 과거의 주기적

---

30 Paul Virilio, *Bunker Archaeology*, trans. George Collins (New York: Princeton Architectural Press, 1994), 56.
31 Williams, *Notes on the Underground*, 43.
32 Stoppani, "First Period of the Anthropozoic Era," 40. "새로운 시대가 인류와 함께 시작되었다. 희한하긴 해도 한때 사람이 살았던 고대 세계처럼 인간의 후대가 완전히 사라진 뒤에 낯선 지능체가 지구를 연구하러 올 것이라는 가정을 일단 인정해 보자. 이 지능체는 사라진 세계의 과학이 세웠던 찬란한 건설물을 토대로 우리 시대의 지질학을 연구할 수 있을까? 그가 홍수의 패턴에서, 동식물의 분포에서, 자연의 자유력(free forces)이 남긴 흔적들에서 세계의 자연 조건을 맞게 추론할 수 있을까? 그는 그렇게

형성물이 새로운 면모로 돌아오는 대신에, 외계 방문객이 찾아와 현대과학이 빚어낸 지구의 흔적들을 발견한다는 것이다. 미래의 지질학은 자연, 동물, 식물을 바탕으로 최상위에서 성장한 과학과 기술을 뜻하는 '인간 지능의 역사'에 대한 서술이 된다. 그것은 우리 세계를 뒤로한 미래로부터 투영되고, 그런 다음 우리 세계로 넘겨지는 새로운 지질학적 시대구분을 나타낸다. 이크티오사우루스 교수와 스토파니의 외계 지능체는 비단 21세기 인류세 논의뿐 아니라 19세기에 시작된 이 비인간의 새로운 지질학을 대표한다.

라이엘과 지질학의 탄생으로 우리는 지구의 심원한 시간의 시대를 특정 지층과 그곳의 화석으로 구분할 수 있게 되었다. 인류세(내가 선호하는 표현으로는 인류외설)를 논하기 이전에는, 팔레오세, 에오세, 올리고세, 마이오세, 플라이오세, 플라이스토세, 그리고 가장 최근의 홀로세를 거쳤다. '층'은 균일한 과정을 거쳐 현재 안정된 것처럼 보여도, 사실 사건들을 표시하는 특이점에 더 가깝다. 층은 특정 화석 물질들의 배치물이며 때로는 격변하는 변화로 가속화

할 수 있을 것이다. 하지만 이는 항상 그리고 오직 인간의 정신이라는 새로운 요소를 계산에 넣는 방법으로만 가능할 것이다. 예를 들어 우리가 심해에 존재하는 육상동물의 뼈 무더기를 해명하는 식으로, 그 지능체도 마찬가지로 미개한 선사시대 사람들이 거주했던 해안가에 쌓여 있는 조개껍데기 무더기를 해명할 수 있을 것이다. 그러나 현재의 지질학이 예전에 끝난 시대를 이해하기 위해 인간과는 무관한 자연을 연구해야만 한다면, 미래의 지질학은 현재 우리 시대를 이해하기 위해 자연과는 무관한 인류를 연구해야만 할 것이다. 그래서 우리 시대의 지질학을 연구하고자 하는 미래의 지질학자는 결국 인간 지능의 역사를 서술할 것이다. 그래서 나는 인류의 시대에 별도의 새로운 시대의 위상이 부여되리라고 믿는다."(40)

된 것이다.³³ 지층화 과정이 반드시 매끄럽고 부드럽게 이루어지지는 않으며, 다중시간적이고 속도가 빨라지기도 느려지기도 한다.

우리는 인간의 화석이든 공룡의 화석이든, 아니면 정말이지 전자기기의 화석이든 간에 이 화석들이 전자 폐기물 부하라는 맥락에서 지구의 태곳적 단계와 어떻게 합체되어 있는지, 그리고 이러한 화석이 제1자연 및 제2자연과 중첩되고 얽혀 있는 '제3자연'을 어떻게 표상하는지를 다루어야 한다. 물론 이 다양한 자연은 매켄지 와크가 마르크스주의 개념으로 발전시켰던 방식으로 언급되는 것이다. 제2자연은 자본주의 사회에서 소비재 생산의 영역이며, 그 특징으로는 임금노동 관계, 그리고 제1자연의 착취가 초래하는 여러 소외 방식이 있다. 제3자연은 제2자연의 생산에 새로운 정보화 속도가 더해진 정보의 물류적 벡터다.³⁴ 그러나 미디어 화석의 존재에서 목격되듯이, 제2자연과 제3자연은 그 둘이 서로 얽힌 것만큼이나 '제1자연'과도 얽혀 있다. 이 자연들은 근대 산업화 시대와 근대 이후postmodern의 정보화 시대 사이의 어떤 분명한 차이도 부정하는 방식으로 역사를 공동 결정하고 있다codetermining.³⁵ 게다가 제3자연의 물질적 잔여는 하드웨어와 그것이 남긴 쓰레기 형태로 가시적이며, 그것은 추상

---

33 Gould, *Time's Arrow, Time's Cycle*, 175-176.
34 "내가 의미하는 제2자연이란 집단 노동으로 자연의 물질적 변형이 이루어진 공간을 말한다. 제2자연은 파편화, 소외, 계급투쟁의 공간이다. 여러 면에서 벡터 공간은 실제로 제3자연이다. 제2자연이 자연을 상비자원으로 취급했던 것과 정확히 똑같이, 우리가 구축한 환경의 제2자연은 제3자연에서 상비자원으로 관리되고 조직될 수 있다." Wark, "Escape from the Dual Empire."
35 Wark, *Telesthesia*, 34-35.

적인 정보 수준에 도달할 수 있는 그 능력과는 별개다. 추상성은 에너지 비용과 환경적 부담을 주는 지하와 함께 가며, 우리는 다양한 과학적, 예술적 수단으로 이를 기록 중이다. 이미 벤야민이 '화석' 개념으로 당시 부상했던 소비문화의 세계를 드러냈다면,[36] 이제 우리는 기술적 미디어의 조건으로 어떤 종류의 화석층이 정의되는지를 질문할 수 있다. 베수비어스산의 화산 폭발로 인한 급작스러운 종말과는 다르게, 우리 미래화석층은 슬로모션으로 진행되는 종말의 표상으로 느리지만 꾸준하게 쌓이고 있다.

텔로파슬

미디어아트 작가 그레고리 샤통스키의 〈텔로파슬Telofossils〉(2013)은 조각가 도미니크 시로아, 사운드아트 작가 크리스토프 샤를과 협업해 기술, 구식화, 화석의 맥락을 취한 프로젝트다. 대만 타이페이 현대미술관에서 개최된 이 전시는 기술정치적 사회와 자연에 퇴락의 특징을 부여하고, 이를 느리고 시적인 층위로 풀어냈다. 전시장에 설치된 작품이 자아내는 몰입형 정동의 분위기 속에서 샤통스키가 소환한 '미래의 고고학자'의 관점은, 마누엘 데란다의 미래의 로봇 역사가상과 닮아 있다. 우리의 현재 세계로 시선을 되돌리는 그 관점은 혁신가로서의 인간 행위자성이 아니라, (군사 집단 속에) 점점 더

---

36 Walter Benjamin, *The Arcades Project*, trans. Howard Eiland and Kevin MacLaughlin (Cambridge, Mass.: Belknap Press of Harvard University Press, 1999), 540.

향상되는 자동 지능 기계의 행위자성을 강조한다.[37] 샤통스키의 설치미술과 몰입형 서사 속 미래의 고고학자는 시간적 관점(미래)과 외부(외계종)로 인간의 위치를 옮겨놓는다.

〈텔로파슬〉은 우리가 존재하지 않는 지구에 관한 사변적 허구다. 수천 년 뒤 다른 종이 지구로 온다면, 무엇을 발견할 것인가? 그들은 지상에서 분명한 용도 없이 화석화된 수십억 개의 미상의 물체를 발견할 것이다. 그리고 분명히 왜 그것들이 그토록 많았는지 의문을 품을 것이다. 나는 앞으로 살날이 2,500주밖에 남지 않았지만 비닐봉투는 수백 년 동안 남아 있을 수 있다. 이렇게 인간의 기대수명과 우리가 만든 기술적 인공물의 기대수명 사이의 불균형은 현시대에 새로운 차원을 부여한다. 그것은 우리 기억의 물질적 흔적이 될 것이다. 이러한 부재와 소멸을 가시화하는 것이 〈텔로파슬〉이라는 불가능한 프로젝트의 목표다.[38]

쇼핑백의 비닐성분 같은 일상적 소비재의 평범성에서 시작하는 장기적인 시각은 문화를 자연과의 관계로 서술하는 벤야민의 방식을

---

37 Manuel Delanda, *War in the Age of Intelligent Machines* (New York: Zone Books, 1991), 2–3.
38 Chatonsky, 다음 글에서 재인용, Kevin Thome de Souza, "Gregory Chatonsky, Art as an Archaeology of the Future: An Interview," *Amusement*, 2013년 2월 15일, http://www.amusement.net/.[링크 유실]

반향하면서도 동시에 동시대의 정치적 맥락 속에도 내재된 것이 있다. 샤통스키는 전시 관람자이자 참여자를 방과 공간으로 인도하는 공간적 서사와, 현대성의 기호, 시청각물, 기술로 둘러싸인 정동적 상태를 합쳐 놓았다. 그 기분 관리는 9·11 재앙 이후 십 년 동안 소비자 감시 속에서의 일상생활로 알려진 9·11 이후의 정동적 분위기를 시사한다. 샤통스키에게 공간적 서사와 정동적 분위기의 결합은 다가오는 재앙의 다중시간성을 이해하는 데 필요한 방법론이고, 화석은 기술 쓰레기로 이루어진 인공 지층의 느린 성층화를 다루기 위한 개념이다. 이는 지난 수십, 수백 년의 기술을 둘러싸고 있으며 또 그 기술적인 것을 미래로 옮겨놓는 사고$_{accident}$의 아우라$_{aura}$[39]를 말한다. 사고는 혁신이라는 지속 불가능한 기술 방식에 예정되어 있었고, 사고가 일어난 이후에 우리는 샤통스키의 작품이 '텔레$_{tele}$'파슬이 아니라 '텔로$_{telo}$'파슬인 이유를 깨달을 수 있다. '텔로파슬'은 약간의 애도 및 슬픔과 함께 화석화 프로세스에 내포된 '목적$_{telos}$'을 암시한다. 모든 기술 발명은 그에 수반되는 특정 사고의 발명[발생]이기도 하며, 이 점에서 비릴리오가 연상된다. 어쩌면 샤통스키의 진짜 통찰은 우리가 느리게 스러지는 것을 기록하는 기술의 숨은 임무를 사변적 목적론으로 펼쳐보이는 것에 있을지도 모른다. 최초의 기술적 미디어가 죽은 자들을 기록할 수 있고, 그들이 사후에

---

39 Paul Virilio, The Original Accident, trans. Julie Rose (Cambridge: Polity, 2006)를 예시로 참조. 개브리스의 책에서 실패의 박물관(museum of failure)을 함께 참조. Gabrys, *Digital Rubbish*.

도 말할 수 있도록 해주었듯, 디지털 형식의 기술적 미디어 또한 이 목적을 보여주는 영사projection 기술이 된다. 미래를 과거의 화석을 위한 캔버스로서 영사하는 것 말이다.

"그것[기술]은 지구를 고갈시키지만, 동시에 우리 존재의 흔적을 구성한다"[40]라는 샤통스키의 말에서 그가 화석으로서의 미래를 통해 기술의 이중적 역할을 이해하고 있음이 여실히 드러난다. 지구 환경에 가하는 기술의 물질적인 훼손은 과거 기억의 운반체로서의 기술의 역할과 상응한다. 그 맥락에서 기술은 '기념비'다. 이는 화석에 관해 앞부분에서 간략하게 언급된 것과도 같다. 기술은 사용 기간이 지난 후에도 그 물질적 지속을 통해 계속 살아가기를 이어나간다(이 책의 부록을 다시 참조). 또한 인간 문화를 포함해 그것이 속했던 세상의 존재를 추적할 수 있는 잠재성을 가진다. 그것은 인간이 만들어낸 인공물의 화학성분으로 기록되는 것 못지않게 기술적 미디어의 미시시간성, 즉 하드드라이브(샤통스키의 전시에 소개된 한 설치물에서는 고장난 하드드라이브로 소환된다)라는 저장 장치에도 기록되어 있다(그림13).

⟨텔로파슬⟩은 시간에 대한 프로젝트이며, 고고학적이고 아카이브적으로 미래를 탐구한다. 여기서 미디어 문화의 시간성에 새로운 통찰을 주었던 미디어고고학의 방법론을 지나칠 수 없다. 에르키 후타모가 서사와 토포이를 통해 미디어 문화의 주기적이고 재귀적인 속성을 주장했던 방식은 칠린스키의 심원한 시간(2장)과 볼프강 에

---

40 De Souza, "Gregory Chatonsky."

그림 13
그레고리 샤통스키와 도미니크 시로아의 설치 작품 〈텔로파슬〉 근접 사진, 2012, 이미지 제공: 엑스포갤러리Xpo Gallery.

른스트의 미시적 시간 연구(1장 참조)와 연관될 수 있다. 또한 인간 행위자를 [미디어가 일으킨] 여파로만 묘사하는 물질적 맥락에서 미디어 역사의 보기를 고수했던 키틀러의 주장은 기술의 미디어 지질학적 역사에 해당하는 것으로 급진화되어야 할 수도 있다. 즉, 인류는 기술의 반응과 사회적 사건을 촉매한 지질학적 지속 기간, 광물 채굴, 금속 정동(데란다)의 여파라는 것이다.

미래의 고고학은 샤통스키의 작품에서 이중적으로 기능한다. 하나는 기억이 항상 재매개되는 물질적 사건이라는 점을 상기시킨다는 것이다. 기억은 언제나 기념비이자 기록이다. 그것은 하드드라이브 같은 자기 저장 미디어의 랜덤 액세스 원리에서도, 또는 여전히 실험에서 박테리아 같은 생물학적 물질을 저장하는 방식에서도 일어난다. 미래의 기억은 박테리아나 세포처럼 유기체의 아주 오래된 물질성에 배태되어 있을 수도 있다. 3-4억여 년 전에 화석화된 잔여는, 인터넷 회사들이 "인터넷 경제의 엔진인 21세기 데이터센터에 19, 20세기의 석탄 및 원자력으로 동력을 공급하고 있다"[41]는 그린피스의 경고에도 불구하고 동시대 네트워크 컴퓨팅과 빅데이터 마이닝 분야에서 데이터 순환을 위해 계속 태워지고 있다. 이것은 디지털 기술 자체에 복잡한 시간층들이 있음을 입증한다. 이것이 뉴미디어와 아주 오래된 동력의 관계다.

다른 하나는 샤통스키의 기억에 대한 관심이 미래 및 우리가

---

41 Gary Cook, "Clean I.T. Means Clean Suppliers, Too," *New York Times*, Opinion, 2012년 9월 23일, http://www.nytimes.com/.

상상할 수 있는 것과 관련되어 있다는 것이다. 이는 상상적인 것과 사회적 생산양식 사이의 관계를 논했던 프레드릭 제임슨의 맥락에서 부분적으로 미래의 고고학이다. 상상, 그리고 여러 개의 미래에 대한 상상은 현재의 경제적, 정치적 맥락과 연동되어 있다. 제임슨은 『미래의 고고학Archaeologies of the Future』에서 자본주의 바깥을 생각할 수 없는 불가능성을 비탄하며, "불능에 빠뜨리는 것은 적의 존재가 아니라 보편적인 믿음으로, 이러한 경향이 비가역적일 뿐만 아니라, 자본주의의 역사적 대안이 실행될 수 없고 불가능하다는 것, 그리고 그 어떤 다른 사회경제적 체계가 실질적으로 가능하기는커녕 구상할 수조차 없다는 것"[42]이라고 말한다. 미래화석층에 관한 샤통스키의 글쓰기 방식은 기술이 초래한 정치적 신뢰성의 위기(9·11 이후 지구의 감시, 통제, (불안정성과) 안보가 다양한 척도로 드러나 있다)에 관한 현재의 우려를 경유하고 있고, 그것은 정동적 애도의 양상에도 불구하고 어떻게 대안적 미래들을 상상할 것인지를 실제로 계속 탐구하고자 하는 [그의] 작품에서도 나타나 있다. 그에 따라 미래화석은 우리와 함께 살고 있는 것이며, 이 사변적 허구의 현재 기술정치technopolitics에 관한 외삽법extrapolation은 미래의 기억을 통해 우리에게로 돌아온다. 현재와 다가올 미래의 이러한 연결고리는 모든 종류의 종말론적 미래 시나리오에 암시되어 있다. 이제 물음은 이렇다. 우리는 왜 이러한 멸종 이후의 미래, 매개되어 있고 사건들의 한가운데 있는in medias res 세계, 즉 매개된 기술의 세계를 상상하

---

42   Fredric Jameson, *Archaeologies of the Future* (London: Verso, 2005), xii.

고 있는 것일까?

상상된 미래로 도입된 '텔로파슬' 개념은 '고미래paleofuture'의 연장선에 있다. 고미래는 사변적이고 고고학적인 파편이 미래로 전위된 것과 상상된 미래라는 주제로 변이된 것을 의미한다. 그것은 창의적 실천의 한 가지 사변적 방법론인 디자인 픽션design fiction[43]에 가까운 만큼 상상적 미디어 담론과도 궤를 같이한다. 그것을 "미래에 대한 역사적 발상, 전망, 투사의 예비법"[44]으로 대했던 브루스 스털링의 관심은 관련 연구 분야에서 드러낸 한 가지 명확한 지표이며, 그래서 미래의 고고학자에 관한 샤통스키의 우화가 디자인 픽션을 확장한 한 가지 방법이라고 주장하는 것도 무리는 아니다. 매트 노박의 블로그 '팔레오퓨처Paleofuture'에서 가장 명확하게 설명되어 있는 고미래주의paleofuturism는 동시대에 화석이 된 과거의 미래들에 대한 담론을 주장한다.[45] 그것은 기술 문화의 특징인 기묘한 혼합적

43 [편집자] '디자인 픽션'은 디자인된 인공물을 통해 사변적이고 종종 도발적인 시나리오를 만들어 가까운 미래를 탐구하고 비판하는 것을 목표로 하는 디자인 실천을 말한다. 미래학자 스콧 스미스(Scott Smith)는 다음과 같이 설명한다. "(…) 커뮤니케이션 및 사회적 대상으로서의 디자인 픽션은 이전에는 없었던 미래에 대한 상호작용과 대화를 만들어낸다. [디자인 픽션은] 사람들이 의미 있는 대화를 나눌 수 있을 만큼 현실적으로 만드는 데 도움이 된다." Smith, Scott, "Insights: Scott Smith," *Medium*, 2016.

44 Derek Hales, "Design Fictions: An Introduction and a Provisional Taxonomy," *Digital Creativity* 24, no. 1 (2013): 7. 상상적 미디어에 관해서는 클라위텐베르흐의 책을 참조. Eric Kluitenberg, *The Book of Imaginary Media* (Rotterdam: NAi, 2006). Eric Kluitenberg, "On the Archaeology of Imaginary Media," in Huhtamo and Parikka, *Media Archaeology*, 48–69; Richard Barbrook, *Imaginary Futures: From Thinking Machines to the Global Village* (London: Pluto Press, 2007)도 함께 참조.

45 https://gizmodo.com/tag/paleofuture.

시간성을 생성하기 위해서 미래와 심원한 시간을 융합시킨 20세기 과학·기술 담론의 사변적 성격을 바라보는 관점이다. 동시대 미디어 문화에서 현재성과 새로움을 강조하는 것은 하나의 비판 대상이 되었다. 표준화를 추구하는 "미디어 정신병"[46]에 반대하는 칠린스키의 글과 제임슨의 정치적 비판은 이 장과 이 책에서 환경적인 미디어의 지질학에 해당하는 것을 이해하기 위한 중요한 방법이다. 고미래주의에서 화석은 점점 더 쌓이는 쓰레기 더미의 여파이며, 샤통스키가 그렸던 종말 이후의 멜랑콜리한 시나리오는 현재의 미래를 기술로 자연을 사이버네틱적으로 통제한다는 진보적 신화 대신 기술 때문에 일어난 대규모 사고에 비유한다. 사고를 논한 중요한 이론가인 비릴리오는 근대의 기술적 미디어에서 가속화하는 경향에 수반되는 회색 생태학gray ecology을 언급하기도 한다. 회색 생태학은 우리가 세계 속에서 취하는 미학적-윤리적 태도에 근본적으로 영향을 주는 관계의 재구성과 거리의 소멸을 의미한다.[47] 하지만 회색은 지구에 추가적인 표면을 생성하는 하드웨어 덮개, 금속 부품 외장재, 플라스틱의 색깔이기도 하다. 그것은 동시에 첨단기술 문화의 역사적, 지질학적 지표가 된 또 다른 층위다. 이 회색 생태학은 미디어 기술적 화석, 즉 텔로파슬의 생태학이다.

화석의 개념은 역기능dysfunctional 기술에 기반한 미래를 암시

---

46 Zielinski, [... *After the Media*] 참조.
47 Paul Virilio, *Grey Ecology*, trans. Drew Burk, ed. Hubertus von Amelunxen (New York: Atropos Press, 2009).

한다. 기술과 수리 연구repair studies에서의 새로운 통찰과 비슷하게 우리도 기술이 깨끗하고 매끄럽고 진보적이라는 근대적 환상(이는 과거의 상상적 미래를 펼쳤던 고미래주의의 역사 지도에서도 볼 수 있다)을 재고하고, 사고를 환상보다 우선시해야 한다. 스티븐 잭슨과 리사 파크스 같은 학자들은 이를 훌륭하게 설명했다. 잭슨에 따르면, 우리는 "무너진 세계를 생각하는 연습"[48]으로서 미래화석을 생각해야 하며, 이는 샤통스키의 예술과 디자인에서 발화된 9·11 이후 시나리오로도 내세워진 바 있다. 더욱이 잭슨의 말과 함께 읽어본다면, "우리는 정보기술과 뉴미디어의 속성, 사용, 효과를 생각하기 위해 참신성, 성장, 진보보다 침식, 분해, 퇴락을 출발점으로 삼는다"는 의미가 있다. 그러므로 미디어적 기술의 화석화에 대한 진정한 고미래주의적 사유는 사물들이 미디어자연(1장 참조)에서 생긴 미래화석의 일부가 되어 붕괴하고 유기되고 퇴락한다는 시나리오에서 시작된다.

우주 화석

나는 파크스가 논했던 수리 문화의 쟁점을 다루지는 않지만, 이 신선한 관점으로 고장 난 기술을 바라보는 것은 지정학적, 포스트식민

48　Steven J. Jackson, "Rethinking Repair," in *Media Technologies: Essays on Communication, Materiality, and Society*, ed. Tarleton Gillespie (Cambridge, Mass.: MIT Press, 2013), 221; Lisa Parks, "Media Fixes: Thoughts on Repair Culture," *Flow* 19 (2013), http://flowtv.org/2013/12/media-fixes-thoughts-on-repair-cultures/.

주의적 이해관계를 인정하는 중요한 단계가 된다. 그것은 유럽중심주의적인 신화 대신 타자와 역기능을 통해 미디어 역사와 미디어고고학에 대한 또 다른 견해를 제시한다.[49] 수리에 중점을 두면 폭넓은 일련의 문화 기술cultural techniques에 대한 서구의 강조에서 벗어나 기술technology의 자리를 변위시킨다. 그 변위는 이를테면 가나와 나미비아에서의 수리를 포함한다. 그리고 수리 문화의 쟁점은 인프라와 관련해 더 큰 질문을 조명한다. 기술은 그 자체로 아프리카 국가에서 신식민주의적 기업 구조를 구축하는 데 점점 더 효율적인 수단이 되고 있다. 글로벌 기업에게 아프리카란 인프라에서 최종 사용자에게까지 이르는 소비의 차세대 대륙이다. 이는 기업이 아프리카의 에너지와 광물 보유분을 차지하려는 또 다른 기술 개발 및 자원 확보 작업과 비견된다.

화석은 현재의 디지털 문화에서 시간을 보는 관점을 제시하고, 우리가 미디어 실천을 발견하는 지리적 변위dislocations를 사변하는 데 사용될 수 있다. 미디어 화석의 미래를 사변하는 것은 "다른 자리로 옮겨진displaced 화석 기록"[50]을 전시하는 또 다른 실험적인 발상과도 잘 맞을 수 있다. 패글런의 〈최후의 사진들〉(2012)은 인공위성으로 구동되는 예술 프로젝트를 구체적으로 동원하면서, 기억, 미디어, 화석에 대한 매우 중요한 질문들을 구성하는 다양한 시간성을

49　Parks, "Media Fixes."
50　Brooke Belisle, "Trevor Paglen's Frontier Photography," in Ellsworth and Kruse, *Making the Geologic Now*, 147.

사변한다.

  간단히 말하자면 패글런은 정치성이 함의된 예술, 기술, 시각문화를 융합한 사진 작업으로 잘 알려져 있고, 그 작품[〈최후의 사진들〉]의 경우 '울트라 아카이브 디스크ultra-archival disc'라고 불리는 것을 제작하려고 다수의 재료과학자와 협업했다(그림14 참조). 그 수명은 사람들이 일반적으로 아카이브 시간으로 여기는 수천 년을 능가하도록 설계되었으며, 백 장의 사진이 실리콘웨이퍼 표면에 식각되어 수십억 년 동안 유지될 수 있다.[51] 그것은 실리콘 위의 이진 코드로 된 이미지라는 통상적 의미의 디지털 인공물은 아니지만, 기술로 구성된 문화유산의 기억과 지속 가능성에 관한 물음을 환기시킨다. 패글런의 작품은 축음기 음반에 시청각 자료를 담아 우주로 보냈던 1977년 보이저호의 골든 레코드Voyager Golden Record를 참조했다고도 볼 수 있다. 라이언 비숍의 멋진 주장처럼, 골든 레코드는 일찌감치 축음기 바늘을 사용해 음반을 우주에 전송하는 행성 간의 미디어고고학적 행위였다. 그것이 언젠가 사고로 지구에 추락한다면 은하 여행에서 돌아온 죽은 미디어가 될 것이다.[52] 비숍이 골든 레코드와 아날로그 사운드 기술인 보코더vocoder의 미디어 역사적인 연관성을 추적하여 로리 앤더슨과 웬디 카를로스와의 접점을 드러냈다면, 우리는 [음반이 실린] 우주선에도 주목해서 봐야 한다. 미디어

---

51 Paglen, "The Last Pictures."
52 Ryan Bishop, "How to Talk to a Heavenly Body," talk presented at trans-mediale. 2013, 2013년 2월, Berlin.

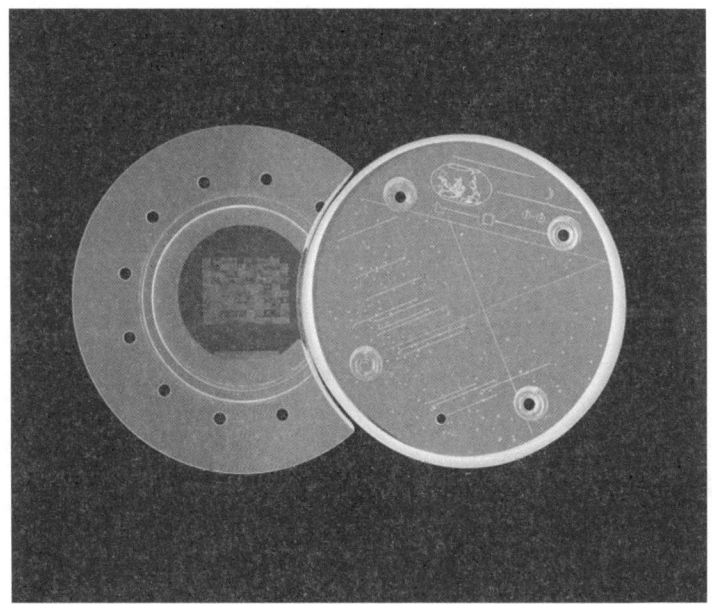

그림 14
트레버 패글런의 프로젝트에는 특수한 울트라 아카이브 음반 개발이 포함되어있었다. 이미지 제공: 작가 본인, 뉴욕의 메트로픽쳐스Metro Pictures, 샌프란시스코의 올트먼 시걸, 쾰른의 토마스 잔더 갤러리Galerie Thomas Zander.

는 메시지이지만, 이 경우에는 명백한 매체인 축음기에서, 그리고 심지어 우주선과 딥 스페이스 네트워크Deep Space Network 간의 지속적인 데이터 트래픽에서 우주 비행체 그 자체로까지 규모의 범위를 확장할 수 있다. 기술적 장치로서의 보이저 1호는 에너지가 바닥나고 헬리오포즈heliopause[53] 바깥으로 느리게 밀려나감으로써 2025년에는 우주 쓰레기가 될 것이다. 그 사실은 기술이 작동을 멈추고 미디어가 매개를 멈출 때 무슨 일이 일어날지를 고요하게 상기시킨다.

보이저호에서 에코스타 16호EchoStar XVI로 이행한 패글런의 인공위성 프로젝트에는 다양하게 접근 가능한 면면이 있다. 나는 이미지보다는 물질적-시간적 양상에 더 주목한다. 수십억 년의 사변적인 미래의 시간은 이러한 아카이브적 환상에 담겨 있는 물질 쓰레기의 양상을 환기시킨다. 어떤 면에서 비인간의 미래를 위한 아카이브의 존재는 아카이브 자체의 물질적, 기술적 지지물뿐만 아니라 인간보다 오래 지속되는 문화유산의 역설적 과업을 사색하게 한다. 이 경우, 에코스타 16호에 실려 정지궤도로 이송된 특수 제작 음반이 우리의 관심을 대상에서 그 대상을 담은 지지물로 돌린다. 인공위성 시스템은 미디어 오락을 전 지구적 규모로 가능하게 하는 로켓 연료 기반의 기술적 매개다. 그런데 그것은 지구를 지리학적, 지정학적, 지구물리학적 목표물의 규모로 확장시키는 군사 감시기술 복합체에서도 중요하다.

---

[53] [옮긴이] 태양권 계면, 즉 태양풍이 영향을 미치고 태양발 물질들이 뻗어나가는 한계 및 경계 지점.

1963년부터 8백 대가 넘는 우주선이 정지궤도로 발사되었고, 그것들은 지구와 함께 도는 인공위성 띠를 형성하고 있다. 이 인공위성은 인류 문명의 가장 오래된 유물이 될 운명이며, 지구에 인류의 모든 흔적이 사라진 이후에도 긴 시간 동안 우주를 조용히 유영할 것이다.[54]

지구의 물질적 기억은 지표면 밖에서도 이어진다. 기술의 우주적 확장은 다양한 물질과 광물을 정지궤도로 돌려보내는 것과도 같다. 패글런은 기능하는 인공위성 궤도 외에도 그보다 살짝 위쪽에 존재하는 궤도의 순환적 시간성에도 주목하게 한다. 우주 쓰레기의 궤도는 심원한 시간에 대한 관심과 동시대 지정학에서의 기술 현실을 결합한 미래의 미디어 화석이다. 에코스타 16호는 15년 동안 중요한 미디어 릴레이였고 앞으로도 약 10조 장의 이미지를 계속해서 전송하겠지만, 그것이 "유기된 우주선이 절대 허물어지지 않는, 지구에서 아주 멀리 있는"[55] 좀비 미디어의 묘지 궤도로 이동되었을 때에는 다른 유형의 미디어 객체가 될 것이다.

그것은 살짝 더 상층의 궤도에서 기술 쓰레기, 미디어 화석으로

---

54 The Last Pictures project Web site, http://creativetime.org/projects/the-last-pictures/. Trevor Paglen, The Last Pictures (Berkeley: University of California Press/Creative Time Books, 2012)을 함께 참조. 우리 시각문화의 일부로서 인공위성 기술의 지정학에 대한 패글런의 관심은 최근 작품(예를 들면 2013년 이스탄불 프로토시네마 Protocinema에서 전시되었던 〈비기능적 인공위성Nonfunctional Satellite〉 등)으로 계속 이어지고 있다.

55 Paglen, "The Last Pictures," 508.

이루어진 새로운 지질층을 유지하고 있다. 그러니까 미디어 화석의 지질학적 지속은 지표면과 지하에서만 이루어지는 것은 아니다. 지구 이탈 속도[56]는 지표면의 수천 마일 위에서 기술 유물의 형태로 지질학적 지구를 내보낸다. 이 기술 유물에는 두 가지 유형이 있다. 첫째, 전자기 통신권으로 확장한 미디어 릴레이이며 둘째, 패글런의 작업에서 태양계의 시간과 일치하는 죽은 미디어, 좀비 미디어 기술의 화석권이다. 궤도와 달 공간 같은 곳을 공동묘지로 상상하는 것은 우리의 쓰레기가 어떻게 기묘한 추모물이 되는지, 어떻게 지구 바깥에서 인류 문화유산의 일부가 되는지를 보여준다.[57] 그러나 우주, 우주 암석, 달이 단순히 죽은 미디어 객체의 공동묘지나, 인간이 남긴 다른 유적의 공동묘지에 그치지는 않는다. 그에 더해 그곳들은 지구와 마찬가지로 점점 더 많이 자원으로 상상(이미지화)되고 있다. 일면 그것이 새로운 현상이라기보다는, 우주를 차세대 개척지로 접근함에 따라 지구를 자원으로 삼아 과학적인 계산과 매핑에 열광하게 했던 예전의 관심을 재발견한 것에 더욱 가깝다. 지정학적 목표를 원동력으로 한 냉전 시대의 우주기술 경쟁과 달의 물질적 구성의 파악

---

56 비릴리오의 제안으로 이해한다면, 이것은 지리적으로 고정된 지역적 시간에서 인간의 정동적, 인지적 좌표를 능가하는 가속화된 기술의 속도를 지닌 전 지구적 시간으로 변화하는 것이다. Paul Virilio, *Open Sky*, trans. Julie Rose (London: Verso, 1997); Richard G. Smith, "Escape Velocity," in *The Virilio Dictionary*, ed. John Armitage (Edinburgh: Edinburgh University Press, 2013), 79-80.

57 Katarina Damjanov, "Lunar Cemetary: Global Heterotopia and Biopolitics of Death," *Leonardo* 46, no. 2 (2013): 159-162. 다음을 함께 참조. Parks, "Orbital Ruins," *NECSUS-European Journal of Media Studies*, no. 4 (Autumn 2013), http://www.necsus-ejms.org/orbital-ruins/.

은, (1967년에 체결된 우주 조약[58]에 따라) 군사 활동으로부터의 자유를 보장받았음에도 영토권을 주장할 수 있다는 개념이 군사 분야에 엄청난 이익을 가져다줄 수 있음을 의미한다. 예를 들어 북극 주변을 비롯한 전 지구가 냉전의 연장선상에서 집중적으로 영토화되어 있는 것과 마찬가지로,[59] 우주 자원에 쏠리는 관심이 또다시 재편되고 있는 것은 놀랄 일도 아니다.

리처드 시모어는 최근 중국의 달 탐사와 로자 룩셈부르크의 잘 알려진 이론(자본주의는 외부 영역을 자원으로 접어 겹치는[내부로 포섭하는] 방식으로 작동한다)을 언급하며 "우주 공간은 자본주의의 진정한 최종 개척지"[60]라고 주장했다. 우주에 쏠린 관심은 헬륨3을 에너지원으로 쓸 수 있다는 기대 때문일 수도 있지만, 솔직히 말해 달은 지금 시대에 기술적으로 진보된 지정학이 유일하게 관심을 둔 암석 행성은 아니다. 소행성도 마찬가지로 중요하다. 가령 우주의 암석에는 백금, 이리듐, 팔라듐, 금이 다량 발견되리라는 믿음이 있지만, 더 중요한 자원은 물, 실리콘, 니켈 같은 것일 수 있다.[61] [브래드포드 스페이스Bradford Space, Inc.로 기업명이 변경된 전

58   [옮긴이] 이 우주 조약의 정식 명칭은 「달과 기타 천체를 포함한 외기권 탐색과 이용에서의 국가 활동을 규율하는 원칙에 관한 조약Treaty on Principles Governing the Activities of States in the Exploration and Use of Outer Space, including the Moon and Other Celestial Bodies」이다.
59   Luke Harding, "Russia to Boost Military Presence in Arctic as Canada Plots North Pole Claim," *The Guardian*, 2013년 12월 10일, http://www.theguardian.com/.
60   Richard Seymour, "Why Outer Space Really Is the Final Frontier for Capitalism," *The Guardian*, Comment Is Free, 2013년 12월 20일, http://www.theguardian.com/.
61   Marc Kaufman, "The Promise and Perils of Mining Asteroids," *National Geographic*,

前] 딥 스페이스 인더스트리DSI사社나 초창기의 플래니터리 리소시스Planetary Resources 같은 곳(그리고 벤처기업 뒤에 있는 구글의 래리 페이지와 에릭 슈미트 등의 투자자들)은 민간 채굴 기업인 까닭에 1967년 법규를 피해갈 수 있었다. 소행성에 주력한다는 것은 우리가 알고 있는 삶의 종결을 그리는 서사화―지난 몇 년간 할리우드 시청각물의 종말 시나리오―에서 벗어나 미래 기술의 경쟁을 위해 자원 기반에 더 집중하고 있다는 의미다. 지구를 자원으로 다루며, 그 일환에서 최근 수년간 디지털 문화 장치, 광물·금속·에너지의 갈망을 선도했던 지질학적 관심은 현재 우리 행성의 규모를 넘어선 바깥으로 복제되는 중이다. 인공위성이 오락과 군사 콘텐츠의 대규모 네트워크 전송을 중계하는 가운데 우리는 지구의 지하를 훨씬 넘어선 곳으로 확장하는 지질 탐사 및 채굴의 미래 계획을 세웠다. 지하에서 채굴하는 미디어의 심원한 시간에서 정확히 첨단(우주) 기술의 발전으로 도달하는 지질학적 대상의 공간으로 넓혀 간 것이다.

〈최후의 사진들〉은 이렇게 지구 바깥으로 뻗어나가는 미디어의 지질학이라는 더 넓은 맥락을 이해하기 위한 미학적 틀을 확립했다. 여러 면에서 우리는 미디어권을 우주 궤도로 의미심장하게 정의된

2013년 1월 22일, http://news.nationalgeographic.com/. Adam Mann, "Tech Billionaires Plan Audacious Mission to Mine Asteroids," *Wired*, 2012년 4월 23일, http://www.wired.com/. 그러나 최근의 일부 의견은 소행성 채굴의 실현 가능성에 낙관적이지는 않다. Liat Clark, "Study: Asteroid Mining Might Not Be Commercially Viable," *Wired* (UK), 2014년 1월 14일, http://www.wired.co.uk/.

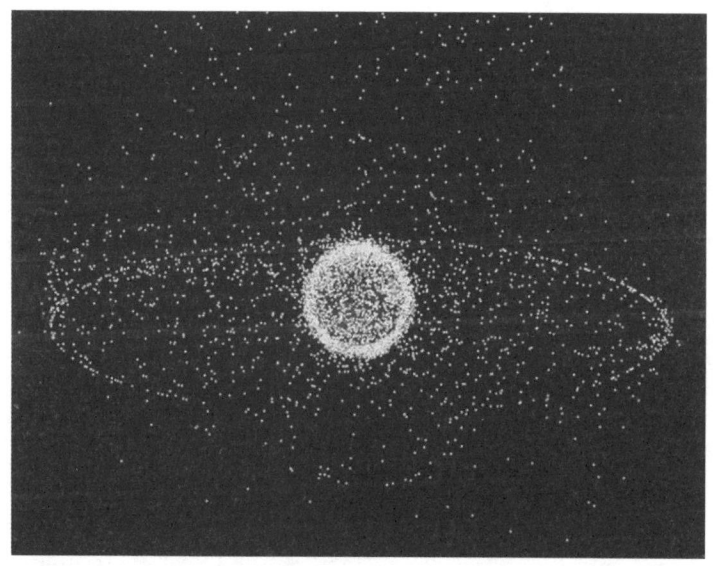

그림 15
궤도 잔해의 시각화로 지구기술적인geotechnological 외부층을 형성해 지구 주변을 순환하는 방대한 양의 물체들을 파악할 수 있다. 그것들은 지구 정지궤도(약 35,785km 고도) 내에서 순환하는 산 주검, 구식 기술의 객체이다. 이미지 출처: 나사 궤도 잔해 프로그램 연구실NASA Orbital Debris Program Office.

것으로 점점 더 크게 인식하고 있다.[62] 우주 궤도를 지질학적 차원에서 논의하는 것, 즉 죽어가는 기술 쓰레기의 화석과 소행성의 자원을 논하는 것은 모두 미디어 유물론적 분석에 새로운 지평을 열어 준다. 패글런은 지질권과 지구에서 수천 마일 위에 도달하는 인류세의 영향 사이의 연결고리를 명확히 드러냈다. 그의 사진은 지난 수십 년간 지정학적 (군사) 임무의 일환이었던 지구물리학적 영역의 자원화와, 과학적인 시각 세계가 미학과 권력의 얽힘을 보여주는 방식을 담고 있다.

패글런의 초기작인 세 폭 사진 〈인공유물Artifacts〉(2010, 그림1 참조)은 브룩 벨라일의 지적대로 일찍이 지질학적 형성물과 천문학적 우주를 연관시켰던 작업이다.[63] 이 사진 작품은 외계 또한 지질학 담론에 얽혀 있다면서 19세기 지질학의 시간화(심원한 시간)와 현재 진행 중인 우주의 공간화(심원한 공간)를 주장한다. 벨라일은 패글런의 관심사에 내포된 지질학적 의미를 드러냈다. 하나는 인간이 만들어낸 우주 쓰레기라는 미래화석으로서의 우주 공간 및 인공위성 궤도에, 다른 하나는 지질과학에서 운하 및 여러 형성물을 세우는 지구공학(이것은 산업화, 식민주의, 그리고 자본주의적으로 전 지구화된 물류와 심원한 시간의 개방을 연동했다)에 이르는 지구의 토폴로지에 초점을 맞추고 있다. 이는 미디어의 심원한 시간에 관한 이 책의 주장을 뒷받침하며, 패글런의 시각적 테마의 일부는 그 적절한

---

62 Parks, *Cultures in Orbit*.
63 Belisle, "Trevor Paglen's Frontier Photography," 145–149.

예시다. 애리조나주의 캐니언 드 셰이Canyon de Chelly의 지층과 인공위성이 남긴 흔적인 밤하늘의 빛으로 이루어진 여러 층을 담은 〈인공유물〉은 인류세[담론]의 초석이 되었고, 〈최후의 사진들〉은 이를 한층 더 심화된 연구로 진전시켰다. 사진의 역사적 계보는 새로운 시각 매체와 지구물리학적 매핑의 밀접한 관계를 보여준다. 벨라일이 패글런 작품의 맥락에서 밝혔듯이 미국 지질·지리조사국은 19세기 이후 시각화 미디어와 긴밀하게 연결되어 있다. 지질학적 지반은 굴진되고 채굴되면서 동시에 공중기구 관측기나 항공사진 등의 다양한 기법과 연계된 사진이라는 새로운 기술적 매체로 비추는 평평한 정보 표면도 되었다.

그러나 군사적 기술의 상상은 공중을 보는 것만큼이나 지하를 보려는 필요성에 사로잡혀 있다. 라이언 비숍의 능숙한 언변대로 지하층으로 내려가는 침투는 지상의 평평함을 생성했던 관측 못지않게 시각화 기법에서 중요한 단계다. 어쩌면 심원한 시간과 심원한 공간이라는 지구의 환상을 마련해 주었던 19세기 지질학적 발견, 특히 1830년대 라이엘의 『지질학의 원리』를 일종의 지질학적 개척지로 비추어지는 우주 공간과 나란히 놓을 수 있을 것 같다.[64] 두 경우 모두 군사-기업의 열망이 미학적, 인식론적 지도 그리기의 완벽한 원동력이 되었으며, 이 사실은 미디어자연의 이중적 연결성을 다시금 입증한다. 미디어 기술이 우리에게 보여주는 채굴 가능한 지구물리학적 현실에 대한 실재와 상상적인 청사진이 다름 아닌 쓰레기와 잔해로

64　Bishop, "Project 'Transparent Earth.'"

만들어진 미래 기술 화석의 청사진인 것이다.

미디어 시간성들: 미디어 원화석

이 장은 앞서 주목했던 미디어의 지질학에서의 시간성을 이어 논한다. 화석의 시간은 쇠퇴와 마모의 시간, 부패와 부식의 시간이며, 그것들은 물질의 물리적 시간성만큼이나 기억에 대한 우리의 관념을 특징짓는다. 사실 소위 지질학적 전환geological turn은 적어도 공간의 물질성만큼이나 시간에도 해당되는 것이다. 잔해의 여러 시간적 규모는 우리가 기술의 범위를 심원한 시간, 심원한 공간의 일환으로 파악하기 위해 사용하는 모든 분석적 틀에 근본적인 물음을 제기한다. 지질학적인 지층과 지구의 여러 영역에서의 느림slowness은 소행성의 이동 거리와 같은 선상에 놓인다. 심지어 성간 천체가 동시대 자본주의적 채굴이 꿈꾸는 환상의 틀 안으로 편입될 수 있다. 이[지구 바깥 영역을 자원화하려는 목표]는, 인간의 통신을 총체적으로 담당하고 있을 뿐 아니라 새로운 시각화와 음속화 기술로 지구 안쪽을 들여다보는 투명성을 상상하는 군사-기업의 구역으로서 지속되고 있는 지하[의 자원화]에 못지 않은 것이다. 지하가 중요한 이유는 지상의 모든 (군사) 조직의 작전 준비 태세를 유지하는 지하 인프라와의 관계 때문이다. "지하가 (…) 최후의 개척지"[65]라는 지오스페이셜Geospatial 기업

---

65 Katie Drummond, "Pentagon-Backed Venture Aims for 'Google-Underground,'" *Wired*, 2010년 3월 8일, http://www.wired.com/. Bishop, "Project 'Transparent Earth.'"

의 말은 시모어가 마지막 개척지라고 주장하는 것과는 또 다른 데 방점을 찍고 있다. 어쩌면 둘 다 맞을 수도 있고, 어쩌면 최후의 개척지란 더 일반적으로 그냥 지질학적이고 지구물리학적인 것(제1자연에서 탈영토화된 추상 지질학)일 수도 있다.

그러나 지구의 외견상 공간축은 시간축 또한 개방한다. 트레버 패글런은 기후변화, 지하에 저장된 핵폐기물, 기술의 잔해와 같이, 앞으로 수천 년에 걸쳐 진행될 (인간 기준에서) 지구의 지속이 지닌 느린 속성에 대해서도 그렇게 느린 영향을 발생시키는 우리의 원인 제공에 대한 것 못지 않게 관심을 두고 있다. 그러나 느림과 가속은 복잡하게 얽혀 있다. 패글런에게 시간은 그 자체로 지구 표면만큼 비균일하다. 우리는 시간을 수정해서 지구의 모습을 재구성해 왔다. 자본과 군사적 이해관계가 그 가장 큰 원동력이다. 패글런은 이렇게 말한다.

우리는 주로 그것[시간을 재구성한 사례]을 시간 가속화의 차원(자본주의적으로는 회전율, 노동 생산성, 금융 거래, 군사의 경우로는 GPS 표적화, 극초음속 순항미사일)으로 생각한다. 그러나 우리에게 보이는 시간에 따른 공간의 산업적 절멸 외에도, 19세기와 20세기 초반은 인간이 전통적인 지형성 프로세스(침식, 빙하작용 등)보다 더 크게 퇴적물을 이동하기 시작했던 지구사적 순간, 소위 '인류세 시대'의 도래를 의미한다. 인류세에는 부동산 시장 같은 것이 지형을 형성하는 행위자가 된다. 예컨대 집값 변동이 거대한 양의 퇴적물이 어떻게 지구에서 이동될지를 결정한다. 그러니까 나의 요점은 인간 사회가 가속과 감속을 동시에 행한다는 것이다. 이러한 '인류지형성적 anthropogeomorphic' 프로세스는 우리 활동이 더 길게, 더 긴 기간에 걸쳐 벌어지는 결과를 낳는다. 그 한 가지 예가 기후변화다. 우리는 지구 프로세스의 변화를 이끌어냈고, 그것은 수백, 수천 년 동안 이어질 것이다.[66]

패글런의 생각은 자본주의와 시간에 관한 동시대의 분석과도 공명하며, 최근의 가속주의accelerationism 논의에 관한 적절한 논평으로도 볼 수 있다. 그의 생각은 심리지리학과도 연결되지만 지구물리학과도 얽혀 있다(2장 참조). 집값과 같은 도시의 현실이 건축 자재, 생산, 에너지 수요가 물류적으로 다루어지는 곳에서도 영향을 끼치는 것이다.

앞선 인용문은 시각화 기술의 미디어고고학과도 연관되어 있다. 갈릴레오의 17세기 망원경은 지구를 둘러싼 우주를 개관했고, 19세기 윌리엄 허셜의 천문 관측은 심원한 공간으로 확장된 지질학적인 심원한 시간의 이해를 도모했다. 시각 기술로 구성된 대상으로서의 우주의 긴 역사는 패글런이 시간의 비균일성unevenness이라고 불렀던 것을 보여준다. 심지어 허셜 망원경을 통한 우주의 모습은 우주

---

[66] smudge studio (Elizabeth Ellsworth + Jamie Kruse), "The Uneven Time of Space Debris: An Interview with Trevor Paglen," in Ellsworth and Kruse, *Making the Geologic Now*, 150–151.

가 시간의 차원에서와 우주적 지속의 표상으로서, 즉 우주 공간을 가로질러 유동하는 수백만 년의 빛으로서 비추어진 것이다. "그 이름처럼, 우주 공간으로 침투하는 힘을 지닌 망원경에는 과거의 시간으로 침투하는 힘도 있다."[67] 지질학·천문학의 지적 관심과 지각적 미디어는 존 더럼 피터스의 **고망경**paleoscope이라는 적절한 용어에도 결합되어 있다. 망원경을 통한 우주 응시는 시간에도 해당된다.

그런데 미디어는 그저 관찰하는 데 그치지 않고 세상이 돌아가는 방식을 능동적으로 이끈다. 패글런이 시간의 비균일성을(지구상의 상당수 생명의 생존에 꼭 긍정적인 결과를 가져오지 않더라도 생산력으로서) 강조한 것은, 자본주의가 고유의 논리로 이러한 과정을 가속할 수 있다는 점을 함께 강조한다. 이러한 자본주의적 가속은 교환 가치 프로세스와 얽혀 있고 추상 프로세스와 연관되어 그 실질적인 환경적-생태학적 관계를 숨길 수 있는 다양한 이유들로 인한 것으로, 추상적인 집값 변동과 지질학적 물질의 대규모 이동을 가리지 않는다.

화석의 개념은 동시대의 비인간과 관련된 철학적 논의와 소위 비상관주의의 철학과 관련이 있다. 퀑탱 메이야수는 원화석arche-fossil 과 선조성the ancestral의 개념을 철학적 사유 실험으로 동원했고 이

---

67 Herschel, Peters, "Space, Time, and Communication Theory"에서 재인용. 벨라일 은 허셜 같은 초기 선구자를 이렇게 밀한다. "그의 관점은 동시대적인 지질학적 주장 에 공명해 우주가 상상할 수 없이 오래되고 광활하며 계속 변화하고 있다고 주장하 여, 고정되고 완벽한 우주에 대한 개념을 뒤흔들었다." Belisle, "Trevor Paglen's Frontier Photography."

개념은 존재론에 큰 영향을 끼쳤다. 그는 칸트의 비판적 사고의 대안을 찾으려는 과업의 일환에서 화석으로 눈을 돌렸다. 칸트의 비판적 사고는 상관관계, 다른 말로 우리 사고의 비판 역량과 관련하여 우리에게 주어진given 그대로의 세계에만 관심이 있다. 과학적으로 입증되고 연대가 정확하게 추정된, 그런데 인간종種에 선행하는 화석의 존재는 사고에 선행하는 것들을 사고하는 위치를 묻는 질문이기도 하다. **원화석**과 **화석물질**fossil-matter이라는 용어는 "지구의 생명체에 선행하는 실재의 존재나 선조적 사건의 존재"[68]를 드러내기 위한 방법이다. 사실 메이야수에게서 그 개념은 동위원소나 심원한 우주에서의 빛 방출처럼 "선조적 현상에 대한 측정을 가능하게 하는 물질적 지지물을 가리킨다."[69] 원화석은 인간의 사고 능력과 반드시 상관관계로 이어지는 것은 아닌 사고 바깥의 실재가 존재함을 깨닫는 방법이 되었다. 인간과 비인간 사이에 존재하는 균열은, 우리 앞에 현시되는 것뿐 아니라 메이야수의 용어를 빌자면 "세계 내적 사건"[70]에도 중대한 영향을 미친다.

그러나 비인간이 존재한다는 것과 소위 상관주의적 사고의 단점을 다루어야 한다는 발견은 [완전히] 새롭지는 않다. 이미 도나 해러웨이, 미셸 세르 같은 학자와 로지 브라이도티, 마누엘 데란다 같

68　Quentin Meillassoux, *After Finitude*, trans. Ray Brassier (London: Continuum, 2010), 10: [국역본] 퀑탱 메이야수, 『유한성 이후: 우연성의 필연성에 관한 시론』, 정지은 옮김 (도서출판b, 2010), 27.
69　같은 책.
70　같은 책, 14: [국역본] 메이야수, 『유한성 이후: 우연성의 필연성에 관한 시론』, 33.

은 신유물론자들이 1980년대와 1990년대부터 관련 저작 활동을 펼쳤다. 브라이도티의 경우 그것은 신흥 과학·기술 연구과 페미니즘 이론에서 개진된 주장과 관계가 있었다. 어떤 면에서 신유물론의 유산은 우리가 생각해야 한다는 '생각하는 존재'로서의 인간만이 아니라, 인간이 구성한 다양한 그 외의 양상, 즉 비균일해도 끊임없이 수정되는 방식으로 시간이 편성되는 다중시간성, 메이야수의 주장처럼 물질적 지지물이자 우리 앞에 현시하는 것으로 확실히 환원되지 않는 심원한 도전적 존재물인 화석을 상기시킨다. 하지만 우리가 세상에서 사고하고 행동하는 방식은 무언가의 물질적 지지물인 미래 화석에 확실히 영향을 끼치고 있다. 이 장에서의 화석을, 이전 장에서는 흙과 먼지를 논한 것은 이러한 비인간적인 것들이 시간으로 형성된 퇴적물의 일부인 이종적 변형의 모음이라는 사실을 일깨운다. 흙은 점진적으로 형성되는 심원한 지구 지층의 일부다.

    샤통스키와 패글런의 작업 같은 예술 실천에서의 인류세 개념을 둘러싼 다양한 발상은 미디어와 기술을 보는 그들의 관점이 인간의 영향을 인정하고 있음을 실질적으로 상기시킨다. 인간이 만든 인공물은 인간의 사고로 환원될 수 없는 인프라세계infraworldly의 현현이다. 그러나 실천들은 이 회집assembly에서 끊임없이 편성되는 다중의 규모들을 주의 깊게 인지하고 있다. 따라서 쓰레기, 미디어 폐기물, 일반적으로는 지구에 가해지는 산업적 영향에 주목하는 것은 미디어와 기술의 역할을 설명해야 한다는 필요성 못지않게 화석에 관한 철학적 관념과도 밀접한 관계가 있다. 우리가 현재 직면한 중대한 정치적 문제는 어떻게든 장기적인 지속과 시간적으로 동기화되어야 한다. 그것은 정치경제가 교환 관계, 생산의 기술 양식, 노동의 비물질화 같은 것과 맺은 관계가 지구물리학적 현실, 화석물질, 내가 **미디어 원화석**Media-Arche-Fossil이라고 칭하려는 것과도 연동되어 있다는 사실을 깨닫기 위한 것이다. 이 개념은 인간으로 환원될 수 없지만 지구와 지구 밖 층위들의 다양한 양상과 함께 인간을 부분적으로 지지하고 조건 짓는 미디어 기술의 지층을 가리킨다. 그것은 앞서 사용된 미디어자연 개념을 다시 언급하도록 한다. 다시 말해 관계와 매개를 간과하지 않고, 미디어와 커뮤니케이션의 의미를 비상관주의적 맥락으로, 또 동시대 미디어 문화의 신유물론적 맥락으로 세심하게 다듬는 작업이 필요하다는 의미다.[71]

시간성의 개념은 인간에 사로잡힌 어휘에서 벗어나서 화석과 더 깊이 밀착되어야 한다. 역사의 형태로 존재하는 심원한 시간조차도 인간 없는 행성의 시간을 상상할 수 있게 하는 과학적 시간성의 한 방식이다. 그것은 지구의 역학을 지층화하는 시대를 제시할 뿐 아니라(2장 참조), 그 시대들이 역동적인, 심지어 격변의 재앙적 사건으로 형성된 것임을 추후의 지질학적 연구에서 단속평형설로 상기될 것이다.

역사가 인간과 인간의 삶이 담긴 서사에 관한 담론이라면, 화석은 그와는 다른 도전적 장면을 마련한다. 이 장면은 인간 없는 세계를 담고 있고, 미디어와 쓰레기 잔여물이 우리가 남긴 유일한 기념비가 될지도 모르는 미래-현재를 서사화한다. 여러 가지 면에서 티

---

71 Galloway et al., *Excommunication*, 49 참조.

머시 모턴은 우리가 설계하는 디자인 단계에서부터 인간의 시간 이 외의, 수천 년에서 수십만 년에 이르는 다른 시간들을 반드시 생각해야 한다고 인정했다. 예컨대 "24,100년의 반감기 동안 위험한 플루토늄239" 같은 것들을 고려해야 한다.[72]

이 도전은 인문학 및 사회과학 분야에서 인류세, 비인간, 미디어 유물론, 포스트휴먼 등의 다양한 이름 아래 행해지고 있다. 미시시간성의 논의(1장 참조)는 (인간의 관점에서 비롯된, 인간을 위한)[73] 미디어 역사의 서사 쓰기와는 다른 기술적 미디어의 시간성을 제시하려 한다. 아카이브에 대한 논의는 데이터센터의 구성적 역할을 기억의 인프라적 지지물로서 주목하고 있다.[74] 게다가 데이터센터는 그 자체로 에너지 및 효율적 냉각 시스템에 의존하여 지구물리학적으로 결정되는 조직이기도 하다. 지질학적인 관점은 여러 규모에 걸친 변화를 다룸으로써 생태학적 관계들을 설명하는 한 방법이다. 심원한 시간의 느린 지속뿐만 아니라, 커뮤니케이션 및 거래의 알고리듬 세계를 통치하는 가속화된 미시시간성도, 지구와 지구 자원에 **관한** 것인 만큼이나 지구와 지구 자원에 의존하고 있다. 그렇게 가속하고, 감속한다.[75]

---

72 Tim Morton, "Zero Landscapes in the Time of Hyperobjects," Ellsworth and Kruse, *Making the Geologic Now*, 221에서 재인용.
73 Ernst, *Digital Memory and the Archive* 참조. 대체로 내가 사용하는 '시간성' 개념은 에른스트에게서 빌려온 것이다.
74 Mél Hogan, "Facebook's Data Storage Centers as the Archive's Underbelly," *Television and New Media*, online first, 2013년 11월 14일.
75 [편집자] 원문은 "Acceleration, deceleration."로, 이 문장의 압축된 의미를 풀어보면

맥락상 다음과 같이 해석할 수 있다. "생태학적 관계는 알고리즘적 시간 같은 가속(acceleration), 심원한 시간 같은 감속(deceleration)의 시간성 속에서 작동한다."

후기
소위 자연

미디어의 지질학은 지구의 물질과 얽힌 시간 사이의 기이한 교차점을 다루고 있다. 여기에는 행성적 태고와 기술적 진보의 결합을 드러내는 몇 가지 사건이 포함된다. 미래의 변화는 때때로 알아차리기에 너무 가까운 거리에서 구식의 것과 공존한다. 새로운 것을 추구하는 디자인 문화는 지구의 태곳적 물질을 숨긴다.

산업화라는 폭발적인 사건은 새로운 형태의 에너지에 의존했다. 석탄, 석유, 가스는 주요 에너지원이 되어 바람, 물, 식물, 나무, 동물을 대체했다.[1] 지표면과 하늘을 검게 칠했던 석탄의 더러운 미학dirty aesthetics 이후에 우리는 다른 화석연료로 지구의 심원한 시간에 접근했다. 그것은 공룡 이전 시대에 존재했고 3백만 년 이상 묵은 식물과 동물 매장물, 즉 현재의 과학기술 형태로 자본주의가 확장할 수

---

[1] Steffen et al., "The Anthropocene," 616.

있게 해준, 지구에 저장된 아주 오래된 광합성 물질이다. 심원한 시간에 대한 과학적 연구는 광산 기술자가 석탄과 금, 은, 구리 같은 유가금속을 발견했던 지하의 실제 활용과 병행되었다.

컴퓨터는 지난 2-3세기에 걸친 과학·기술 발전, 지질학적 이해, 지구물리학적 행동유도성의 결정체다. 컴퓨터는 전 지구적 미디어 문화의 신호 트래픽을 담당하는 데 필요한 귀금속, 심지어는 구리가 들어가는 19세기 초 네트워크에 의존한다. 지난 수십 년간 광섬유는 전 지구적 인프라인 유리 소재의 중추가 되었다. 희토류는 이전 시대에도 유용했지만 컴퓨터가 시각적으로 매혹적인 것이 된 시점, 그러니까 대규모로 소비자 즐거움에 최적화된 그래픽 사용자 인터페이스, 첨단 스크린 기술, 디지털 디자인 문화같이 상호작용 참여를 통한 디지털 사용 습관 데이터, 즉 데이터마이닝 산업의 물질 자원을 수집하는 신기술의 맥락에서 필수 요소가 되었다.

특정 핵심 광물의 사용은 컴퓨터 세계의 소형화를 가능하게 했다. 이로 인해 컴퓨터 세계는 이동 가능하고 편재하며 도처에 보급되고 자연 환경에 편입될 수 있었다.[2]

서유럽에서 사용되기 시작되었고 산업화 과정에 접어든 나머지 지역에 점차 퍼져 나갔던 석탄은 현재의 정보문화에도 여전히 건재하다. 『포브스Forbes』지 기사에서는 이미 1999년에 컴퓨터의 에너지 집약 프로세스가 이루어지고 있다면서, "석탄을 많이 캐내면 컴퓨터

---

2   Nest, Coltan, 8-9 참조.

가 나온다"³라고 경고한 적이 있다. 증가하는 대역폭, 더 효율적인 프로세서, 큰 데이터 기반의 디지털 디자인, 컴퓨터 이벤트의 급격한 양적 증대는 비물질적이라고 여겨지는 계산적 행렬에서 소비되는 절대적인 에너지양이 상승 곡선을 그리는 이야기를 들려준다. 마이크로칩으로 이루어진 세계는 수백만 개의 작은 태양처럼 강렬하게 타오른다. "비트가 전자로 구현되어 있는 이 표면 위에서 반도체칩은 태양 표면의 10분의 1에 이르는 초고전력 밀도로 구동된다."⁴

로제 카유아는 돌에 관한 작은 책에서 지구가 [미디어가 될 것이 담긴] 기록으로 이어지는 경로를 암시했다. "당시에는 상상하지 못했던 식으로 가동될 수 있는 지질학의 아카이브 속에 이미 존재하고 있었던 것은 나중에 알파벳이 된 것의 모델이었다."⁵ 지구의 신비한 '가독성'과 관련한 이 예언적 서술을 일종의 징후로 삼아 추후 미디어 기술의 관점에서 더 기술적인 것에 적용해 볼 수 있다. 즉 지질학의 아카이브는 모델이 아닌, 추후 미디어와 기술이 될 것에 물질 자원을 제공한다는 것이다. 일찍이 라이엘과 다윈은 지구를 도서관이자 기록 기계로 상상했고, 이러한 상상은 찰스 배비지의 원소에

---

3 Huber, "Dig More Coal." 컴퓨터와 인터넷의 전력 소비량과 그 종류의 실제 추정치는 매우 다양하다. 최근 그린피스의 보고서 참조 "How Clean Is Your Cloud?," 2012년 4월 17일, https://www.greenpeace.org/international/publication/6986/how-clean-is-your-cloud/.

4 Huber, "Dig More Coal."

5 소설가 마르그리트 유르스나르(Marguerite Yourcenar)가 쓴 카유아의 책 소개글에서 재인용. Roger Caillois, *The Writing of Stones*, trans. Barbara Bray (Charlottesville: University Press of Virginia, 1985), xvi.

관한 상상으로 이어졌다. 심지어 배비지는 "공기는 하나의 거대한 도서관과 같아서, 그곳의 책에는 인간이 말하고 속삭인 모든 것이 영원히 기록되어 있다"라고 말했다.[6]

지구의 독해 가능성은 여전히 유효한 수사법이다. 지구는 해석을 요하는 원고이자 첨단기술 시대에 지속되고 있는 해석학적 흔적처럼 끊임없이 독해되고 있다. 그러나 이것은 애니미즘적 자연의 오랜 전통과 겉보기에는 침묵하는 듯이 보이는 자연의 내장bowels 속 의미의 세계를 가리킨다기보다는, 라이언 비숍의 말을 따르자면, "지리학(지구 표면에 글을 쓰는 지구-쓰기geo-graphy)을 지구의 로고스인 지질학으로 변환"[7]하는 군사 작전을 더 많이 가리킨다. 군사 외에도 예술을 포함한 다양한 맥락이 존재한다. 오톨리스 그룹은 〈지구 영매Medium Earth〉[8]라는 작품에서 죽은 사람들과 교신했던 19세기 영매처럼 지구의 '무의식적' 진동과 교신하는 지진 민감자 집단에 대해 이야기한다. "이 작품은 사막의 소리를 듣고 돌이 쓴 글을 번역하며 팽창 균열이 그린 필적을 해독한다."[9] 이런 방식에서 지구를 지구물리학적 지하로 지도화하는 것은, 민감한 몸체가 [감지]하는 일일

---

6 존 더럼 피터스의 "Time, and Communication Theory"에서 재인용.
7 Bishop, "Project 'Transparent Earth,'" 278.
8 오톨리스 그룹의 〈지구 영매〉는 세계문화의집(Haus der Kulturen der Welt)에서 안젤름 프랑케(Anselm Franke)가 기획한 전시 《인류세(Anthropocene)》(2013-14)의 일부로 2014년 10-12월 사이 진행된 프로그램에서 처음 선보였다.
9 Otolith Group, *Medium Earth*, The Roy and Edna Disney/CalArts Theater(REDCAT), Los Angeles, 2013, http://www.redcat.org/exhibition/otolith-group.

뿐 아니라 지구가 미디어화된 표현의 일부로서 회로화된 기술적, 시청각적 문화가 하는 일이기도 하다.

시작점으로 되돌아가보자. 미디어의 물질성 개념은 반드시 지구물리학적 현실을 기술적 미디어의 원천이자 대상으로 고려해야 한다. 루이스 멈퍼드는 채굴을 바탕으로 한 초기 산업화 단계에 한정하여 구기술을 논했다. 그러나 채굴과 [자원의] 지구물리학적 전용은 결코 중단된 적이 없다. 채굴과 전용은 여전히 첨단 미디어 기술 문화에서 핵심이다. 이러한 세계는 환경 감지, 스마트 더스트, 새로운 프로토콜을 통해 '자연'을 미디어의 일부로서 효과적으로 매핑하는 IP 주소로 가득하다.

이 책은 프리드리히 키틀러 같은 학자들에 대한 비판이라기보다는, 미디어를 미디어로서뿐 아니라 미디어를 구성하는 그 일부로서, 즉 우리에게 디지털 문화를 제공하는 일련의 지구물리학적 요소들로 한층 더 구체화하여 보기를 촉구한다. 그것은 전쟁 없는 세계가 아니다. 다소 비관적으로 말하자면 경제 및 안보 단위의 기술 국가 체제를 유지하는 데 필요한 에너지와 물질 자원의 부족으로 인해 감시, 편집증, 국가 및 국내외 국가 이해관계의 냉전 문화가 더욱 심화되었을 뿐이라고 말할 수 있다. 미디어의 물질성은 기계 안에 들어 있지 않다. 그건 기계가 그 자체 내에 지구 행성을 담고 있다 하더라도 마찬가지다. 기계는 노동, 자원, 행성 탐사, 에너지 생산의, 그리고 광합성에서 핑 물화, 화학물질, 전자 폐기물의 여파에 이르는 자연적 프로세스의 지정학 전반에 걸친 벡터에 더 가깝다. 이러한 혼재성 속에서 미디어의 물질성을 정확히 어디서 찾을 수 있을까? 키틀러는 '소위 인간so-called Man'이란 미디어 기술 문화가 구성한 대상이라고 말한다. 즉 인간은 감각 체험 양식에 대한 과학적 지도 그리기와 감각 체험 체계에 대한 기술적 동원 사이의 교차점에서 가시화된 존재라는 뜻이다. 여기서 인간은 회로에 배선된 이차적 창조물로 이해되었다. 그러나 우리는 더 넓혀서 "소위 자연so-called Nature"[10]의 존재를 지도화하는 것이 마찬가지로 중요한지를 물어야 한다. 즉 우리가 기술과학적 감각 중추[체계]sensorium를 통해 목격하듯 인류외설의 한가운데에서 점차 시야로부터 희미해지고 퇴장하고 있는 그 환경[소위 자연]의 존재 말이다.

---

10   Kahn, *Earth Sound Earth Signal*, 23.

| 부록 |

좀비 미디어
미디어고고학을 예술 방법론으로 서킷 벤딩하기

가닛 허츠, 유시 파리카

예술가이자 저술가인 가닛 허츠와 공동으로 집필한 「좀비 미디어」를 이 책의 부록으로 싣는다. 해당 글은 책에서 논의된 몇 가지 주제를 보충하고 중요한 분야인 비판적 디자인critical design,[1] DIY 문화, (계획적) 구식화와 전자 폐기물 같은 논의를 다룬다. 우리는 브루스 스털링의 죽은 미디어와 미디어 고생물학 개념을 이어가면서도 미디어

---

1 [편집자] '비판적 디자인'은 디자인 픽션과 사변적 디자인의 제안을 이용해 일상생활에서 사물이 하는 역할에 대한 가정과 개념에 도전하고, 현재의 선택이 초래할 수 있는 미래의 결과에 대해 깊이 생각하는 방법으로 여겨진다. 앤서니 던(Anthony Dunne)이 『헤르츠식 이야기(Hertzian Tales)』(1999)에서 처음 사용한 용어로, 운동이나 방법보다는 디자인에 대한 태도를 가리킨다.

는 죽지 않는다고 주장한다. 즉 미디어는 전자 폐기물, 유독성 잔여물, 폐기된 전자장치 및 전자기기의 자체적인 화석층으로 존속된다. 이 글은 미디어고고학 분야도 언급한다. 이 책[『미디어의 지질학』]은 지크프리트 칠린스키의 '심원한 시간' 같은 개념과 프리드리히 키틀러의 미디어 유물론 같은 맥락을 참조하지만 미디어고고학에 중점을 두지는 않았다. 하지만 '좀비 미디어'는 잔여물의 물질성과의, 그리고 일부 실천적-이론적 발전과의 연관성을 보여준다.

구식화의 귀환

미국에서는 매년 4억여 대의 전자제품이 폐기된다. 구형 휴대폰, 컴퓨터, 모니터, 텔레비전 등의 전자 폐기물은 미국 사회에서 가장 빠르게 급증하고 가장 유독한 쓰레기가 되었다. 미국 환경보호국EPA에서는 소비자 대상 전자제품의 2/3(매년 미국 내에서 폐기되는 약 2억 5천만 대의 컴퓨터, 텔레비전, VCR, 휴대폰)가 작동 가능하다고 추정했고, 이는 기술의 급격한 변화, 낮은 초기 비용, 계획적 구식화의 결과다.[2]

---

2   아멜리아 기마린, 토니 샘슨, 레슬리 윌터스와, 논문 심사위원 세 분의 귀중한 의견에 감사를 전한다. 가닛 허츠는 본 논문 초안에 의견을 주었던 마크 포스터, 피터 크랩, 세실 휘팅, 로버트 니더퍼에게 감사를 표한다. 허츠는 '국가과학기초사업0808783'과 UC 어바인 소재의 '컴퓨터게임·가상세계 센터(Center for Computer Games and Virtual Worlds)', '소프트웨어연구소(the Institute for Software Research)', '캘리포니아 텔레커뮤니케이션과 정보기술연구소(California Institute for Telecommunications and Information Technology)'의 연구 지원을 받았다. 본 내용은 위 기관의 공식 입장과는

디지털 문화는 네트워크 전선, 회선, 라우터, 스위치, 기타 철저히 물질적인 것들로 이루어진 거대한 더미에 배태되어 있다. 그리고 그것들은 조너선 스턴의 통렬한 직설처럼 "쓰레기장에 나뒹굴 것이다."[3] 폐기와 구식화는 우발적인 것이 아니라 사실상 동시대 미디어 기술에 내재되어 있다. 스턴의 주장처럼 뉴미디어의 논리는 올드미디어를 뉴미디어로 대체하는 것만이 아니다. 디지털 문화는 단기간 내에 구식이 될 것이라는 가정과 기대로 채워져 있다. 더 좋은 랩톱 컴퓨터나 휴대폰은 항상 출시되고 있다. 뉴미디어는 항상 오래된 것이 된다.

이 글은 계획적 구식화, 미디어 문화, 미디어 객체의 시간성을 탐구한다. 그리고 이들 주제를 미디어고고학하에서 접근하고, 에르키 후타모[4]와, 미디어의 복잡한 물질성을 기술로 생각하기를 촉발한 프리드리히 키틀러, 볼프강 에른스트, 숀 큐빗과 같은 학자들의 연구를 뒤따라 미디어고고학적 관심[의 영역]을 지식에서 예술 방법론으로 확장하는 것을 목표로 한다. 그러므로 미디어고고학은 억압되거나 잊힌 것 혹은 과거를 발굴하는 방법론이면서 그 자체로 DIY

무관하다. 파리카는 위스콘신 대학교, 디트로이트의 웨인 주립대학교, 코벤트리 대학교에서 의견을 주신 청중께 감사드린다.
Environmental Protection Agency, "Fact Sheet: Management of Electronic Waste in the United States," EPA 530-F-08-014, 2008년 7월.

[3] Jonathan Sterne, "Out with the Trash: On the Future of New Media," in *Residual Media*, ed. Charles R. Acland (Minneapolis: University of Minnesota Press, 2007), 17.
[4] Erkki Huhtamo, "Thinkering with Media: On the Art of Paul DeMarinis," in *Paul DeMarinis/Buried in Noise*, ed. Ingrid Beirer, Sabine Himmelsbach, and Carsten Seiffarth, 33-46 (Berlin: Kehrer, 2010).

문화, 서킷 벤딩, 하드웨어 해킹 등 정보기술의 정치경제학에 개입하는 것에 가까운 예술적 방법론으로 확장된다. 미디어는 다양한 층위에서 기억을 체현한다. 여기에는 인간의 기억뿐 아니라 사물의, 객체의, 화학물질의, 회로의 기억도 해당된다.

계획적 구식화

계획적 구식화는 1932년 버너드 런던이 대공황을 타개하려는 대책으로 처음 제안했던 개념이다. 런던은 소비자들이 장치를 구매하고 오랫동안 사용하고 재사용함으로써 불경기가 장기화된다고 보았다. 그의 제안은 모든 제품에 유효 기간이 표기되어야 하며 정부가 정해진 수명을 넘어 사용되는 제품에 세금을 부과해야 한다는 것이었다. "나는 사람들이 오래된 옷가지, 자동차, 건물을 생산 당시 결정된 구식화 날짜가 지난 뒤에도 계속 소유하고 사용하려면, '죽은' 것의 사용 연장 건으로 세금을 납부해야 한다고 제안한다."[5]

버너드 런던의 [구식화] 제안은 정부의 정책으로 옮겨진 적이 없었지만 제품 디자이너와 상업 산업에서 채택되어 소비재의 수명을 인위적으로 단축하는 데 활용되었다. 이는 구식화의 속도를 증가시키고 구매 욕구를 자극했다. 오래된 옷을 한물갔다고 보이게 하는

---

5   Bernard London, "Ending the Depression through Planned Obsolescence," pamphlet, 1932. "How Consumer Society Is Made to Break"에 재수록, http://www.adbusters.org/category/tags/obsolescence.[링크 유실]

새로운 패션이 그것이다. 1954년 브룩스 스티븐스 같은 산업디자이너들은 "필요해서라기보다 조금 더 새롭고, 조금 더 좋고, 조금 더 빨리 뭔가를 소유하고자 하는 욕망"을 주입시키기 위해 계획적 구식화의 역학을 대중화했다.[6] 빅터 레보 같은 유통 전문가는 1955년에 그 지침을 한층 더 명확히 했다. "이러한 상품과 서비스는 반드시 특별한 긴급함과 함께 소비자에게 제공되어야 한다. 우리는 '강제적' 소비뿐 아니라 '비싼' 소비도 요구한다. 우리는 역대 최고 속도로 소비되고 태워지고 닳고 교체되고 버려지는 물건이 필요하다."[7]

동시대 소비재에서 계획적 구식화는 많은 형태로 일어난다. 그것은 이데올로기나 담론이 아니라, 정확하게는 디자인의 미시정치학적 층위에서 발생한다. 교체가 쉽지 않은 MP3 플레이어의 내부 배터리, 단기간 동안만 생산되는 정품 케이블과 충전기, 고객 지원 중단, 접착제로 붙여져 개방 시 파손되는 플라스틱 인클로저가 그러한 경우다.[8] 환언하면, 기술 객체는 '블랙박스'[9]로 디자인되어, 수리되지 않도록 설계되어 있고 사용자에게 제공되는 내부 부품이 없다.

---

6 Brooks Stevens, talk at Midland (Minneapolis), 1954, http://www.mam.org/collection/archives/brooks/bio.php.

7 Victor Lebow, "Price Competition in 1955," *New York University Journal of Retailing* 31, no. 1 (1955): 7.

8 일례로 애플의 개인용 음악 플레이어 아이팟 같은 장치들은 자가수리용 내부 부품 없이 제조된다. 여기에는 배터리가 포함된다. 리튬폴리머 배터리는 약 3년의 사용 기간 이후에는 작동하지 않기에 전문 수리점의 서비스를 받거나 폐기되어야 한다.

9 블랙박스의 전자적 전쟁에 관한 역사, 이론, 맥락의 자세한 설명에 관해서는 다음 논문을 참조. Philipp von Hilgers, "The History of the Black Box: The Clash of a Thing and Its Concept," *Cultural Politics* 7, no. 1 (2011): 41–58.

[부록] 좀비 미디어

동시대 예술에서 구식을 재목적화하기

계획적 구식화에도 불구하고 표준 수명을 벗어난 가전제품을 탐색하고 분석하며 조작하는 것은 동시대 예술 실천의 핵심 전략이 되었다. 20세기 초, 초기 아방가르드의 다양한 예술 방법론에서 소비재의 재사용이 등장했다. 이 경향은 1912년 파블로 피카소와 조르주 브라크가 습득한found 신문으로 만든 작품에서부터 마르셀 뒤샹의 1913년 〈자전거 바퀴Bicycle Wheel〉나 1917년 베드포드셔Bedfordshire 사의 변기를 뒤집어놓은 〈샘Fountain〉에 이른다. 이러한 실천은 미디어아트의 역사에 관한 저작에서 이미 널리 다루어져 왔다.[10] 브라크, 피카소, 뒤샹의 1910년대 레디메이드 작품 이후로 한 세기 동안 대량 생산되는 상품[의 유형]은 크게 변화했다. 미국 사회에서 전자제품은 '레디메이드' 상품 분야에서 큰 비중을 차지하고 있었기에, 예술가들은 전자제품, 컴퓨터, 텔레비전, 생활가전으로 작업하고 이를 탐구하기 시작했다. 소비자 [대상의] 전자제품을 재목적화한 초창기 예술가로는 백남준이 있다. 그는 1963년에 일찍이 텔레비전을 전기

---

10   Diane Waldman, Collage, *Assemblage, and the Found Object* (New York: Harry N. Abrams, 1992), 17; Calvin Tomkins, *Duchamp: A Biography* (New York: Holt, 1998), 181. 초기 아방가르드를 주제로 한다. 미디어아트 역사에 관해서는 다음의 글을 예시로 참조할 수 있다. Erkki Huhtamo, "Twin-Touch-Test-Redux: Media Archaeological Approach to Art, Interactivity, and Tactility," in *MediaArtHistories*, ed. Oliver Grau, (Cambridge, Mass.: MIT Press, 2007), 71–101 및 Dieter Daniels, "Duchamp: Interface: Turing: A Hypothetical Encounter between the Bachelor Machine and the Universal Machine," in *ibid.*, 103–136.

적으로 재배선해 추상적이고 미니멀한 형태의 작업을 선보였다. 전자제품을 사용하는 여러 예술가가 새로운 뉴미디어 형식의 잠재성을 탐구하는 데 주력했지만 또 다른 예술가들은 아상블라주, 브리콜라주, 레디메이드, 콜라주의 정신에 입각해 전자제품을 이용 가능한 원재료의 일상적 상비자원bestand으로 접근했다.[11] 이러한 접근법은 전자제품을 첨단기술을 탐구하거나 개발하는 데 사용하지 않고 '뒤떨어진' 일상의 구식 기술을 핵심 자원으로 사용한다.

회로 개조하기: 인캔터

미국 신시내티를 거점으로 활동하는 1950년대생 예술가인 리드 가잘라는 '서킷 벤딩circuit bending[회로 개조]'이라고 불리는 것을 개발한 핵심 인물이다. 서킷 벤딩의 주된 목적은 가전제품을 창의적으로 단락시켜 새로운 소리 및 시각적 아웃풋을 구동하는 것이다.[12] 서킷 벤딩의 기술은 배터리로 구동되는 어린이 장난감이나 저렴한 신디사이저 같은 습득물을 DIY 악기와 홈메이드 소리 생성기로 바꾸는 것이다.

  서킷 벤딩에서 가장 잘 알려진 사례로는 가잘라의 '인캔터The Incantor' 장치 연작으로, 〈말하기와 쓰기Speak & Spell〉, 〈말하기와 읽

---

11 David Joselit, *American Art since 1945* (New York: Thames and Hudson, 2003), 126; Edward A. Shanken, *Art and Electronic Media* (London: Phaidon, 2009).
12 Q. Reed Ghazala, "The Folk Music of Chance Electronics, Circuit-Bending the Modern Coconut," *Leonardo Music Journal* 14 (2004): 97–104.

기Speak & Read〉,〈말하기와 수학Speak & Math〉이 있다. 1978년 이래로 가잘라는 이렇게 [기성품인] 어린이 장난감으로 맞춤식 제작을 해왔다. 장난감 회로를 개조하는 방법론은 사용자가 손수 전자장치를 분해하고 스위치, 노브, 센서 같은 부품을 추가해 회로의 속성과 경로를 바꾸는 것이다. 가잘라의 인캔터는 그 장난감 내부 회로망이 완전히 재설정되어, 합성된 사람 목소리를 더듬거리고 반복되며 고함지르고 두드리는 잡음과 글리치스러운glitchy 소리를 내뿜는 것으로 바뀌었다.

보통 서킷 벤딩은 중고품 가게나 차고 세일[개인과 가정 단위 중고 거래]하는 곳을 다니면서 배터리로 구동되는 저렴한 장치를 습득하고 뒷면 덮개를 열어 메커니즘의 회로 기판을 탐검하는 과정까지 포함한다. 회로 기판의 두 지점은 장치를 일시적으로 단락하고 다시 연결하는 '점퍼' 선으로 연결되어 있기 마련이다. 이 과정에서 장치의 배터리 전원이 들어오고 탐검으로 인해 시스템 스피커에 이상한 사운드 효과가 들린다. 흥미로운 결과가 발견되면, 수정할 연결 지점을 표시하고, 이 지점 사이에 스위치, 버튼 등의 장치를 삽입해 효과를 활성화하거나 비활성화할 수 있다.

과거 뉴미디어였던 것을 서킷 벤딩하기

서킷 벤딩은 정식 교육이나 승인 없이 회로를 조작하며 기술의 당연시되는 기능을 바꾸는 전자 DIY 운동이다. 이러한 접근법은 제2차 세계대전 이후 전자 문화의 특징이었다. 특히 1970년대 이후 전자 아마추어주의, 취미주의, DIY 장치의 자가 조작tinkering은 홈브루 컴퓨터 클럽Homebrew Computer Club 같은 조직의 경향이다.[13] 미셸 드 세르토에 따르면 "이 '가동 방식들'은 수많은 실천을 만들어내는데, 이 실천을 통해 사용자가 사회문화적 생산 기술이 조직한 공간을 재전유한다."[14] 서킷 벤딩은 장치의 내부 작동이 전문가의 영토로서 의도적으로 설계되어 있더라도 사용자가 소비제품을 예상치 못한 방식으로 지속적으로 재전유하고 개별 제작하고 조작한다는 사실을 우리에게 환기해 주는 가동 방식이다. 가잘라의 '인캔터'는 계획적 구식화, 기술의 블랙박스화, 일상 소비제품의 내부 접근성 등 동시대 사회의 사회기술적 쟁점을 환기하는 도구로서 유용하다.

서킷 벤딩은 그 가동 방식 면에서 **뉴미디어**라는 용어에 쉽사리 들어맞지 않는 디지털 문화의 한 단면이다. 서킷 벤딩은 쓰레기에 준하는 것을 다루는 민간의 개별 제작 방법론이며 재활용의 역사적 실천을 소환한다. 또한 그것은 디지털 문화를 빛나는 첨단의 "캘리포니아 이데올로기Californian Ideology"[15] 차원에서만 비추는 것에 반

---

13 John Markoff, *What the Dormouse Said: How the Sixties Counterculture Shaped the Personal Computer Industry* (New York: Penguin, 2005).
14 Michel de Certeau, *The Practice of Everyday Life*, trans. Steven Rendall (Berkeley: University of California Press, 2002), xiv: [국역본] 미셸 드 세르토, 『일상의 발명: 실행의 기예』, 신지은 옮김(문학동네, 2023), 47. (옮긴이 일부 수정)
15 1995년, 리처드 바브룩(Richard Barbrook)과 앤디 캐머런(Andy Cameron)이 동명의 글에서 '캘리포니아 이데올로기'라는 용어를 창안했다. 이 용어는 해방적이고 한계가 없으며 지리성을 초월한 정보기술로 장소성이 존재하지 않고 유토피아를 보편화하는 인터넷의 개념적 계보학을 제공한다. http://www.hrc.wmin.ac.uk/theory-californianideology-main.html 참조[링크 유실].

대하는 유용한 대조법이다. 우리[파리카와 허츠]는 가잘라의 탐구가 미디어고고학과 비슷한 정신을 공유한다고 여기고, 미디어고고학을 예술 방법론으로서 더욱 강력하게 표현하는 것을 제안한다. 나아가 [우리가 제안하는 미디어고고학은] 과거를 다루는 예술 방법론에 그치지 않고 죽은 미디어, 또는 우리가 좀비 미디어라고 부르는 것에 대한 일련의 폭넓은 물음으로 확장한다. 좀비 미디어는 미디어 역사의 살아 있는 시체[16]이자 버려진 쓰레기의 살아 있는 시체다. 그것은 예술가에게 영감을 북돋을 뿐 아니라 독성 화학물질과 중금속을 통해 자연의 진정한 죽음을 선고하는 구체적인 의미에서의 죽음을 나타낸다. 요컨대 [서킷 벤딩으로] 개조되는 것은 선형적 역사라는 그릇된 이미지뿐 아니라, 동시대 미디어 풍경을 형성하는 회로[경로]와 아카이브다. 우리는 각각 나름의 방식으로 시간과 기억의 순환에 참여하는 구체적인 인공물, 디자인 솔루션, 그리고 하드웨어에서 소프트웨어에 이르는 프로세스에서의 다양한 기술 층위를 통해 **미디어**에 접근한다. 매체는 푸코의 의미에서라면 지식의 조건으로서의 아카이브이지만, 지각, 감각, 기억, 시간의 조건의 아카이브이기도 하다. 이 글은 하드웨어가 미디어 및 구식화에 대해 고려해야만 하는 유일한 점이라고 주장하려는 것은 아니지만, 그것을 특별히 강조하고 있다.

---

[16] Charles R. Acland, "Introduction: Residual Media," in Acland, *Residual Media*, xx 참조.

회로망을 개조하는 미디어고고학

소비 자본주의의 정치경제학은 미디어고고학적 문제이기도 하다. 미디어고고학은 잃어버린 아이디어, 특이한 기계, 그리고 기술에 대한 주류적 흥분 및 과장과 관련해 차이의 요소를 찾고자 재등장한 욕망 및 담론의 방법으로서 성공적으로 자리매김했지만, 이러한 발상들이 항상 정치경제학이나 생태학과 연결되지는 않는다.

아카이브는 미디어고고학 방법론에 미치는 폭넓은 영향력과 더불어, 역사의 공간적 장소가 아니라 시간성을 재분배하는 동시대 기술 회로로서 점점 더 많이 재고되고 있다. 볼프강 에른스트는 이 이론가와 예술가가 미디어고고학을 과거의 발굴뿐 아니라 컴퓨터화된 기술 회로에서 일어나는 미시시간적microtemporal 변조를 주목하는 시선으로 재고하기를 제안했다.[17] 기술의 시간성에 대한 이와 같은 대안적 이해는 기록물에 대한 역사가의 해석학적 문서 해석보다는 공학적 도해와 회로에 더 가깝다. 푸코의 개념을 직접 끌어오자면, 에른스트에게 미디어고고학은 내러티브가 아닌 기념비다. 그것은 오직 무언가가 존재한다는 것에 의거해 발굴하고자 하며, 이 미디어 유물론의 객체 지향적 양식은 기꺼이 회로의 존재에 의거해 진행하고자 한다. 따라서 에른스트는 후타모, 칠린스키와 비슷한 방식으로 대안적 미디어의 역사나 미디어 기술의 주류 담론에 도전하

---

17   Wolfgang Ernst, *Digital Memory and the Archive*, ed. Jussi Parikka (Minnea-polis: University of Minnesota Press, 2013), 37–54.

는 상상적 미디어[18]가 아니라, 우리가 동시대 전자 문화와 디지털 문화에서 시간성의 속성을 이해할 수 있는 구체적인 장치에 관심이 있다. 음속 고고학sonic archaeologies으로 동시대 미디어를 구체적으로 다루었던 수많은 미디어고고학 예술가(예: 드마리니스, 게브하르트 젱뮐러, 또는 알고리드믹스 연구소Institute for Algorhythmics 같은 최근의 젊은 예술가군)와 마찬가지로 에른스트에게도 미디어고고학이란 미디어 배치assemblage, 즉 가동하는 구체적인 장치에서 출발하는 것이다.

회로는 현대성과 우리의 IT 지향적 조건을 정의한다. 라디오, 컴퓨터, 텔레비전의 내부 회로는 회로망의 한 가지 단면일 뿐이다. [미디어 기기의] 플라스틱 인클로저가 열린다면 회로들은 케이블과 선의 차원에서, 전자기파와 무선 전송의 차원에서 더 광범하고 추상적인 회로들을 계전하는 릴레이에 불과하다. 공기는 '탈체현'된 정보기술로 무거워졌고 문화에는 정치경제학의 회로가 스며들어 있다. 따라서 회로의 미디어고고학에 관해 [글을] 쓰는 것은 중요한 기획이 될 것이다. 만약 우리가 재활용과 재매개[19]를 예술 방법론으로 생각하는 방법을 보다 구체적인 디자인 버전으로 개발하려면, 미디어고

---

18 Eric Kluitenberg, ed., *The Book of Imaginary Media* (Rotterdam: Nai, 2006); Eric Kluitenberg, "On the Archaeology of Imaginary Media," in *Media Archaeology: Approaches, Applications, Implications*, ed. Erkki Huhtamo and Jussi Parikka, 48–69 (Berkeley: University of California Press, 2011) 참조.

19 Jay David Bolter and Richard Grusin, *Remediation: Understanding New Media* (Cambridge, Mass.: MIT Press, 1999).

고학의 출발점은 과거가 아니라 회로가 된다.

그러나 기술을 구체적으로 개방하는 것을 목표로 한다면 특별한 도전에 맞닥뜨리게 된다. 최근 수십 년 동안 기술 문화의 특징인 차세대 기술의 발전으로 인해 가전제품과 정보기술의 내부 작동이 점점 더 은폐되고 있다는 점에서 그렇다. 그렇다면 미디어 역사로 시간을 거슬러 가는 대신 장치 내부로 들어갔을 때 소비 대상[객체]에 관한 미디어고고학은 어떤 모습일까?

기술적 구성 요소가 일단 개발되고 널리 보급되면 사용자는 그것을 특정 기능에 필요한 객체로 이해한다. 전자 장난감은 버튼을 누르면 소리가 나고, 전화기는 전화를 걸고, 프린터는 요청에 따라 문서를 출력하는 식이다. 사용자는 장치의 내부 작용을 모르고 그 안의 회로망은 사용과는 거의 무관한 신비한 '블랙박스' 같은 것이다. 그것은 특정 출력으로 이어지는 특정 입력 기능의 객체일 뿐, 그 메커니즘은 비가시적이다. 디자인적 관점에서 보았을 때 그러한 기술은 메커니즘을 비가시적으로 만들고 결절화된 단일한 객체로 사용할 수 있도록 의도되어 만들어졌다.

결절punctualization은 행위자-연결망 이론의 개념으로, [복수의] 부품들이 단일 객체로 사용될 수 있는 단일 복잡계complex system로 통합되는 경우를 일컫는다. [반대로] 단일 객체가 분해될 때는 해리depunctualization라고 부르며, 이는 소유자가 장치 제조사와 연결되어 있는 의존 관계의 회로를 보여준다(그림16 참조).[20]

20 자세한 정보는 다음의 책 참조. Bruno Latour, *Pandora's Hope: Essays on the Reality of*

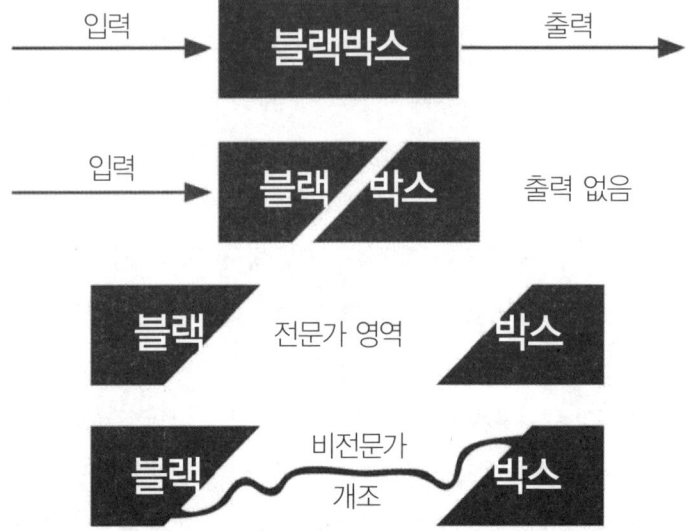

그림 16
블랙박스 시스템은 사용자가 시스템 내부 기능에 대한 지식이 없어도 입력을 출력으로 처리한다. 블랙박스 시스템이 고장 나면 출력이 멈춘다. 이 시점에서 블랙박스가 해리된다. 블랙박스 시스템 내부는 전문가의 영역이며 사용자를 대상으로 하지 않는 경향이 있다. 사용자 비캬대상의 블랙박스 시스템 내부는 전문 영역이지만 비전문가가 조작하고 벤딩할 수 있다. 우리는 컴퓨터 하드웨어와 역사적 아카이브를 모두 조작할 수 있다고 제안한다. 이미지 제공: 가닛 허츠.

블랙박스화, 혹은 단순히 사용되고 기술적 객체로 이해되지 못하는 지점까지 다다른 기술 객체의 발전은 인프라와 기술 개발의 필요조건이 되었다. 예컨대 컴퓨터 시스템을 수백만 개의 트랜지스터, 회로, 수학적 계산, 기술적 구성 요소의 차원에서 생각한다면 이해가 거의 불가능할 것이다. 블랙박스는 새로운 기술과 인프라가 구축되는 결절화된 빌딩 블록이다.[21]

그러나 블랙박스는 기술적으로 이해하거나 접근할 수 없는 시스템이고, 결과적으로 이러한 기술이 구식이 되거나 고장이 나면 완전히 못 쓰게 된다. 이렇게 장치의 입력-출력 또는 원하는 기능이 작동을 멈추면 개인이 수리할 수 없고 조작할 수 없는 경우가 대부분이다. 수많은 가전제품은 전구를 교체할 수 있는 가정용 조명등과는 달리 자가 수리용 부품을 제공하지 않으며 고장이 나면 폐기된다. 한 장치를 해리하거나 분해해 [각각의] 구성 요소로 나누는 것은 어려운 일로, 그것은 인공물을 디자인하는 데 도입된 고도의 전문적 공학 및 제조 프로세스 때문이다. 동시대 전자장치는 의도적으

Science Studies (Cambridge, Mass.: Harvard University Press, 1999): [국역본] 브뤼노 라투르, 『판도라의 희망: 과학기술학의 참모습에 관한 에세이』, 장하원·홍성욱 옮김 (휴머니스트, 2018), 294-295. Eugene Thacker, introduction to *Protocol: How Control Exists after Decentralization*, by Alex Galloway (Cambridge, Mass.: MIT Press, 2004), xiii.

21 Albert Borgmann, *Holding on to Reality: The Nature of Information at the Turn of the Millennium* (Chicago: University of Chicago Press, 1999), 176. 인프라와 연계된 논의에 대해서는 다음의 글 참조. Susan Leigh Star and Karen Ruhleder, "Steps toward an Ecology of Infrastructure: Design and Access for Large Information Spaces," *Information Systems Research* 7, no. 1 (1996): 63-92.

로 폐기되도록 만들어졌고 그 구식화는 명확하게 계획된 것이다.

미디어고고학의 틀 안에서는 상자가 단 하나만 있지 않다는 점이 중요하다. 대신 하나의 상자는 다양한 역할로 각기 상이한 지속으로 상호 작용해 온 많은 다른 블랙박스를 숨긴다. 브뤼노 라투르의 지적처럼, 사물이 해체되었을 때 외견상 비활성인 시스템이 열려 객체가 더 많은 객체를 포함하고 있고 실질적으로 수많은 객체가 관계, 역사, 우연으로 구성되어 있음이 드러나는 경우가 종종 있다.

라투르의 방법론적 실행을 미디어고고학을 위한 예술 방법론으로 고려해 보자.

(…) 그 방을 둘러보라. 그 방 안에 얼마나 많은 블랙박스가 있는지 생각해보라. 블랙박스를 열고, 그 안에 있는 결합물을 검토해 보라. 블랙박스 내부 각각의 부분은 그 자체로도 부품으로 가득 찬 블랙박스다. 만약 어느 한 부분이 고장 난다면, 얼마나 많은 인간이 즉시 각각의 주위에 나타나겠는가? 당신이 책상 앞에서 이 장을 읽는 데 평화롭게 기여하고 있는 그러한 조용한 존재자 모두를 따라가려면, 우리는 시간상 얼마나 뒤로, 공간상 얼마나 멀리 우리의 단계를 추적해야 할까? 이러한 각각의 존재자를 단계 1로 돌려라. 즉 각각의 존재자가 서로 무관심한 채, 상대 존재자의 줄거리로 개조되거나 등록되거나 징집되거나 동원되거나 접히지fold 않고 그것 자체의 길을 가던 때를 상상해 보라. 우리는 어떤 숲에서 나무를 취해야 할까? 우리는 어떤 채석장에

서 돌이 조용히 쉬도록 놔두어야 하는가?[22]

예술에서 대상[객체]은 비활성 상태가 결코 아니며 결합과 해체가 가능한 다양한 시간성, 관계, 잠재성으로 구성되어 있다. 사물들은 어떤 식으로든(첨단기술이라면 더더욱) 매일 고장나고[해체되고], 외견상 비활성화된 객체, 죽은 미디어, 폐기된 기술로 끝난다. 그러나 죽은 미디어는 토양에 스미는 유해한 독소로 돌아오거나, 아니면 새로운 배치물로 재활용된 좀비 미디어로 돌아온다. 에른스트에 따르면 미디어고고학은 "죽은 미디어에 관한 것이라기보다는 산 주검 undead인 미디어에 관한 것이다. 여기에는 미디어의 비非적시성이 들어가 있다."[23] 따라서 브루스 스털링의 죽은 미디어 프로젝트에서 잊히고 구식화된 미디어를 다루는 방법과는 뚜렷한 차이가 있다. 좀비 미디어는 더는 쓰이지 않는 미디어뿐만 아니라 새로운 용도, 맥락, 적응에 따라 부활한 미디어에도 주목한다.

아키비스트 / 서킷 벤더

어떤 예술가상에게 기술적 미디어란 공학과 아카이브 모두가 [중요하다고] 동의하는 것을 의미한다고 후타모가 말했다. "1960년대에 두각을 나타냈던 예술가-공학자의 역할이 (한 명이 두 가지를 겸비

---

22 Latour, *Pandora's Hope*, 185.
23 가닛 허츠, 개인 편지, 2009년 10월 20일; [국역본] 라투르, 『판도라의 희망』, 294–295.

하기란 거의 드물지만) 최소한 부분적으로 예술가-고고학자의 역할로 대체되었다."²⁴ 그러나 이러한 맥락에서도 마찬가지로 재사용, 하드웨어 해킹, 서킷 벤딩 방법론이 점점 더 중요해지고 있다. 미디어 역사의 아카이브를 개조하거나 재목적화하는 것은 폴 드마리니스, 조이 벨로프, 게브하르트 젱밀러 같은 예술가들의 선구적인 작업과 큰 관련이 있다. 그들은 여러 가지의 오래된 미디어 기술을 수정하고 재목적화하여 사변적 미래로부터 유사 역사적인 대상[객체]을 창조하고자 했다.

후타모는 드마리니스의 다양한 사운드아트 작품 〈에디슨 효과 The Edison Effect〉(1989-1993)와 〈그레이 물질Gray Matter〉(1995) 등을 언급하며, 예술가-고고학자 개념으로 [사상가이자 자가 조작자] 팅커러t(h)inkerer를 제안했다.²⁵ 소비자 전자제품 시대의 예술가는 미디어고고학과 동시대 미디어 생산의 정치적 의제를 결부 짓는 고고학적 서킷 벤더이자 해커로 간주될 수 있다. [그들에 의해] 역사적 아카이브와 소비자 전자제품의 블랙박스가 깨어지고 [회로와 부품이 밖으로] 드러나 개조와 수정이 이루어진다.

---

24 Erkki Huhtamo, "Time-Traveling in the Gallery: An Archaeological Approach in Media Art," in *Immersed in Technology: Art and Virtual Environments*, ed. Mary Anne Moser with Douglas McLeod (Cambridge, Mass.: MIT Press, 1996), 243.
25 Erkki Huhtamo, "Thinkering with Media: The Art of Paul DeMarinis," in Paul DeMarinis, *Buried in Noise* (Berlin: Kehrer, 2011).

미디어고고학적 시간: 살아 있는 시체의 시간

이제 다양한 구성 요소, 즉 계획적 구식화, 정보의 물질적 속성, 전자 폐기물을 하나로 합치려 한다. 계획적 구식화는 물질적인 정보기술 문화에 내재된 소비자 기술 주기의 논리로 도입되었다. 물질적인 정보기술은 그 미디어 기능이 말하자면 '소비된' 이후에 남은 화학물질, 독성 요소, 잔여물로서 더 많이 이해되어야 한다. 정보기술은 결코 일시적이지 않으며 그렇기에 결코 완전히 죽지 않는다는 깨달음은 생태학적, 미디어고고학적으로 중요하다. 정보기술은 물질적 배치물로서 인간 중심의 사용가치에 국한되지 않는 지속성이 있다. 즉 미디어 문화 객체와 정보기술은 흙, 공기, 자연과 긴밀한 관계를 맺고 있는 구체적이고 시간적인 현실이다. 자연이 정보기술의 구축을 가능케 했듯이(예를 들면 19세기 전신선 절연체의 핵심 물질이었던 구타페르카, 또는 각종 동시대 첨단 장치 제작에서 핵심 광물인 컬럼바이트 탄탈석), 그 장치들은 자연으로 돌아간다.[26]

요컨대 정보기술은 정치경제와 자연 생태를 유동하는 다중적인 생태계를 야기한다.[27] 가타리의 이와 같은 미디어 생태학은 사회,

---

[26] 구타페르카(gutta-percha)는 동남아시아와 오스트랄라시아 북부에 토착하는 열대나무에서 채취된 천연 라텍스 고무다. 컬럼바이트탄탈석 또는 '콜탄'은 주로 콩고민주공화국 동부에서 나오는 탁색의 짙은 검은색 금속 광석으로, 이 광석 수출이 현재 내전의 자금 조달을 돕는다고 언급되고 있다.

[27] Felix Guattari, *The Three Ecologies*, trans. Ian Pindar and Paul Sutton (London: Athlone Press, 2000); [국역본] 펠릭스 가타리, 『세 가지 생태학』, 윤수종 옮김(동문선, 2003).

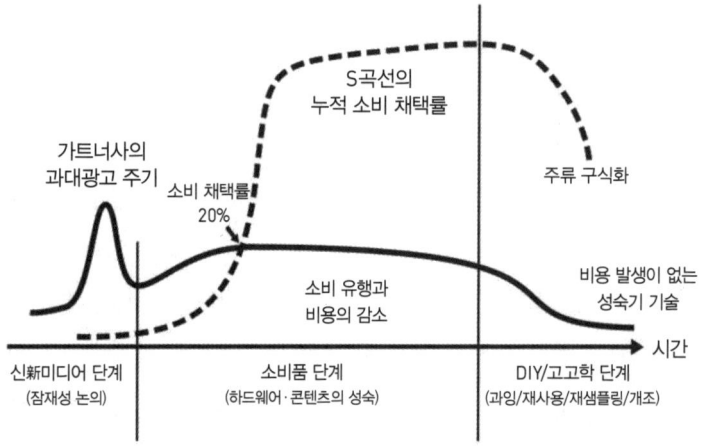

그림 17
정치경제에 따른 미디어 단계별 위치: 새로운 미디어와 미디어고고학은 가트너Gartner Group사의 과대광고 주기* 및 특정 기술의 경제적 성숙도, 채택, 사업 적용을 도표로 표현한 수용 곡선 도식과 겹쳐 있다. 가닛 허츠의 도식.

* [옮긴이] 가트너사(http://www.gartner.com)는 미국 거점의 IT 관련 조사 기업. 가트너사의 과대광고 주기 도표는 신기술과 관련한 시장의 초기, 중기, 말기의 흐름을 대중 미디어 마케팅의 과장된 표현과 그에 영향 받는 대중의 반응의 상관관계로 제시한다.

정신, 신체, 비유기물, 동물 간의 상호관계에 반영되는 중첩된 생태학을 알아차리는 생태철학적 태도로 연결된다. 우리[허츠와 파리카]는 선구적인 숀 큐빗[의 다음과 같은 말]을 따라, 스크린과 정보기술 미디어의 고고학이 미래 지향적 아방가르드에 대한 완전히 다른 입장을 표명하기 위해서는 과거뿐 아니라 스크린 내부를 더 많이 살펴야 한다고 주장한다. "디지털 영역은 끊임없는 혁신과 끊임없는 파괴로 추동되는 한 아방가르드다. 디지털 문화에 내장된 구식화, 작년 출시된 모델의 끝없는 폐기, 배터리·휴대폰·모니터·마우스를 내버리는 낭비, (…) 모든 중금속, 모든 독소를 중국의 황량한 재활용 마을로 운송하는 것. (…) 그것이 디지털 아방가르드다."[28] 우리가 제안하는 자가 조작, 리믹스, 콜라주의 대안적 고고학은 뒤샹 같은 사람에게서 시작된 것이 아니라, 기술기기, 스크린, 시스템을 개방하는 것[미디어고고학적 서킷 벤딩]에서 시작될 수 있다.

미디어고고학적 방법은 미디어 문화사적 차원에서 인간 세계에서의 복잡하고 중첩된 다중 규모적 시간성들을 조명해 왔지만, 생태 위기 속에서는 더욱 철저한 비인간의 관점이 필요하다. 이러한 맥락에서 미디어고고학을 예술적 방법론으로 개조하기란 실천(서킷 벤딩, 하드웨어 해킹, 그리고 죽은 미디어를 재사용하고 재도입해 그 객체에 새로운 생명[사용] 주기를 부여하는 여타 방법)이 지닌 생태철학적 잠재성을 이용할 수 있는 방법으로 보인다. 새로운 구성으로

---

28 Sean Cubitt, interviewed by Simon Mills, *Framed*, http://www.ada.net.nz/library/framed-sean-cubitt/.

배치된 이러한 물질과 관념은 역사를 지닌 좀비가 되지만, 한편으로 기술적 미디어와 관계된 비인간 시간성을 상기시키도 한다. 기술적 미디어는 현상학적 [문턱값보다] 아래의 subphenomenological 속도와 진동으로 처리 및 작동하지만,[29] 동시에 자연의 시간성, 즉 수천 년에서 심지어 수만 년 동안의 비선형적이고 비인간적인 역사를 이용한다.[30]

결론을 짓자면 커뮤니케이션은 새로운 미디어의 단계를 지나 소비품 단계를 거쳤고, 이미 상당 부분 구식이 된 '고고학적 단계'에 접어들었다. 아마추어주의와 DIY 취미주의는 기술의 초기 채택 [단계]의 특징이자 구식화 단계의 특징이기도 하다. 연대기적으로 디지털 미디어는 1990년대 투기적 기회를 거쳐 소비품으로 널리 채택되었고, 지금은 고고학적인 것이 되었다. 그 결과 재사용, 리믹스, 샘플링 같은 주제를 연구하는 것이 기술적 잠재력을 논의하는 것보다 더 중요해졌다. 더욱이 시간성이 기술적 미디어 장치—인간의 의식적 지각의 문턱값 아래에 있는 미시시간성을 이용하는 도식화와 구체적 회로—에서 점점 더 많이 순환되고 변조되고 저장되는 상황이라면, 우리는 비슷한 서킷 벤딩, 예술, 행동주의적 실천을 분석적이고 창조

---

29 이렇게 감추어졌지만 완전히 실재하고 물질적인 '일상생활의 인식론(epistemologies of everyday life)'은 알고리드믹스 연구소에서 미디어고고학의 맥락에서 탐구되었다. Institute for Algorhythmics, http://www.algorhythmics.com/.[링크 유실, https://monoskop.org/Institute_for_Algorhythmics에서 간단한 정보 확인 가능.]

30 Manuel DeLanda, *A Thousand Years of Non-Linear History* (New York: Zone Books, 1997).

적인 방법론으로 개발해야 한다. 그에 따라 아카이브를 더 넓은 의미로 전환하여 회로, 스위치, 칩, 첨단 프로세스를 포함해야 한다. 이러한 인식론-고고학적 과업은 예술적 관심에 의한 것일 뿐 아니라, 주체성, 자연, 기술 전반을 가로지르는 다양한 생태학 간의 관계를 이해하고 재창안하는 생태철학적인 장까지 다루는 것이다.

미디어의 죽음은 미디어의 새로움만을 말하는 대화에 맞서는 전략으로 유용할 수도 있겠지만, 그럼에도 우리는 미디어가 절대 죽지 않는다고 믿는다. 미디어는 쇠퇴하고 부패하고 개편되고 리믹스되고 역사화되고 재해석되고 수집된다. 또한 미디어는 흙속에 잔여물로, 그리고 독성의 살아 있는 죽은 미디어로 잔류하거나 자가 조작하는 예술적 방법론을 통해 재전유된다.

옮긴이의 말

유시 파리카의 『미디어의 지질학』 한국어판의 번역을 시작한 시점에 '인류세'는 꽤 긴 부연 설명을 필요로 하는 낯선 신조어였습니다. 그 후로 번역을 마무리 짓고 있는 지금 사이에는 불과 5-6년의 간극에도 불구하고 수많은 일이 일어났고, 그 일들은 인류세라는 개념을 대중적으로 널리 확산시키기에 충분했습니다. 그에 더해 우리는 지난 몇 년간 인류세를 본격적으로 다루는 많은 학술 연구 및 행사, 예술 작업 및 기획을 통해 다양한 관점과 접근법을 충분히 접할 수 있었습니다. 그리고 무엇보다 팬데믹이라는 전 지구적 비상사태를 경험해야만 했고, 해마다 급격하게 악화되는 기후변화를 온몸으로 느끼고 있습니다. 즉, 현재의 우리는 인류세를 개념적, 예술적으로 잘 이해하고 있을 뿐 아니라 경험적으로도 체화한 상태에 이르렀습니다. 바로 이 시점에서 국내에 이 책이 정식으로 소개된다면 어떤 의미가 있을지를 생각해 보았습니다. 초반에는 이러한 주제가 처음 소개된다는 급진적인 방향성에 의의를 두고 접근했다면, 번역 작업의 막바지에 다다를수록 우리 각자와 공동의 사례들의 맥락을 이해할 수 있는 하나의 방법으로서 지층 구조를 사용해 차근차근 도와주는 참고서로서의 성격에 자연스레 더 많이 기울었습니다.

『미디어의 지질학』의 주장을 한 문장으로 요약하자면 '미디어가 되기 이전의 미디어에 주목하자'입니다. 즉, 스마트폰, 태블릿, 랩탑 컴퓨터 등을 중심으로 형성된 동시대 미디어 문화가 태고적부터 존재했던 지구의 광물을 기반으로 하고 있다는 사실을 간과해서는 안 된다는 것입니다. 그래서 이 책은 대학원생, 학계 및 예술 종사자뿐 아니라, 지구의 과거-현재-미래를 고민해 본 사람이라면, 그리고 최소한 환경 문제가 단순히 환경에만 그치지 않고 인류 문명과 문화와 서로 얽힌 것임을 이해하는 이라면 한 번쯤 고민해 봤던 주제들과 공감할 수 있는 내용을 담고 있습니다. 우리의 삶의 근간인 땅과 그 아래의 구체적인 이야기를 다루고 있기 때문입니다. 점점 더 물질적 제한으로부터 자유로워지는 것 같은 지금의 미디어 문화가 사실은 땅 아래에서 나온 물질 그 자체라는 사실을 일깨우는 파리카의 시도는 참신했으며, 여전히 시의적으로 유효합니다. 우상향하는 성장 지표로 증명해야만 하는 첨단기술의 자기쇄신이라는 압박 속에서, 파리카는 미디어 기기 안의 심원한 시간을 들여다보며 그 압박에서 이탈할 수 있는 가능성을 모색하려 합니다. 이 책의 중요한 한 가지 미덕은 그것을 철학 등의 이론적 개념과 예술작품에 근간을 둔 학문적 본질을 이어나감으로써 성취했으며, 거대 담론과 미시적

일상생활, 형이상학과 물질론을 하나로 합치는 동시대 학문으로서의 한 가지 사례를 추가했다는 점에 있습니다.

무엇보다 이 책은 미디어 연구이자 신유물론을 기치로 내세운 동시대 인문학의 특징으로서 최대 규모의 탈분과학문적 시도를 꾀하고 있기도 합니다. 그에 따라 저자도, 출판사도, 번역자도 예상하지 못했던 그 멀리까지도 이 책이 도달할 수 있을 것도 같습니다. 워낙 여러 분야에 걸친 이야기이다 보니 독자가 어떤 배경 지식을 얼마나 가지고 있는지와 관계없이, 특정 부분의 논리적 전개나 또 어떤 개념과 용어가 생소하게 보일 수 있을 것 같습니다. 이 점을 현실문화의 김수기 대표께서 고려해 주셔서 오랜 시간에 걸쳐 세심하게 검토해 주었고 필요한 부분에는 주석을 명료하게 덧붙여주었습니다. 또 책의 몇몇 부분은 명확성을 기하기 위해 저자와의 문답을 통해 의미와 의도를 확인했습니다. 한국어판을 위해 조건 없이 도와주신 유시 파리카께 감사를 전합니다. 저 역시 원활한 이해를 돕고자 고심 끝에 일부 구간에 추가적인 설명을 곁들였는데, 부디 이것이 원문의 핵심을 보존하는 범위 내에서 독해에 도움이 되는 것이라면 좋겠습니다. 이 모든 맥락을 함께 공부하고 확산하는 데 힘써주신 미디어고고학 세미나 팀, 그리고 이 책에서 참조한 연구 개념과 서적을 국내에 소개해 주신 여러 연구자 및 번역자께 깊이 감사드립니다.

마지막으로, 『미디어의 지질학』은 우리가 겪고 있는 경험을 바탕으로도 충분히 읽을 수 있는 평평하고 공평한 책이라고 강조하고 싶습니다. 그동안 익명의 분들을 포함해 여러 경로로 한국어판 출간에 관한 문의를 많이 받았습니다. 꾸준한 관심 덕분에, 복잡하고 특수한 지정학적, 지구물리학적 상황에 놓인 IT 기술 강국으로서의 한국이 이 책을 어떤 맥락으로 받아들일지, 또 어떤 시사점을 형성할지 저 역시 궁금하고 기대를 품은 채 번역에 늘 임할 수 있었습니다. 최초 출간된 지 10년 만에 한국어판이 나오게 되었지만, 이 책이 지적하는 전 지구적인 문제들은 여전히 더 문제적이고 더 가속화되고 더 심화되어 진행되고 있으며, 따라서 여기서 제시된 쟁점들 역시 여전히 열린 채로 독자의 비판적 참여를 기다리고 있습니다. 가령 저자가 왜 '새로운new'의 표현보다는 '다른different'이라는 표현에 더 큰 방점을 찍고 있는지, 첨단기술 및 미디어와 관련한 상황을 묘사할 때 자주 따라붙는 '이미already'와 '그 전에before'가 시사하는 바가 무엇인지 함께 생각해 보면 좋을 것 같습니다. 여러 영역, 여러 관점에서, 여러 용도로 『미디어의 지질학』이 읽히기를 기대하며, 또 다른 관점을 가능하게 하고 생각을 여는 통로가 되기를 바랍니다.

2025년 3월 24일
심효원 올림

찾아보기(인명)

ㄱ

가시어, 데이비드 Gauthier, David 20, 75, 163, 164
가잘라, 리드 Ghazala, Reed 289-92
가타리, 펠릭스 Guattari, Félix 58, 60-5, 60n60, 81, 90, 90n25, 91, 91n27, 128n89, 142n16, 147, 152, 154n39, 156, 179n83, 197, 206, 301
갈릴레오 Galileo 270
개브리스, 제니퍼 Gabrys, Jennifer 213, 217n56, 238-9, 239n22, 249n39
갠디, 조지프 마이클 Gandy, Joseph Michael 242
게이키, 아치볼드 Geikie, Archibald 82n9
고틀리프, 바루흐 Gottlieb, Baruch 74, 199
곤잘레스 디에게스, 오라시오 González Diéguez, Horacio 74, 199
골드버그, 제이 Goldberg, Jay 116, 233-5
골롱, 뱅자맹 Gaulon, Benjamin 75, 116
굴드, 스티븐 제이 Gould, Stephen Jay 100-2, 241-2
그랜트, 이언 해밀턴 Grant, Iain Hamilton 63
그로스, 엘리자베스 Grosz, Elizabeth 39, 206
그루신, 리처드 Grusin, Richard 20, 154-5

ㄴ

네가레스타니, 레자 Negarestani, Reza 64n72, 86, 181, 186n11, 209, 216, 217n56, 223
노박, 매트 Novak, Matt 254
노발리스 Novalis 84
니체, 프리드리히 Nietzsche, Friedrich 91n27, 201
닉슨, 롭 Nixon, Rob 7

ㄷ

다윈, 찰스 Darwin, Charles 98, 102, 239, 241, 244, 279

다이어위드포드, 닉 Dyer-Witheford, Nick 194

달랑베르, 장 르 롱 D'Alembert, Jean le Rond 106

더턴, 클래런스 Dutton, Clarence 155

데 오더, 라헐 de Joode, Rachel 187

데란다, 마누엘 Delanda, Manuel 36, 58, 64, 89, 89n24, 91n27, 136, 174n75, 207, 222-3, 247, 252, 273

돔보이스, 플로리안 Dombois, Florian 139, 158, 158n48

뒤샹, 마르셀 Duchamp, Marcel 288, 303

드 라 베슈, 헨리 de la Bèche, Henry 242-3

드 포이터, 그레이그 de Peuter, Greig 194

드마리니스, 폴 DeMarinis, Paul 294, 300

드보르, 기 Debord, Guy 146, 176

들뢰즈, 질 Deleuze, Gilles 29, 39, 58, 60-5, 81, 90, 91, 91n27, 109, 128n89, 142n16, 147, 154n39, 156, 159n50, 206, 208

디드로, 드니 Diderot, Denis 106

ㄹ

라이버, 프리츠 Leiber, Fritz 86, 179n84

라이엘, 찰스 Lyell, Charles 11, 82, 97-9, 239-42, 245, 267, 279

라투르, 브뤼노 Latour, Bruno 16, 162, 162n57, 208, 295n20, 298

락스 미디어 콜렉티브 Raqs Media Collective 195, 215

러드윅, 마틴 J. S.Rudwick, Martin J. S. 136

러브록, 제임스 Lovelock, James 41

런던, 버너드 London, Bernard 286

렙체크, 잭 Repcheck, Jack 98n39

로시터, 네드 Rossiter, Ned 189, 219

로텐버그, 미카 Rottenberg, Mika 50-1

루시어, 앨빈 Lucier, Alvin 39, 160

룩셈부르크, 로자 Luxemburg, Rosa 263

르 코르뷔지에 Le Corbusier 225

린네, 칼 Linnaeus, Carl 228

마굴리스, 린 Margulis, Lynn 41,
159n50

마시, 조지 P.Marsh, George P. 17

마틴, 존 Martin, John 158

만, 토마스 Mann, Thomas 186

매클루언, 마셜 McLuhan, Marshall
27, 30, 151

맥닐, 윌리엄 McNeill, William 57

맥닐, 존 McNeill, John 56-7

맥스웰, 리처드 Maxwell, Richard
204-5, 213

멈퍼드, 루이스 Mumford, Lewis 48-
50, 70, 107n57, 281

메이야수, 쿵탱 Meillassoux, Quentin
272-3

모턴, 티머시 Morton, Timothy 143,
275

무어, 제이슨 W.Moore, Jason W. 208

민터, 애덤 Minter, Adam 112, 114

밀닐, 크리스천 닐 MilNeil, Christian
Neal 181-2

밀러, 토비 Miller, Toby 204-5, 213

ㅂ

박선희 232

백남준 288

밸러드, J. G. Ballard, J. G. 145, 168

버라드, 캐런 Barad, Karen 9

베넷, 제인 Bennett, Jane 64-5,
128n89, 142, 142n16, 180n85

베라르디 프랑코 '비포' Berardi,
Franco ("Bifo") 185, 185n8, 196

베르톨트, 오스발트 Berthold,
Oswald 147n26

베른, 쥘 Vernes, Jules 85

베이트슨, 그레고리 Bateson, Gregory
91n27, 149

벤야민, 발터 Benjamin, Walter 74,
182, 227, 238, 239n22, 247, 248

벨라일, 브룩 Belisle, Brooke 266,
271n67

벨로프, 조이 Beloff, Zoe 300

보드리야르, 장 Baudrillard, Jean
53n49

브라이도티, 로지 Braidotti, Rosi 20,
98, 123n81, 143, 169, 206, 273

브라크, 조르주 Braque, Georges 288

브래튼, 벤저민 Bratton, Benjamin 9,
20, 111

브로흐, 헤르만 Broch, Hermann 211

블룸, 앤드루 Blum, Andrew 67-9

비릴리오, 폴 Virilio, Paul 176, 249,
255, 262n56

비숍, 라이언 Bishop Ryan 19,
209n43, 258, 267, 280

빙클러, 클레멘스 Winkler, Clemens
120-1

ㅅ

샤를, 크리스토프 Charles,
Christophe 247

샤비로, 스티븐 Shaviro, Steven 20,
66, 140n10, 152n36

샤통스키, 그레고리 Chatonsky,
Grégory 20, 74-5, 247-256, 251,
273

세르, 미셸 Serres, Michel 273

세르토, 미셸 드 Certeau, Michel de
291

셰이퍼, 사이먼 Schaffer, Simon 100

셸링, 프리드리히 W. J. Schelling, F.
W. J. 6-3, 66

슈레버, 다니엘 파울 Schreber, Daniel
Paul 201, 201n31, 202, 205

슈미트, 에릭 Schmidt, Eric 264

슐레겔, 프리드리히 Schlegel,
Friedrich 62

스노든, 에드워드 Snowden, Edward
78

스미스, 애덤 Smith, Adam 99

스미스슨, 로버트 Smithson, Robert
29-30, 91n27, 135, 149, 151, 171,
173, 227

스타로시엘스키, 니콜 Starosielski,
Nicole 8

스턴, 조너선 Sterne, Jonathan 22n80,
285

스털링, 브루스 Sterling, Bruce 114,
233, 235, 238-9

스테펀, 윌 Steffen, Will 56

스토커, 브램 Stoker, Bram 172

스토파니, 안토니오 Stoppani,
Antonio 17, 244-5

스트래선, 메릴린 Strathern, Marilyn
46n37

스티글러, 베르나르 Stiegler, Bernard
89n24

슬로터다이크, 페터 Sloterdijk, Peter
190, 211n47, 225

시로아, 도미니크 Sirois, Dominique
247, 251

시모어, 리처드 Seymour, Richard
263, 269

찾아보기 313

ㅇ

아그리콜라, 게오르기우스 Agricola, Georgius 178

아리스토텔레스 Aristotle 35n17, 129

앨런, 제이미 Allen, Jamie 20, 75, 163, 164

에른스트, 볼프강 Ernst, Wolfgang 33-35, 107n58, 158n49, 160n52, 170n68, 207, 240n25, 252, 275n73, 285, 293-4, 299

엘드리지, 나일스 Eldredge, Niles 102, 241

엠페도클레스 Empedocles 35, 103, 209, 209n43

엥겔스, 프리드리히 Engels, Friedrich 15-6

오비디우스 Ovid 77, 177, 179

오톨리스 그룹 Otolith Group 280, 280n8

올리베로스, 폴린 Oliveros, Pauline 39, 39n21

와이즈만, 에얄 Weizmann, Eyal 44

와크, 매켄지 Wark, McKenzie 122n79, 139, 146, 174-6, 246

와트, 제임스 Watt, James 55-6

요코코지-하우드(요하) Yokokoji-Harwood (YoHa) 73, 193n21, 194, 210, 211, 212, 214

우다드, 벤 Woodard, Ben 90n25, 159n50

웰스, H. G. Wells, H. G. 244

윌리엄스, 레이먼드 Williams, Raymond 206

윌리엄스, 로절린드 Williams, Rosalind 49, 82n9, 121, 153, 156

이니스, 해럴드 Innis, Harold 27

ㅈ

잭슨, 스티븐 Jackson, Steven 256

전, 웬디 희경 Chun, Wendy Hui Kyong 9, 62n61

제노스코, 게리 Genosko, Gary 20, 60n60, 150-1, 209

제임슨, 프레드릭 Jameson, Fredric 253, 255

젱뮐러, 게브하르트 Sengmüller, Gebhard 294, 300

조던, 라이언 Jordan, Ryan 20, 73, 75, 165, 168

존타크, 얀페터 Sonntag, Jan-Peter 25

지게르트, 베른하르트 Siegert, Bernhard 33n13, 55n53, 137n5,

ㅊ

차크라바르티, 디페시 Chakrabarty,
Dipesh 58
치체글로브, 이반 Chtcheglov, Ivan
146, 174
칠린스키, 지크프리트 Zielinski,
Siegfried 8, 33, 35-6, 64n72, 72,
80, 88, 93, 94, 100-104, 104n53,
104n54, 106, 121-2, 250, 255, 284,
293

ㅋ

카를로스, 웬디 Carlos, Wendy 258
카유아, 로제 Caillois, Roger 141,
141n13, 173, 178, 279, 279n5
카프카, 프란츠 Kafka, Franz 139,
201, 201n31
칸, 더글러스 Kahn, Douglas 27, 39,
39n21, 159, 160, 160n52, 161, 163
칸트, 임마누엘 Kant, Immanuel 152,
152n36, 155, 272
켐프, 조너선 Kemp, Jonathan 20, 73,
75, 147n26, 165, 165n60, 166, 168
코난 도일, 아서 Conan Doyle,
Arthur 80, 84, 88
코너, 스티븐 Connor, Steven 186, 191
쿡, 에머리 D. Cooke, Emory D. 38
퀴비에, 조르주 Cuvier, Georges 238
큐빗, 숀 Cubitt, Sean 8, 19-20, 27n4,
48, 72n89, 125, 203, 285, 303
크라예프스키, 마르쿠스 Krajewski,
Markus 207
크뤼천, 파울 J. Crutzen, Paul J. 53,
55-6, 109
클라크, 브루스 Clarke, Bruce 42
키르허, 아타나시우스 Kircher,
Athanasius 35, 103
키틀러, 프리드리히 Kittler, Friedrich
24-7, 30, 33, 35n17, 38, 45n36,
123, 126-7, 140n9, 147n26, 200-2,
201n31, 207, 252, 281, 285

ㅌ

타르드, 가브리엘 Tarde, Gabriel 48,
48n43

ㅍ

파크스, 리사 Parks, Lisa 256
패글런, 트레버 Paglen, Trevor 20,
36, 37, 38, 74, 78, 111, 178, 257-62,

259, 261n54, 266-7, 269-71, 273
패터슨, 케이티 Paterson, Katie 157-8
페이지, 래리 Page, Larry 264
펠로우, 데이비드 나깁 Pellow, David Naguib 232
포티, 리처드 Fortey, Richard 40
푸르킨, 얀 에반젤리스타 Purkyne, Jan Evangelista 103
푸코, 미셸 Foucault, Michel 25, 70, 170n68, 201, 219, 240n25, 292-3
풀러, 매슈 Fuller, Matthew 108, 142
프랭클린, 세브 Franklin, Seb 20, 77
플라톤 Plato 145n23
플뤼슈, 아베 La Pluche, Abbé 140
피라네시, 조반니 바티스타 Piranesi, Giovanni Battista 153
피아스, 클라우스 Pias, Claus 207
피카소, 파블로 Picasso, Pablo 288
피터스, 존 더럼 Peters, John Durham 7, 27, 108, 271, 280
핀천, 토머스 Pynchon, Thomas 23, 66-7, 125n85, 126-8, 130-1, 145, 147n26, 168, 177-8, 314
핑크 플로이드 Pink Floyd 240

ㅎ

하먼, 그레이엄 Harman, Graham 66
하버, 프리츠 Haber, Fritz 57, 123
하우드, 그레이엄 Harwood, Graham 193n21, 195, 213
하우스, 마틴 Howse, Martin 20, 73, 139, 147n26, 165, 165n60, 168-9, 171, 172n71, 173
하이데거, 마르틴 Heidegger, Martin 43, 45, 53n49, 118, 159n50, 208
한센, 마크 Hansen, Mark 107n58
해러웨이, 도나 Haraway, Donna 9, 45-6, 46n37, 218, 273
해리슨, W. 제롬 Harrison, W. Jerome 127, 127n87
허버트, 프랭크 Herbert, Frank 191
허셜, 윌리엄 Herschel, William 270, 271n67
허츠, 가닛 Hertz, Garnet 20, 74-5, 114, 283, 283n1, 284n2, 292, 296, *302*, 303
허턴, 제임스 Hutton, James 41, 66, 82, 94-5, 97-101, 98n39, 99n42, 105, 136
헉슬리, 토머스 Huxley, Thomas 244
헤겔, G. F. W. Hegel, G. F. W. 66

호이 이어 벡, 빌프리트 Hou Je Bek,
  Wilfried 147n26

화이트, 케네스 White, Kenneth
  154n39

화이트헤드, 앨프리드 노스
  Whitehead, Alfred North 107n58,
  140n10, 143, 152n36

회얼, 에리히 Hörl, Erich 23, 109

후디, 요제프 Chudy, Joseph 103

후설, 에드문트 Husserl, Edmund
  89n24, 159n50

후타모, 에르키 Huhtamo, Erkki 33,
  33n14, 285, 293, 299-300

휴고, 피터 Hugo, Pieter 236

힌터딩, 조이스 Hinterding, Joyce 160

찾아보기(작품 및 용어)

ㄱ

가이아 이론 Gaia theory 43, 81, 135, 159n50
가트너사 Gartner Group 303, 303
감시 작전 78
『검은 인도 Les Indes Noires』(베른) 85
게르마늄 72, 92, 120, 132
게지 시위 Gezi protests 14
결절 punctualization 294-5
결정체 공개 실험실 Crystal Open Laboratories 167
〈결정체 세계 Crystal World〉 73, 165-8, 167n63
계획적 구식화 planned obsolescence 48, 116, 194, 284-288, 291, 301
고미래 paleofutures 254-6
『곤충 미디어 Insect Media』(파리카) 10
『공산당 선언 The Communist Manifesto』(마르크스, 엥겔스) 15
「광물의 양 또는 광맥, 그리고 방위 Mineral Loads or Veins and Their Bearings」(디드로와 달랑베르) 106
『교리경 Speculum doctrinale』(뱅상) 130
구글어스 Google Earth 42
구기술 paleotechnics 48-9, 70-1, 281
궤도 잔해 265
규소 분진 211
『그날에 대비하여 Against the Day』(핀천) 126-7, 130
그랜드캐니언 87, 155
『그랜드캐니언의 제3기 역사 Tertiary History of the Grand Cañon District』(더턴) 155
〈그레이 물질 Gray Matter〉(드마리니스) 300
금속 및 화학물질별 증후군 203
금속 스크랩 109, 112, 112n66, 113, 117
금속 정동 metallic affects 64, 174n75, 252

『금속에 관하여 De Re Metallica』(아그리콜라) 178
기록체계 Aufschreibesysteme 200-1, 203
기상학 meteorology 17, 44
기후변화 28, 32, 43, 53, 59, 60n61, 132, 137-8, 157-8, 269-70

ㄴ

나노물질 92, 186-90
뇌파 예술 brainwaves art 160
느린 폭력 slow violence 7

ㄷ

다중시간성 multiple temporality 239, 249, 273
단속평형설 punctuated equilibrium 101, 241, 274
「달과 기타 천체를 포함한 외기권 탐색과 이용에서의 국가 활동을 규율하는 원칙에 관한 조약 Treaty on Principles Governing the Activities of States in the Exploration and Use of Outer Space, including the Moon and Other Celestial Bodies」 263

대기 테러리즘 atmo-terrorism 225
데이터마이닝 data mining 13, 67, 132, 166, 278
도덕의 지질학 60, 91n27
독일 미디어 이론 24, 43, 206-7
『돌에 관하여 L'Ecriture des pierres』(카유아) 141, 178
동물 미학 animal aesthetics 142
「동물을 위한 예술 Art for Animals」(풀러) 142
동일과정설 uniformitarianism 99, 101
『듄 Dune』(허버트) 190
『드라큘라 Dracula』(스토커) 172
'듣고 보는 기술적 수단에서의 심원한 시간 Deep Time of Technical Means of Hearing and Seeing'(칠린스키) 93
『디지털 전염 Digital Contagions』(파리카) 10
딥 스페이스 네트워크 Deep Space Network 260
딥 스페이스 인더스트리 Deep Space Industries 264

ㄹ

런던 심리지구물리학 정상회담

찾아보기 319

London Psychogeophysics Summit
Collective 144, 144n22, 147, 149
레드독 채굴장 Red Dog pit mine 111

□
마르마라이 터널 Marmaray tunnel
14
「마음의 퇴적물: 지구 기획
A Sedimentation of the Mind:
Earth Projects」(스미스슨) 149
『마의 산 The Magic Mountain』(만)
186
마이크로리서치랩 프로젝트
microresearchlab projects 38, 73-
74, 163
만능 원칙 Master Set of Principles
156
먼지 dust 73, 180-92, 210-1, 213-
4, 216-9, 222-5,
〈먼지의 초상 Dust Portrait〉(데 오
더) 187
멘델레프 주기율표 165
면폐증 213
몰레인더스트리아 Molleindustria
192, 194(게임 회사)
무지반 unground 61-2, 62n67, 63, 79

『무지반화된 지구에 관하여 On
an Ungrounded Earth』(우다드)
90n25, 159n50
문화 기술 cultural techniques 33,
55, 124, 126, 137n5, 169, 192, 194,
235, 257
『뮤트 Mute』(잡지) 139, 147, 147n26
미국 지질조사국 U.S. Geological
Survey 31
미디어 기술 media technology 9, 13,
24-5, 27, 33, 43, 50, 56-8, 70, 73,
87-9, 91, 91n27, 107-11, 114, 119-
20, 122-3, 136-9, 137n5, 169-70,
204, 206-7, 209n42, 220, 235, 237,
262, 267, 274, 279, 281-2, 285, 293,
300
미디어 시간성들 media temporalities
268-76
미디어 연구에 '주기율표'적 접근 56
미디어 정신병 psychopathia medialis
104, 255
미디어고고학 media archaeology 25-
6, 32-5, 69, 74, 89, 94, 103, 107n58,
115, 127, 160n52, 163, 169,
170n68, 216, 233, 235, 240n25,
250, 258, 270, 284-5, 292-5, 298-9,

301-3, 304n29
미디어아트 media art 12, 32, 35-6,
  69, 72-3, 75, 80, 88-9, 93, 101, 105,
  121-2, 127, 139, 159, 247, 288
미디어자연 medianatures 9, 33, 45,
  46n37, 47, 53n49, 91n27, 143, 218,
  256, 267, 274
〈미래 도시의 지형학 Topology of a
  Future City〉 147n26
미래의 고고학 future archaeology
  103, 252-3
『미래의 고고학 Archaeologies of the
  Future』(제임슨) 253
미래화석 future fossil 17, 106, 112,
  198, 228, 233, 236, 247, 253, 256,
  266, 273
미시시간성 microtemporality 34,
  107n58, 250, 275, 304

ㅂ
바다 사운드스케이프 ocean
  soundscapes 158
〈바트나이외퀴들(의 소리)
  Vatnajökull (the sound of)〉(패터
  슨) 157
반고고학 anarchaeology 103

방사능 낙진 183n4
『베르길리우스의 죽음 The Death of
  Virgil』(브로흐) 211
『변신 이야기 Metamorphoses』(오비
  디우스) 79
변종학 variantology 64, 100, 103,
  104, 104n54
블랙박스 시스템 296
『블리딩에지 The Bleeding Edge』(핀
  천) 23, 66, 177
『빛나는 도시 The Radiant City』(르
  코르뷔지에) 225

ㅅ
사변적 실재론 speculative realism 66,
  80, 185, 207
사운드스케이프 soundscapes 38, 152,
  157-8
사이버펑크 cyberpunk 68-9
『사이클로노피디아 Cyclonopedia』
  (네가레스타니) 64, 181, 186n11
『사진의 역사 History of
  Photography』(해리슨) 127
상황주의 심리지리학 Situationist
  psychogeography 73, 138, 139, 144,
  174, 176-7

〈샘 Fountain〉(뒤샹) 288
생기 유물론 vital materialism 64-5, 142
생리학 physiology 140
생태미학 ecoaesthetics 8
생태철학 ecosophy 61
서킷 벤딩 기법 circuit-bending techniques 289-92
석유의 지정학 71-2, 86, 126, 209, 230
〈석탄 연소 컴퓨터들 Coal Fired Computers〉(요하) 210, 212, 214, 220, 231
〈세상 바깥 Out of This World〉(음반) 38
셰브런 기업 Chevron Corporation 118
〈소리층 Sonospheres〉(올리베로스) 39
송나라 54
수리 문화 repair culture 256-7
『수천 년의 비선형 역사 A Thousand Years of Nonlinear History』(데란다) 89n24, 91n27
슈만 공명 Schumann resonances 40
슈퍼펀드 부지 Superfund sites 230

스마트 더스트 smart dust 188, 217n56
〈스퀴즈 Squeeze〉(로텐버그) 51
시간 결정적 미디어 time-critical media 158n49
시간성 temporality 8, 33-5, 73-4, 89, 94, 97, 104, 107, 108n58, 137, 141, 186, 213, 228, 239-41, 250, 255, 257, 261, 268, 273-5, 285, 293-4, 299, 303-4
『시간을 발견한 사람 The Man Who Found Time』(렙체크) 97n35
『시간의 화살, 시간의 순환 Time's Arrow, Time's Cycle』(굴드) 94n33
시간적 존재론 temporal ontology 98, 102
시간축 조작 time-axis manipulation 38
신유물론 new materialism 47, 64, 75, 91n27, 136, 163, 174n75, 180, 190, 206-7, 218-9, 223, 273-4
심리지구물리학 psychogeophysics 30, 32, 73, 133, 135, 138-9, 143-4, 144n22, 147-52, 156, 158-9, 161, 163, 168-9, 173-4, 176-7, 182
심원한 시간 deep times 8, 30, 32, 34-

6, 38, 55, 64n72, 72, 73, 80, 88-9, 92-4, 97, 100-1, 103-7, 109, 112, 119, 121-2, 122n80, 129, 132, 137, 156, 165, 170n67, 177-9, 184, 228, 238, 239n22, 245, 250, 255, 261, 264, 266-8, 270, 274-5, 277-8, 284

ㅇ

아방가르드 avant-garde 39, 48, 161, 288

『아이네이스 Aeneid』(베르길리우스) 48

아이마인 게임 iMine game 74, 199-200

아틀란티스-2 Atlantis-2(통신 케이블) 79

알고리드믹스 연구소 Institute for Algorhythmics 294, 304n29

〈알루미늄 Aluminum 〉 프로젝트(요하) 193n21, 194

암석 미학 rock aesthetics 140-3

『암석의 응고와 유착에 대하여 De congelatione』(아비첸나) 129

야금술 metallurgy 49, 64-6, 128, 142n16, 178

〈에디슨 효과 The Edison Effect〉(드 마리니스) 300

에코미디어 Ecomedia 8

에코스타 16호 EchoStar XVI 인공위성 시스템 260-1

역사적 유물론 23, 180n85, 207

연금술 121-2, 129-31, 142, 167, 178, 229

〈영구적 오류 Permanent Error〉(휴고) 236

예술의 지질학 geology of art 178

요코코지하우드(요하) 예술 프로젝트 Yokokoji-Harwood art projects 73, 193n21, 194, 210, 211, 212, 214

우주 화석 256-68

원소 미디어 Elemental Media 8

원화석 arche-fossil 268, 272, 274

『유한 미디어 Finite Media』(큐빗) 8

음향 미디어(참조: 사운드스케이프) 158

이스트먼코닥 회사 Eastman Kodak Company 213

〈이크티오사우루스 교수 Professor Ichthyosaurus〉(드 라 베슈) 238, 242-3, 245

인간중심주의 anthropocentrism 151, 207

인공위성 잔해 111
〈인공유물 Artifacts〉(패글런) 37, 266-7
인류세 Anthropocene 11, 15-7, 23, 32, 53, 55-6, 58-60, 74, 77, 98, 105, 107, 109-11, 124, 156, 161, 163, 167, 175, 184, 228, 242, 244-5, 266-7, 269, 273, 275
인류외설 Anthrobscene 51, 53n49, 54, 69, 107, 125, 158, 161, 179, 245, 282
인지 자본주의 cognitive capitalism 185, 196-8, 208, 214
인캔터 장치 Incantor device 289-91

ㅈ

자연문화 natureculture 12, 46, 46n37, 218
『자연의 경관 Le Spectacle de la nature』(플뤼슈) 140
〈자전거 바퀴 Bicycle Wheel〉(뒤샹) 288
〈재활용주의 Recyclism〉(골롱) 75, 116
〈전보 혹은 원격 타자기 The Telegraph or the Tele-Typewriter〉(후디) 103
전자 폐기물 28, 32, 47, 74, 77, 106, 112-3, 115, 117, 182, 194, 221-2, 236-7, 246, 281, 283-4
전자음악 39, 39n21
정동 이론 affect theory 206
『정크야드 플래닛 Junkyard Planet』(민터) 112
『제49호 품목의 경매 The Crying of Lot 49』(핀천) 177-8
『제국의 게임 Games of Empire』(다이어위드포드) 194, 196
좀비 미디어 zombie media 74, 109, 114, 116, 235-6, 261-2, 283-4, 292, 299
『종의 기원 Origin of Species』(다윈) 241
주판 abacus 189
죽은 미디어 dead media(참조: 전자 폐기물, 서킷 벤딩 기법, 우주화석) 26, 74, 111, 114, 116, 233, 235-6, 238, 258, 262, 283, 292, 299, 303, 305
『중력의 무지개 Gravity's Rainbow』(핀천) 125n85, 127
지구 공동설 Hollow Earth theories

82n9, 85
지구 미디어 예술 earth media arts 30
〈지구 부스 Earthbooth〉(하우스) 139
지구 시간 earth times 94, 105, 107
〈지구 영매 Medium Earth〉(오톨리스) 280
지구 컴퓨팅 earth computing 73, 163-80
〈지구 코드 Earthcodes〉 169, 173
「지구가 절규했을 때 When the World Screamed」(도일) 80, 82n9, 84n11
지구공학 geoengineering 12, 28, 64, 176, 266
지구물리학 geophysics 9, 13, 16, 27-30, 32, 36, 38-9, 42-3, 45, 55, 66, 69, 72-5, 77, 80, 84, 87, 108, 117, 120, 122, 132-3, 138-9, 143-5, 147, 150, 153-5, 157-9, 161, 167-8, 170, 172-7, 179-80, 184, 211, 225, 230, 260, 266-7, 269-70, 274-5, 278, 281
지구시학 geopoetics 152n36, 154
『지구의 소리 지구의 신호 Earth Sound Earth Signal』(칸) 159
『지구의 이론 Theory of the Earth』(허턴) 41, 66, 94

지구철학 geophilosophy 60-1, 64n72, 159n50
지구학 geosophy 66, 72
지반 다져짐 groundedness 63
지반공학 geotechnics 28
지운영체제 telluric operating system 169
〈지정학 geopolitics 12, 15, 31-2, 72n88, 117, 178, 194, 220, 261, 263, 281
〈지진 Earthquake〉(돔보이스) 139, 158
『지질의 현재를 만들기 Making the Geologic Now』 151, 154n39, 175n77
『지질학 강의 Corso di Geologia』(스토파니) 17
『지질학 원리 Principles of Geology』(라이엘) 240
지질학적 물질(성) 8, 89, 104, 125, 163, 271
지층화 stratification 61, 63, 69, 89-91, 91n27, 106, 165, 223, 246, 274
『지하인간 The Underground Man』(타르드) 48

진화론 98, 101, 244

ㅊ

채굴주의[채취주의] extractivism 10
『천 개의 고원 A Thousand Plateaus』
 (들뢰즈, 가타리) 60, 61n64,
 65n74, 90, 90n25, 91, 91n27,
 142n16
『철학이란 무엇인가? What Is
 Philosophy?』(들뢰즈, 가타리) 60
체험 경제 235
〈최후의 사진들 The Last
 Pictures〉(패글런) 36, 111, 257-8,
 264, 267
추상 지질학 abstract geology 29,
 91n27, 149, 152, 171, 269

ㅋ

캘리포니아 이데올로기 Californian
 Ideology 291
코코모야 Cocomoya 74, 199
콜라 초심층 시추공 Kola superdeep
 borehole 86, 87n19
〈큰 유리 Large Glass〉(뒤샹) 185

ㅌ

『타임머신 The Time Machine』(웰스)
 244
〈탄탈럼 기념비 Tantalum Memorial〉
 194-5
탈출 속도 escape velocity 68
텔로파슬 telofossils 247-56
〈텔로파슬 Telofossils〉(전시) 247-8,
 250-1
「통제 사회에 대한 첨언 Postscript on
 the Societies of Control」(들뢰즈)
 91
『튜브 Tubes』(블룸) 67
트리클로로에텐 tricholoroethene 230

ㅍ

판구조론 plate tectonics 148-9
『판단력 비판 Critique of Judgment』
 (칸트) 152, 153n36
〈팔레오퓨처 Paleofuture〉(블로그)
 254
《폐허에 대한 갈망 Ruin Lust》
 154n38
포스트인간중심주의 담론
 postanthropocentric discourse 142
폭스콘 192, 193n20, 194

〈폰 스토리 Phone Story〉 192, 199
〈폼페이 라이브 Live in Pompeii〉(핑크 플로이드) 240
〈폼페이와 헤르쿨라네움의 몰락 The Destruction of Pompeii and Herculaneum〉(마틴) 153
표류 dérive 139-52, 176
『푸른 꽃 Heinrich von Ofterdingen』 (노발리스) 84
프리즘(미국 국가안보국의 스파이 프로그램) PRISM 78
플래니터리 리소시스 주식회사 Planetary Resources Inc. 264

헬륨3 41, 263
홈브루 컴퓨터 클럽 Homebrew Computer Club 291
환경 미디어 Environmental Media 8
환경과학 57, 183
회색 생태학 gray ecology 255

ㅎ

『하이퍼객체 Hyperobject』(모턴) 82n12, 143
『한 신경병자의 회상록 Memoirs of My Nervous Illness』(슈레버) 201
해저 석유 시추 117-8
〈핵심 인프라 Critical Infrastructure〉 (앨런, 가시어) 163-4
행동주의 304
행동학 ethology 65
행성성 planetarity 10
행위자-연결망 이론 actor-network theory 295

미디어의 지질학

1판 1쇄 2025년 7월 11일
1판 2쇄 2025년 8월 11일

지은이 유시 파리카
옮긴이 심효원
펴낸이 김수기

펴낸곳 현실문화연구
등록 1999년 4월 23일 / 제2015-000091호
주소 서울시 은평구 불광로 128, 302호
전화 02-393-1125 / 팩스 02-393-1128 / 전자우편 hyunsilbook@daum.net
ⓗ blog.naver.com/hyunsilbook ⓕ hyunsilbook ⓧ hyunsilbook

ISBN 978-89-6564-306-7 (93100)